Kleiner GARTEN Große ERNTE

Kleiner GARTEN Große ERNTE

LUCY CHAMBERLAIN

DK

INHALT

EIGENER ANBAU VON OBST

KULTURPROBLEME

WOZU ESSBARES KULTIVIEREN?

Jeder, der schon einmal frische Erdbeeren gepflückt hat, weiß, dass die erste Ernte kaum jemals die Küche erreicht. Die Lust am Verzehr übertrumpft die entschiedendsten Vorsätze. Der Geschmack ist unvergleichlich und deswegen kultiviere ich Obst und Gemüse selbst. Zum Aroma kommen das Argument der Frische und der Gesundheitsaspekt. Ich ernte zum optimalen Zeitpunkt, wenn der Vitamingehalt am höchsten ist. Vergleichen Sie Dicke Bohnen aus dem Laden mit selbst gezogenen und Sie werden garantiert nie wieder welche kaufen. Es gibt aber noch viele weitere Gründe für den eigenen Anbau: Sie tun etwas für Ihre Fitness, tun etwas für die Umwelt - ganz einfach, weil es Spaß macht.

FRISCH UND GESUND

Wir alle wissen, dass der Weg zu einer guten Gesundheit über den Verzehr von mehr Obst und Gemüse führt. Man kann es selbst kultivieren. Frisch Gepflücktes weist den höchsten Gehalt an Vitaminen und Antioxidantien auf. Deren Anteil sinkt auf die Hälfte innerhalb von etwa einer Woche. Bei Produkten aus dem Supermarkt weiß man nie, wie lange die Ernte zurückliegt oder wie gut die Lagerbedingungen waren. Das gilt besonders für Importe oder Kühlware. Wenn Sie ein eigenes Bohnenzelt oder eine Tomate im Topf beernten, dann genießen Sie innerhalb von Stunden oder sogar Minuten.

GUT FÜR DIE UMWELT

Aus regionaler wie aus weltweiter Sicht sind Überlegungen zu den ökologischen Auswirkungen der Lebensmittel-Produktion auf die Umwelt angebracht. Der Begriff »food miles« bezieht sich auf die zurückgelegte Strecke für die Beschaffung von Lebensmitteln, mit CO_2-Fußabdruck ist der Verbrauch von Kohlendioxid bei der Kultur gemeint. Eigenes Obst und Gemüse zu ziehen bedeutet nicht nur, einem aktuellen Trend zu folgen – es ist eine grundlegende Sache, essen muss jeder Mensch. Wer im eigenen

Garten Anbau betreibt, entlastet die weltweiten Transportwege. Sie können dann sicher sein, ethisch einwandfreie und vielleicht sogar »biologisch« produzierte Lebensmittel zu genießen. Sie können Überschüsse mit anderen teilen – und damit deren Einfluss auf die Umwelt abmildern.

GRÖSSERE AUSWAHL

Das größte Vergnügen beim Planen meiner Anbaufläche bereitet mir die Suche nach besonderen Sorten. In den Geschäften erhalten Sie eine beschränkte Palette etwa von Erdbeeren, Brokkoli oder Möhren, denn kommerzielle Anbauer entscheiden nach Ertrag, Lagerfähigkeit und Einheitlichkeit. Sie kultivieren wenige Sorten in großen Monokulturen. Beim eigenen Anbau können Sie zwischen unzähligen Arten und Sorten mit unterschiedlichen Eigenschaften und Aromen auswählen. Manche Sorten wurden über Generationen ausgelesen, doch es gibt neuere Formen in ungewöhnlichen Farben, Geschmacksrichtungen, mit Widerstandsfähigkeit gegen Krankheiten oder speziell für kleine Gärten gezüchtet. Raritäten wie die Buschbohne 'Yin -Yang' oder Zuckermais 'Double Red' gibt es kaum zu kaufen, aber Sie können sie selbst ziehen.

GUT FÜR SIE

Wenn Sie – so wie ich – gern Sport treiben, dann bietet Ihnen der Garten eine tolle Alternative zum Fitness-Studio. Eine Stunde Umgraben kann mehr als 300 Kalorien verbrauchen. Umtopfen, Jäten, Mulchen, Gießen und Pflanzen beinhaltet Heben, Strecken, Dehnen. Es ist das perfekte Workout!

Lucy Chamberlain

DIE ANBAU-
FLÄCHE

ERNTE AUF

KLEINEM RAUM

Zugegeben, ein enger Raum schränkt die Möglichkeiten für den Anbau von Obst und Gemüse ein. Dennoch lässt sich genug ernten, um den täglichen Bedarf zu ergänzen, wenn man sich schon nicht ganz selbst versorgen kann. Anstelle von raumgreifenden Gemüsepflanzen, die man billig kaufen kann, wählen Sie zum Beispiel Stangenbohnen, die den Platz besser ausnutzen. Beschränken Sie sich auf Kulturen, die Sie gern verzehren. Achten Sie mehr auf die Qualität als auf den Ertrag, bevorzugen Sie Kulturen, die im Laden relativ teuer sind.

Viel Ertrag von kleinen Flächen Man muss dafür jeden Quadratzentimeter nutzen, einschließlich Wänden und Zäunen. Wo immer Platz ist, stellt man Töpfe auf, Triebe leitet man in die Höhe.

KLEIN, ABER PERFEKT GENUTZT

Von Zäunen oder Mauern eingefasste kleine Flächen eignen sich bestens für den Anbau von Obst und Gemüse. Ein nach Süden oder Westen ausgerichtetes Beet bietet perfekte Bedingungen für die Kultur von Chilis, Auberginen, Erdbeeren, Pfirsich, Kräutern und vielen weiteren, die Sonnenwärme brauchen, um zu gedeihen. Im Gegensatz dazu sind nach Norden und Osten ausgerichtete Lagen schattiger und kühler. Hier kann man zarte Salate und Kohl mit Blattertrag ziehen.

Die meisten kleinen Flächen weisen die unterschiedlichsten Standortbedingungen auf. Das bedeutet, dass man die gesamte Nutzgartenpalette darauf kultivieren kann. Im Gegensatz dazu liegen große Gartenflächen oft sehr offen da, ihnen fehlen Schatten, Windschutz und eine praktische Wasserversorgung. Anfliegende Samen von Unkräutern und Vögel können ebenfalls Probleme bereiten. Das schränkt die Anbaumöglichkeiten auf jene Kulturen ein, die mit solchen Verhältnissen zurechtkommen.

(*Links*) **Stabtomaten** entwickeln sich prächtig auf einer sonnigen Terrasse. Die geräumigen Tontöpfe werden gereinigt, um sie Jahr für Jahr aufs Neue zu verwenden.

(*Unten*) **Die Kultur** auf kleinen Flächen bedeutet weniger Mühe. Düngen und Gießen von Hochbeeten und Töpfen ist im Vergleich zu größeren Flächen weniger anstrengend.

GÄRTEN IN DER STADT

Kleine Flächen innerhalb von Städten werfen viel Ertrag ab, weil dort die Temperaturen im Vergleich zum Umland um einige Grade erhöht sind. Dazu schützen große Gebäude vor Wind, sie erwärmen sich den Tag über und geben Wärme während der Nacht wieder ab. Mit der Wärme, die das Stadtleben erzeugt, entsteht ein günstiges Temperaturniveau. Dadurch können Gärtner in der Stadt ihre Kulturzeiten im Frühjahr und im Herbst ausdehnen: In der gärtnerischen Praxis heißt dies, dass Gemüse-Arten mit langer Kulturzeit, wie Paprika, Chili, Zuckermais und Winterkürbis, einen besseren Ertrag abwerfen. Exotische Nutzpflanzen wie Feigen, Okra oder Tomatillos reifen in der Stadt zuverlässiger.

KLEINER PLATZ, WENIG ARBEIT

Eine kleine Fläche bringt neben der zu erwartenden Ernte weitere Vorteile. Natürlich können größere Parzellen mehr Pflanzen aufnehmen, doch man muss sich darum auch mehr kümmern und die Arbeit kann manchmal hart sein. Kleine Gärten sind weit weniger anstrengend, vor allem für Neulinge im Anbau von Nutzpflanzen. Man kann auf winzigen Flecken Pflanzen ziehen. Es besteht dann kaum die Gefahr, dass Unkraut alles überwächst und Sie sind nicht pausenlos zum Gießen verpflichtet. Außerdem schlüpft man bei einer kurzzeitigen Wetterbesserung eher schnell nach draußen und es ist am Morgen leichter, sich im Pyjama hinauszuschleichen und selbst gezogene Früchte fürs Frühstück zu ernten.

Raum für kreatives Denken

Will man das Beste aus einer beschränkten Fläche machen, braucht es Kreativität. Das ist ein Teil des Vergnügens. Jeden Behälter, der genug Erde aufnehmen kann und Abflusslöcher aufweist, kann man bepflanzen. Manche Kulturen gedeihen gut, wenn man sie nebeneinander pflanzt. Probieren Sie verschiedene Kombinationen aus, die ertragreich und zugleich farbig sind.

WACHSTUM IN DEN HIMMEL

Der Platz auf dem Boden schränkt das Pflanzenwachstum am meisten ein. Besser nutzt man ihn, wenn sich Pflanzen in die Höhe ranken und zu ihren Füßen Raum lassen für andere Kulturen. Stangen- oder Feuerbohnen, Gurken, rankender Kürbis und aufgeleitete Tomaten liefern beachtliche Erträge von einem Minimum an Fläche. Man kann sie an einer Mauer oder an einem Zaun entlangwachsen lassen, man kann aber auch ein frei stehendes Stangenzelt errichten, das auch in einem Zierpflanzenbeet eine gute Figur macht.

SCHNELLE KULTUREN

Um das Beste aus Ihrer Anbaufläche herauszuholen, wählen Sie Kulturen, deren Ernte sich entweder über längere Zeit hinzieht oder die rasch heranwachsen, sodass Sie die Fläche bald wieder nutzen können. Ein großer Topf, besät mit Schnittsalat, liefert einer durchschnittlichen Familie zwei Monate lang frisches Grün. Nach einem Schnitt dauert es drei Wochen bis zur nächsten Ernte. Spezielle »Baby«-Sorten gibt es von vielen Gemüse-Arten. Man erntet sie in weniger als zwei Monaten nach der Aussaat. Eine Reife innerhalb kürzester Zeit erreicht man überdies durch eine geschützte Vorkultur in Töpfen bzw. Anzuchtsystemen – oder man kauft Jungpflanzen. Die Zeit, die man gegenüber einer Aussaat an Ort und Stelle einspart, lässt sich für das Einschieben einer weiteren Kultur nutzen.

ERTRAGREICHE SORTEN

Nicht nur auf die Erntezeit sollten Sie achten, sondern auch auf die in Aussicht stehende Ernte. Falls Sie nur Platz für wenige Pflanzen haben, sollten Sie auf einen möglichst hohen Ertrag achten. Viele Sorten wachsen kompakt, sie wurden speziell für kleinere Gärten gezüchtet. Informieren Sie sich daher im Voraus oder suchen Sie sich kompetente Beratung, bevor Sie eine Entscheidung darüber treffen, was Sie kultivieren wollen.

(Oben) **Schmackhafte Speiserübchen** erntet man wenige Wochen nach der Aussaat. Wer schon früh aussät, kann mehrfach im Jahr ernten.

(Links) **Töpfe** bepflanzt man im Frühjahr im Haus, wo die Pflanzen schnell heranwachsen. Holt man sie im Herbst herein, verlängert sich die Kulturzeit.

(Links außen) **Bohnen am Stangenzelt** fruchten den ganzen Sommer über, doch sie brauchen gerade so viel Platz wie drei oder vier Kartoffelpflanzen.

BESCHRÄNKTEN RAUM OPTIMAL NUTZEN

1 Hängekörbe Auf diese platzsparende Weise lassen sich viele Kulturen ziehen, einschließlich Küchenkräutern, Blattsalaten, Hängetomaten und sogar Chilis. Man muss regelmäßig gießen und düngen. Ideal ist ein heller Platz, an den man zum Ernten leicht herankommt.

2 Rankende Kulturen Kürbispflanzen zum Beispiel kann man den Boden entlang oder an einer Rankhilfe erziehen. Mithilfe von Stäben lenkt man sie an Beet- oder Wegkanten entlang, sodass Platz für andere Pflanzen frei bleibt.

3 Schnelle Frühjahrsernte im Topf Nutzen Sie noch leere Gefäße, bevor die Sommerblumen hineingepflanzt werden. Früher Mangold und Radieschen sind reif für die Ernte, bevor man damit beginnt, frostempfindliche Sommerblumen auszupflanzen.

4 Handliches Minigemüse Säen Sie das ganze Jahr über schnell reifende Kulturen, wo immer sich eine Lücke auftut. Nutzen Sie ruhig auch die Lücken zwischen den Zierpflanzen. Die kurze Kulturzeit verspricht baldige Ernte.

5 Spalier An Wänden und Zäunen kann man Kletterpflanzen und Spalierobst ziehen. Viele Obstarten, auch Äpfel, fruchten gut am Spalier und lassen wertvolle Beetfläche frei

6 Unterpflanzen Den Platz unter hohen Pflanzen wie Zuckermais nutzen niedrige Begleiter. Gut gegossen, gedeiht hier im lichten Schatten Blattsalat prächtig, während man lange Kürbisranken in Richtung Sonnenlicht lenken kann.

KULTUR IM

PFLANZGEFÄSS

Die Kultur in Töpfen bietet etliche Vorteile: Sie liefert zusätzliche Anbauflächen, das Jäten lässt sich leichter bewerkstelligen und man kann die Kulturen im Herbst leicht hereinholen, um die Erntezeit zu verlängern. Die Auswahl an Kulturen erhöht sich außerdem, weil Sie nicht mehr von Ihrem vorhandenen Boden abhängig sind. Sie können jede Erde verwenden. Dennoch sind Gießen und Düngen überlebenswichtig und Feuchtigkeit bleibt besser gespeichert, wenn man wasserhaltendes Granulat ins Substrat mischt. Zusätzlich setzt eine Mulchauflage die Verdunstung herab. Wenn Sie wenig Zeit haben, kann eine automatische Bewässerung eine gute Investitition sein.

GEEIGNETE GEFÄSSE WÄHLEN

Jedes Pflanzgefäß braucht am Boden Löcher, damit Wasser abfließen kann, doch das Material, aus dem es gefertigt ist, entscheidet darüber, wie schnell es austrocknet. Unglasierte Tontöpfe sind extrem porös, dadurch verdunstet Wasser über die Wände, vor allem wenn sie an einem besonnten Platz stehen. Im Gegensatz dazu halten dickwandige Betonbehälter die Feuchtigkeit gut zurück. Holzfässer kleiden Sie am besten mit Folie aus, um den Wasserverlust gering zu halten.

Kombinieren Sie in den Pflanzgefäßen Kulturen unterschiedlicher Größe und Färbung. Fügen Sie mit Zierpflanzen Farbe hinzu. So sieht das Ganze dekorativer aus, während die Nutzpflanzen heranwachsen.

Pflanzgefäße der anderen Art

Lassen Sie Ihre Fantasie walten, wenn Sie Behälter für das Aussäen suchen. Experimentieren Sie mit ungenutzten Flächen und ungewöhnlichen Gefäßen wie diesen Eierschalen, in denen Kresse ausgesät wurde. So etwas macht der ganzen Familie Spaß. Die Pflanzenzüchter reagieren auf den Trend zur Kultur auf beschränktem Raum. Es gibt inzwischen viele kompakt wachsende, aber ertragreiche Sorten.

Achten Sie darauf, dass das Pflanzgefäß zur Kultur passt: Für Kulturen mit flachgründigem Wurzelwerk wie Radieschen und Pflücksalat eröffnen sich nahezu unbegrenzte Möglichkeiten für die Auswahl geeigneter Gefäße, vom Balkonkasten über ausgediente Stiefel bis zur Teekanne; Sie können sich dekorativen Spaß erlauben, solange die Pflanzgefäße ein Wasserabzugsloch am Grund aufweisen. Bedenken Sie jedoch: Je kleiner der Behälter, desto öfter muss man gießen. Große Kulturpflanzen wie Kopfkohl oder Kartoffeln brauchen umfangreiche Container mit einer Höhe und einem Durchmesser von mindestens 50 cm.

OBST IN PFLANZGEFÄSSEN

Langlebige Obstgehölze benötigen Gefäße mit mindestens 30 cm Durchmesser, beim Umsetzen muss der neue Topf 10 cm größer sein als die alte. Umtopfen sollten Sie junge Obstgehölze jährlich im April. Ältere Pflanzen wachsen nicht mehr so schnell, man topft sie erst um, wenn die Wurzeln den Raum ganz ausfüllen. Ist der Container so groß, dass sich das Umtopfen erübrigt, genügt es, die obersten 10 cm des Substrates zu ersetzen. Stellen Sie den Topf im Winter auf Füße, um den Wasserabfluss zu verbessern.

WITZIGE IDEEN FÜR PFLANZGEFÄSSE

Innerhalb der großen Palette an Gefäßen findet man leicht passende Modelle. Zielen Sie bei der Auswahl auf die bestmögliche Nutzung des Platzes ab. Viele Gefäße lassen sich an Wänden oder Zäunen befestigen. Damit kann man sie auf engstem Raum unterbringen.

1 Hängekörbe Hängende Pflanzen wie Tomaten oder Erdbeeren wachsen darin. Sie können ungemein dekorativ und verlockend aussehen, wenn sie eine bunte Mischung aus Nutz- und Zierpflanzen enthalten.

2 Tontöpfe Erhältlich sind sie in allen Größen und unzähligen Ausführungen, doch die Erde trocknet darin rasch aus. Sie sehen auf der Terrasse gut aus und die meisten Kulturen gedeihen darin.

3 Balkonkästen Kulturen mit kurzen Wurzeln, etwa Pflücksalat, gedeihen darin gut. Am besten stehen sie in der Nähe der Küche, griffbereit zur Ernte.

4 Stoffbeutel Durch ihre Tiefe eignen sie sich auch für Kartoffeln, die man während des Wachstums leicht anhäufeln kann. Nach der Ernte faltet man sie zusammen.

5 Vertikalbegrünung Ansehnliche, platzsparende Behälter ermöglichen die Nutzung senkrechter Flächen. Sie eignen sich bestens für Kräuter oder Pflücksalat, doch man muss oft gießen.

6 Wandgefäße Solche großen Behälter muss man gut befestigen, denn die relativ kräftigen Pflanzen erreichen ein stattliches Gewicht. Häufiges Gießen ist wichtig, Früchte brauchen eine Stütze.

1

2

3

4

5

6

KULTUR

AM FENSTER, IM HAUS

Freiräume sind die erste Wahl, vor allem im städtischen Bereich. Doch wer keinen Garten hat, kann die neu aufkommende Idee des Nutzgärtchens im Innenraum aufgreifen: Blattsalate, Kräuter, Keimsprossen und Babygemüse wachsen schnell und nahezu mühelos. Neuerungen in Bezug auf die künstliche Beleuchtung sowie speziell angefertigte »Kultursysteme« sichern eine gute Qualität. Erdelose Systeme bergen weniger Krankheiten und Schädlinge. Balkonkästen und Töpfe bieten Platz für etwas größere Gewächse wie Erdbeeren, Zwergtomaten oder kleine Knollen.

GESCHÜTZTE UMGEBUNG

Eine Anbaufläche im Haus bietet viele Vorteile: Die Kulturen bleiben verschont von stürmischen Winden, es gibt keine Dürreperioden und keine Flut, es fliegen keine Unkrautsamen von Nachbargrundstücken an. Schädlinge finden nicht so leicht einen Zugang, zum Auftreten von Krankheiten fehlt es an Erde. Dazu kommt die klimatische Abschirmung, die Schutz vor Kälteeinbrüchen bietet. Kurz: Der Anbau im Haus bietet viele gute Möglichkeiten.

(*Oben*) **Mini-Gewächshäuser** nutzen den schmalen, gut belichteten Platz am Fenster bestens aus. Sie eignen sich ideal für die Anzucht von Babygemüse und Grünkraut, und jeder kann mit geringstem finanziellen Aufwand große Mengen an Jungpflanzen darin großziehen.

LICHT UND WASSER

Solange ausreichend Licht, Wärme und Feuchtigkeit verfügbar sind, können Sie alle erdenklichen Kulturen ziehen. Die Lichtmenge lässt sich mithilfe von LEDs oder fluoreszierenden Leuchten erhöhen, dadurch können Sie jede Ecke nutzbar machen. Das Temperaturniveau lässt sich leicht über die Zentralheizung steuern, Sie können aber bei einem hohen Bedarf auch elektrisch betriebene Heizmatten einsetzen.

Täglich sollten Sie kurz prüfen, ob Sie gießen müssen. Mit dem Duschkopf ist das Wässern von Schalen und Töpfen ein Klacks, und falls Sie eine kleine Gießkanne benutzen, füllen Sie Wasser ein, das erst einmal für ein paar Stunden stehen soll, damit es Raumtemperatur annimmt. Bedenken Sie außerdem, ob dem Wasser zum Enthärten Natrium zugesetzt wird. Verwenden Sie dann auch Wasser aus anderen Quellen wie etwa aufgefangenes Regenwasser.

Eine Bewässerung lässt sich ganz automatisch mithilfe von Zeitschaltuhren, Tröpfchenbewässerung und Feuchtefühlern steuern. Mehr Platz steht dank Schalen in Regalschränken zur Verfügung. Im Angebot finden sich komplette Module, die künstliches Licht, Stapelvorrichtungen sowie die Wasserbevorratung umfassen. Ausführungen mit einstellbarer Höhe für die Beleuchtung ermöglichen die Kultur von unterschiedlichsten Pflanzen, von niedrigen Keimpflanzen bis zu höher wachsenden ausgereiften Kräutern.

Balkonkästen bieten hervorragende Bedingungen für Kräuter und Blattsalate. Zwergformen von Tomaten, kleine Rote Bete und mehrjährige Kräuter gedeihen hier ebenfalls. Mit etwas Planung und rechtzeitigem Nachpflanzen können Sie monatelang ernten.

KULTURMETHODEN

Schummrige Plätze im Haus lassen sich durch künstliches Licht leicht erhellen, während ein Übermaß an Wärme zu überlangen Pflanzen führt, seien Sie in dieser Hinsicht vorsichtig. Mit zunehmender Erfahrung werden Sie die besten Plätze ausfindig machen. Ein Erkerfenster oder tiefe Fensterbänke bieten ideale Bedingungen, aber setzen Sie empfindliche Sämlinge dort nicht der vollen Sonne aus. Behalten Sie diese

(*Links*) **Ein angepasstes Regal,** ausgestattet mit Pflanzenleuchten, hat einen kleinstmöglichen Platzbedarf bei größtmöglicher Anbaubandbreite. Im Angebot finden sich komplette Bausätze von Kultureinrichtungen, doch Sie können sich so etwas auch selbst, passend zu Ihrer Umgebung, bauen.

Warmhausbedingungen besser den Zwergtomaten oder Chilis vor.

Große Töpfe und Balkonkästen kommen nur für Balkone oder tiefe Fenstersimse infrage, doch kleine Töpfe mit Kräutern gedeihen sogar auf einer schmalen Fensterbank.

NÜTZLICHE AUSSTATTUNG

Arbeitswannen können hilfreich sein. Sie haben hohe Wände, damit beim Vermehren oder Pikieren keine Erde herausfällt. Aussaatschalen und Anzuchtmodule sind ideal für die Kultur von Blattsalat und Keimpflanzen. Diese Sämlinge wie auch Grünkraut kann man auch in flachen Schalen ziehen, die man mit angefeuchtetem Küchenpapier ausgelegt hat. Bald werden Sie feststellen, dass der Vermehrungsapparat am Fensterbrett zum Dreh- und Angelpunkt Ihrer Gärtnerbestrebungen im Haus wird.

KÜNSTLICHES LICHT

Pflanzenleuchten kann man zunehmend online oder im Baumarkt erwerben. Es gibt sie als einzelne Leuchten oder als Teil eines kompletten Kultursystems. Sie sollen lichtarme Kulturbereiche erhellen, wo es ansonsten zu übermäßigem Längenwachstum kommt. Die übliche Raumbeleuchtung bietet nicht das erforderliche Lichtspektrum, das zu kräftigen Pflanzen führt. Wählen Sie daher LED-Beleuchtung oder fluoreszierende Leuchten. LED-Systeme sind inzwischen wegen ihrer Langlebigkeit, der geringen Wärmeabstrahlung und günstigen Energiebilanz weit verbreitet.

KULTUR IM

HOCHBEET

Hochbeete können im Garten schmuck aussehen, sofern genug Platz dafür vorhanden ist. Sie eignen sich bestens für die Kultur von Obst, Gemüse und Kräutern. Durch die erhöhte Beetfläche kommt man leicht und bequem an die Kulturen heran zum Jäten, zur Pflege, zum Absammeln von Schnecken oder zum Ausbreiten von Netzen. Der Kern aus verrottenden organischen Materialien sorgt für eine rasche Erwärmung im Frühjahr, sodass der Anbau ein paar Wochen früher beginnen kann. Hochbeete können Sie leicht und schnell aus unterschiedlichen Werkstoffen aufbauen.

Langlebige aufgemauerte Rahmen sehen gut aus und sind beständig. Niedrige Kulturen erhalten einen zusätzlichen Windschutz, wenn zur Beetoberkante hin rund 20 cm frei bleiben.

DIE VORTEILE

Im Vergleich zum Grundbeet haben Sie mehr Kontrolle über die Wachstumsbedingungen. Beim Aufbau eines neuen Hochbeetes oder beim Erneuern eines alten können Sie frische, nährstoffreiche Erde einfüllen, sogar in den folgenden Jahren können Sie das Substrat an die Bedürfnisse Ihrer Kulturen anpassen. Der pH-Wert einer eingefassten Fläche lässt sich viel leichter steuern. Kohlgewächse gedeihen zum Beispiel besser unter schwach alkalischen Bedingungen. Ein Hochbeet erleichtert die Bodenbearbeitung und das Entfernen von Steinen. Das kommt Wurzelgemüse zugute, vor allem Möhren entwickeln sich in steiniger, klumpiger Erde schlecht. Organisches Material kann man nach Bedarf zufügen und es gibt wenig Platzverschwendung, wogegen man bei einer größeren Fläche immer Wege zwischen den Beeten benötigt.

Durch die erhöhte Lage fließt Wasser gut ab. In Gärten, in denen sich oft Wasser staut, erhält man einen guten Platz für Kräuter und andere wärmeliebende Kulturen. Auf Hochbeeten kann man stellenweise gut kurze Kulturen wie Radieschen und Schnittsalat einsäen.

UNTERHALT UND PFLEGE

Neben den vielen Vorteilen haben Hochbeete auch ein paar Nachteile: Die Erde trocknet im Vergleich zum Grundbeet schneller aus, häufigere Wassergaben sind notwendig. Ameisen lieben solch trockene Verhältnisse, doch regelmäßige Bewirtschaftung drängt sie zurück. Schnecken verstecken sich gern an den Wänden – daher kann man sie dann leicht finden.

Hochbeete für kurze Zeit

Eine hübsche, allerdings nur kurzlebige Möglichkeit für Kulturen mit flachem Wurzelwerk besteht darin, große Pflanzgefäße oder einen Erdsack mit einem Rahmen zu versehen, etwa mit einem Flechtwerk wie hier gezeigt. So ein Hochbeet kann man an wechselnden Plätzen aufstellen und im Anschluss an die Ernte zusammenklappen.

MATERIALIEN UND AUSFÜHRUNGEN

Ein Hochbeet ist leicht zu bauen. Bei der Auswahl von Material für die Wände können Sie Kreativität entwickeln, sofern nur die Materialien stabil und dauerhaft sind. Für weniger talentierte Heimwerker gibt es etliche Sets zum Eigenbau.

1 Module Sets aus vorgefertigten Teilen, die man zusammenbaut, sind aus verschiedenen Materialien erhältlich. Sie sehen ansprechend und attraktiv aus.

2 Holz Kaufen Sie qualitativ hochwertiges Holz, das zum Schutz vor Fäulnis gründlich eingelassen wurde. Latten eignen sich hervorragend, während Blöcke modern aussehen.

3 Metall Solche Hochbeete wirken sehr zeitgemäß. Doch Sie müssen hier sorgfältig gießen, weil sich Temperaturschwankungen schnell auswirken.

4 Ziegel Aus neuen oder gebrauchten Ziegelsteinen, Ytong- oder Betonsteinen können Sie stabile, dauerhafte Hochbeete bauen. Sie passen gut zum Landhausstil und man kann daraus einen unkomplizierten Sitzplatz rund um die Pflanzfläche anlegen.

5 Recyceltes Material Seien Sie kreativ. Zeitweilig waren ausgediente Eisenbahnschwellen im Trend. Inzwischen sind sie verboten. Doch im Gegensatz dazu sondern alte Autoreifen keinen Teer ab und es gibt keine hygienischen Bedenken.

6 Schieferplatten Attraktiv wirken Dachplatten aus Schiefer, wenn sie ein niedriges Beet einfassen. Allerdings brechen sie leicht und sie halten nicht viel Gewicht aus. Man darf das Beet daher nicht überfüllen.

UNENTBEHRLICH

WERKZEUG UND AUSRÜSTUNG

Gärtnern schließt praktisches und oft anstrengendes Arbeiten ein, doch mit dem richtigen Werkzeug geht das leichter und effektiver. Zum Beispiel belastet es nicht nur Ihr Handgelenk, wenn Sie mit der Gartenschere dicke Stöcke durchschneiden, auch das Werkzeug kann Schaden erleiden. Billiges Werkzeug und Handschuhe aus minderwertigem Material verschleißen schneller. Kaufen Sie nach Möglichkeit beste Qualität, halten Sie Ausschau nach gutem Werkzeug aus zweiter Hand.

Eigenanbau muss nicht teuer sein. Vieles notwendige Zubehör kann man günstig und gebraucht kaufen. Stocken Sie Ihre Bestände vor Beginn der Wachstumszeit auf.

UMGRABEN

Einen stabilen Spaten und eine Grabegabel benötigen Sie zwingend, ebenso wie eine Handschaufel, um kleinere Löcher zu graben. Ein schmales Spatenblatt hebt ein geringeres Gewicht an Erde als das breitere Standardmodell. Die Produkte variieren von Hersteller zu Hersteller, probieren Sie daher aus, welche Handhabung Ihnen zusagt. Für immer wiederkehrende Arbeiten wie das Umgraben lohnt sich das.

JÄTEN

Mit einer Hacke entfernen Sie junge unerwünschte Sämlinge mühelos. Ein langer Stiel ist hilfreich für breite Beete, wenn jemand Mühe beim Bücken hat. Kurzstielige Ausführungen sind ideal für schmale Flächen und Hochbeete. Mit einem Unkrautstecher entfernen Sie lange Wurzeln, etwa von Löwenzahn.

Kunststoff vermeiden und Upcycling

Die einmalige Verwendung von Kunststoff im Garten können Sie vermeiden. In gebrauchten Töpfen aus Kunststoff kann man Jungpflanzen heranziehen, man kann sie auch neben Pflanzen eingraben, um leichter Wasser an die Wurzeln zu bringen. Nur einmal zu verwendende Pflanzsäcke lassen sich leicht durch größere Töpfe ersetzen, die man Jahr für Jahr nutzt. Durchgeschnittene Kunststoffflaschen kann man als Schutzglocken verwenden und Netze aus dem Verkauf dienen als Stütze für schwere Früchte.

VERMEHRUNG

Für das Herrichten eines Saatbetts im Freien brauchen Sie einen Rechen. Die Zähne klauben Erdbrocken aus und lösen Unkraut oder Steine, sodass die Erde schön feinkrümelig wird. Mit der Rechenkante können Sie Reihen ziehen. Für die Vermehrung im Haus oder die Aussaat in Töpfen benötigt man eine Reihe von Gefäßen, Vermehrungssubstrat, dazu Stecketiketten mit Bleistift und einen Pikierstab. Ein heizbarer Vermehrungskasten erweitert die Palette an Kulturen.

RÜCKSCHNITT

Eine gute Gartenschere benötigen Sie unbedingt. Weil es ständig etwas zu schneiden gibt, ist eine griffige Handhabung wichtig. Probieren Sie daher vor dem Kauf verschiedene Modelle aus. Müssen Sie Obstbäume verjüngen, brauchen Sie eine Astschere und einen Fuchsschwanz zum Absägen dickerer Äste. Mit einem Teleskoparm kann man hoch über dem Erdboden schneiden.

WERKZEUG PFLEGEN

Hält man Werkzeug sauber und in gutem Zustand, verlängert sich seine Lebensdauer, zudem verhindert man damit die Ausbreitung von Krankheiten. Reinigen und desinfizieren Sie Schneidwerkzeuge nach Gebrauch, halten Sie die Schneiden geölt und trocken. Ölen Sie Werkzeuge wie Spaten und Gabeln ein, damit sie nicht rosten.

GRUNDAUSSTATTUNG FÜR DEN GARTEN

Kaufen Sie nur Werkzeuge, die Sie wirklich brauchen, und achten Sie auf eine gute Qualität. Auf einem Grundbeet brauchen Sie eine Grabegabel. Doch sie ist unnötig für Töpfe auf der Terrasse.

1 Grabegabel Sie ist ideal zum Lockern und mit ihr arbeitet man organisches Material ein. Hilfreich ist sie auch beim Ernten und Umsetzen.

2 Spaten Für eine ausgedehntere Fläche braucht man einen Spaten. Mit ihm gräbt man leichten Boden großflächig um und entfernt Mulchmaterialien.

3 Stoßhacke Mit ihr beseitigt man einjährige Unkräuter. Sie verletzt die Wurzeln, sodass die Pflanzen absterben. Auch fürs Anhäufeln eignet sie sich.

4 Rechen Man braucht ihn zum Herrichten der Beete. Er recht Erdbrocken aus, schiebt Erde zusammen und schafft ein feinkrümeliges Saatbett.

5 Pflanzstab Mit ihm stößt man Löcher zum Pflanzen, obendrein ist er hilfreich fürs Ziehen von Saatreihen.

6 Handschaufel Sie leistet gute Dienste beim Graben von Löchern, wenn man Pflanzen umsetzen muss.

7 Gartenschere Das vielseitige Werkzeug kommt bei der Ernte (von Paprika oder Spargel) zum Einsatz und ebenso beim Rückschnitt von Beerensträuchern.

8 Glocke Unter ihr erwärmt sich die Erde für einen frühen Anbau besser und sie schützt vor Angriffen von Schädlingen.

ENTSCHEIDEN ÜBER

DIE ANBAUPALETTE

Mit gezielter Planung lassen sich unvermeidliche Erntespitzen und Versorgungslücken ein wenig ausgleichen. Beginnen Sie für eine möglichst gleichmäßige Versorgung bereits im Herbst des Vorjahres mit der Planung – dann, wenn die Samenhandelsfirmen ihre neuen Kataloge herausbringen. Die Zeit für die Anbauplanung lohnt sich, obwohl dies für eine kleine Fläche keine so große Rolle spielt. In diesem Buch geben wir für jede Kultur in einer Übersicht die Aussaat- oder Pflanzzeit und die Kulturdauer an. Mit den örtlichen Gegebenheiten kann das variieren, dennoch lassen sich damit die Erntezeiten abschätzen.

KULTIVIEREN, WAS SCHMECKT

Listen Sie auf, was Sie verzehren, und verteilen Sie die Angaben auf die Spalten »Kaufen« und »Anbauen«. Obwohl reine Selbstversorgung unbestritten ihren Reiz hat, ist sie meist Utopie, weil der Platz fehlt. Wählen Sie kritisch aus, was Sie auf Ihrer Fläche unterbringen. Stehen Ihnen zum Beispiel nur Töpfe zur Verfügung, ist es sinnvoll, sie mit Frühkartoffeln zu bepflanzen, die beim Verzehr auf der Zunge zergehen. Pflanzen Sie in Töpfe und Erdsäcke langsam reifende Hauptkulturen, wird der Platz weniger günstig genutzt. Zu den Favoriten zählen Kulturen, die im Laden teuer oder schwer zu bekommen sind, und solche, die frisch am besten schmecken. Kulturen mit hohem Platzbedarf oder welche, die man günstig und immer kaufen kann, stehen auf der Anbauliste ganz unten.

DEN PLATZ BEDENKEN

Ist die Anbauliste erstellt, müssen Sie den benötigten Platz und die Erntezeit veranschlagen. Gleichen Sie Erntespitzen und ertragsschwache Zeiten aus, dadurch rutscht womöglich die eine oder andere Kultur in die Spalte »Kaufen«. Beziehen Sie außerdem die Lagerfähigkeit in Ihre Überlegungen mit ein. Chilis kann man zum Beispiel trocknen, Bohnen und Heidelbeeren halten sich eingefroren hervorragend. Winterkürbis und Knoblauch lagert man am besten in einem trockenen, frostfreien Nebenraum. Dafür werden Sie auch nicht in Versuchung geraten, mehr als ein paar Kürbisse zu lagern.

DIE ERNTE AUFTEILEN

Sie sollten wissen, innerhalb welcher Zeit Sie Ihre Ernte verbrauchen müssen. Darauf abgestimmt säen Sie aus. Kultivieren Sie satzweise, säen Sie zum Beispiel von Salat, Rucola, Radieschen und Lauchzwiebeln alle zwei Wochen nur ein kleines Quantum aus. Dadurch sind Sie den ganzen Sommer über versorgt. Sie könnten auch Erntegut im Freundeskreis austauschen. Damit kommen Sie in den Genuss unterschiedlicher Sorten, die zu verschiedenen Zeitpunkten reifen. Sortenmischungen liefern beständig eine Bandbreite von Aromen. Sie können auch einen Teil der Samen unter geschützten Bedingungen, den anderen Teil im Freien aussäen. Jene im Haus entwickeln sich natürlich schneller. Die Anbauzeit lässt sich zusätzlich durch den Einsatz langsam reifender Kulturen verlängern.

(Oben) **Rote Johannisbeeren** schmecken vorzüglich in Marmeladen. Auch einfrieren lassen sie sich gut, sodass eine reiche Ernte sinnvoll verwertet wird.

(Oben links) **Blattsalate** können im Laden einiges an Geld kosten. Dabei eignen sie sich bestens für einen satzweisen Anbau und reifen innerhalb weniger Wochen. Mischungen bieten sich an.

ÜBERSCHÜSSE EINLAGERN

Stehen Sie vor einer Schwemme an Erntegut, brauchen Sie nicht verzweifeln: Es gibt viele Methoden, Obst und Gemüse aufzubewahren, doch sollte man wissen, welche am besten zum jeweiligen Produkt passt.

1 Trocknen Zwiebeln und Knoblauch muss man sorgfältig trocknen. Man legt sie auf Roste an einem trockenen, frostfreien Platz. Auch Kräuter und Chilis kann man trocknen, ebenso Apfelringe und Zwetschgen. Sie darren bei niedriger Hitze in der Backröhre.

2 Einfrieren Diese Methode des Haltbarmachens eignet sich für viele Früchte. Damit Beeren dabei nicht zusammenklumpen, legt man sie ohne Kontakt zueinander auf Tabletts. Gemüse hält sich länger, wenn es vor dem Einfrieren blanchiert wird: Man taucht es kurz in kochend heißes Wasser. Ideal ist diese Methode für Spargel und Sprossenkohl.

3 Einkochen Allerlei Obst und Gemüse eignet sich zum Herstellen von würzigen Chutneys oder süßen Relishes, bzw. man stellt Marmeladen oder Konfitüren her. Man fängt damit den Geschmack zum Zeitpunkt seiner besten Entfaltung ein.

4 Lagern An einem kühlen, gut belüfteten, frostfreien Platz halten sich viele Obst- und Gemüse-Arten gut. Eingewickelt in Wachspapier, bleiben Äpfel und Birnen saftig. Lagerkartoffeln bewahrt man an einem kühlen Ort in verstärkten Papiertüten auf, damit sie vor Licht geschützt sind.

1

2

3

4

BESTIMMEN

DER RICHTIGE PLATZ

Das Kleinklima in Ihrem Garten behagt manchen Kulturen besser als anderen. Brechen Sie daher nichts übers Knie, sondern nehmen Sie sich Zeit, um die unterschiedlichen Bereiche kennenzulernen und die richtigen Kulturen dafür zu finden. Fertigen Sie einen Plan an, zeichnen Sie darin ein, wo die Sonne einfällt und wo sie nicht hinkommt, denn davon hängt ab, was Sie anbauen können. Am geeigneten Standort gedeihen Obst, Gemüse und Kräuter besser, die Erträge fallen höher aus. Auch die Anfälligkeit für Krankheiten und Schädlinge sinkt am richtigen Wuchsort.

SONNIG UND HEISS

Nach Süden oder Westen ausgerichtete Flächen erhalten am meisten Sonne. Seien Sie glücklich, wenn Sie einen derart orientierten Zaun oder eine Wand haben. Obst und Fruchtgemüse bauen mithilfe von viel Sonnenlicht hohe Zuckermengen auf. Doch zuckerreiche Früchte brauchen oft eine lange Wachstumszeit. Ihnen kommt zusätzlicher Schutz zugute.

HELL, ABER KÜHL

An sonnigen Plätzen trocknet Erde in Beeten und Töpfen schnell aus. Das wirkt sich auf die einzelnen Kulturen unterschiedlich aus. Obstgehölze zum Beispiel bilden in Pflanzgefäßen größere, süßere Früchte, wenn sie viel Sonne erhalten.

Doch sie werfen ihre Fruchtansätze ab, wenn zur kritischen Zeit im Frühjahr das Substrat austrocknet. Für eine gute Ernte braucht der Baum Sonne, die Wurzeln aber sollten Schatten und viel Wasser erhalten. Im Gegensatz dazu gedeihen Feigen und Mittelmeerkräuter besser mit warmer Sonne über den Wurzeln.

Ein offener, sonniger Platz behagt vielen Kulturen, etwa Möhren, Rettich und Radieschen, Lauch, Kopfsalat sowie Kartoffeln. Sie alle brauchen aber genug Raum für ihr Wachstum und man muss sie gründlich und regelmäßig wässern.

SCHATTIG UND FRISCH

Nach Norden oder Osten ausgerichtete Flächen erhalten weniger Sonne, doch bieten sie eine gemäßigte Umgebung für Blattgemüse wie Kopf- und Grünkohl, Spinat sowie Sommersalate.

Ein wesentlicher Vorteil von schattigen Lagen besteht darin, dass man den Wurzelbereich kühl halten kann. Das gewährleistet ein kontinuierliches Wachstum mit einem geringeren Risiko, dass Gemüse frühzeitig schießt. Wasser verdunstet langsamer aus dem Boden, daher muss man weniger oft gießen. Erscheinen Ihnen die kühleren Flecken als zu feucht, können Sie viel organisches Material untermischen, um die Wasserführung zu verbessern. Eine Alternative stellt dann der Anbau auf einem wasserdurchlässigen Hochbeet dar.

(Ganz oben) **Blattreiches Gemüse** wie Mangold eignet sich gut für halbschattige, nord- oder ostwärts ausgerichtete Flächen. Die Pflanzen entwickeln sich hier gut, während zu viel Sonne das große, üppige Blattwerk verbrennen kann.

(Oben) **Obstspaliere** entlang von Mauern beanspruchen wenig Anbaufläche und sehen mitunter blendend aus. Blühende oder fruchtende Gehölze dürfen nicht austrocknen.

REGENSCHATTEN

Am Fuße von Wänden und Zäunen muss man besonders auf die Wasserversorgung achten, vor allem wenn sie abgewandt von der Hauptwindrichtung liegen. Oft befinden sich solche Flächen im Regenschatten, es fallen keine Niederschläge auf den Boden. Gießen Sie an solchen Stellen sorgfältig. Das gilt besonders für Obst, das sogar schon empfindlich auf eine ganz kurze Trockenheit reagiert.

KÜHL, WINDIG

Viele größere, exponierte Gärten haben mit anhaltenden Kälteperioden und Spätfrösten zu kämpfen. An Abhängen und in Tallagen besteht die Gefahr, dass Kaltluft entlangströmt oder sich in den Senken staut. Auch vor einer Wand, einem Zaun oder einer dichten immergrünen Hecke kann sich in welligem Gelände Kaltluft aufstauen. In solchen Fällen muss man auf robuste Gemüse-Arten ausweichen und beim Obst wählt man spätblühende Sorten, um Frostschäden zu vermeiden. Notfalls hüllt man Pflanzen in Vlies ein. Kalter Boden wirkt sich weniger gravierend aus, wenn er trocken ist. Die Zufuhr von reichlich organischem Material unterstützt die Pflanzen dabei, über den Winter zu kommen.

Manche Gärten sind starkem Wind ausgesetzt. Er schädigt das Blattwerk und trocknet den Boden aus. Kräuter aus dem Mittelmeerraum kommen hier gut zurecht, doch Spinat und Mangold zerfleddern. Wandschirme oder Schutzpflanzungen mildern den Effekt ab, außerdem schützen dickwandige Gefäße.

Sind Spätfröste angekündigt, bedeckt man empfindliche Pflanzen mit Vlies, damit keine Frostschäden auftreten. Decken Sie auch blühende Obstgehölze ab, doch entfernen Sie das Vlies untertags für bestäubende Insekten.

VORBEREITEN

DER BODEN

Egal, ob Sie an Ort und Stelle aussäen oder Pflanzen im Haus vorkultivieren – eine gute Bodenvorbereitung entscheidet über den Kulturerfolg. Ermitteln Sie zuerst, mit welcher Bodenart und mit welchem pH-Wert Sie es zu tun haben. Dann entscheiden Sie, ob Veränderungen notwendig sind, weil manche Kulturen zum Gedeihen bestimmte Bedingungen bevorzugen. Sofern Sie umgraben wollen, ist die beste Zeit dafür zwischen Ende Oktober und Mitte April. Brechen Sie dabei die Erdschollen auf, entfernen Sie Unkraut und arbeiten Sie reichlich organisches Material ein.

DIE BODENART ERKENNEN

Die meisten Pflanzen bevorzugen bestimmte Wachstumsbedingungen, etwa warme, leichte, wasserdurchlässige oder kühle, wasserhaltende Böden. Die Bodenart bestimmt die Art und Weise der Bodenbearbeitung und wie mühsam sie ist. Sie wirkt sich auf den Anbauerfolg aus. Als Erstes sollten Sie die vorhandene Bodenart in den unterschiedlichen Teilen Ihres Gartens ausfindig machen.

SANDIGE BÖDEN

Böden mit hohem Sandanteil lassen Wasser rasch ablaufen, Nährstoffe werden leicht ausgewaschen, doch sie erwärmen sich im Frühjahr schnell. Die Bearbeitung ist leicht, aber man muss fortwährend bewässern und düngen.

SCHLUFFIGE BÖDEN

Böden mit hohem Anteil an Schluff entwässern ebenso problemlos, sie halten Nährstoffe allerdings besser, was ihre Eignung für den Anbau erhöht. Bei sand- wie schluffreichen Böden erhöht man die Wasserhaltefähigkeit und das Speichervermögen für Nährstoffe, indem man gut verrottetes organisches Material beimischt. Dafür eignen sich Kompost, Stallmist, Lauberde oder kompostierte Rinde. Das organische Material wirkt wie ein Schwamm, der Feuchtigkeit und alle Formen von Düngemitteln aufnimmt. Die Bodenstruktur bleibt dabei locker und gut durchlüftet.

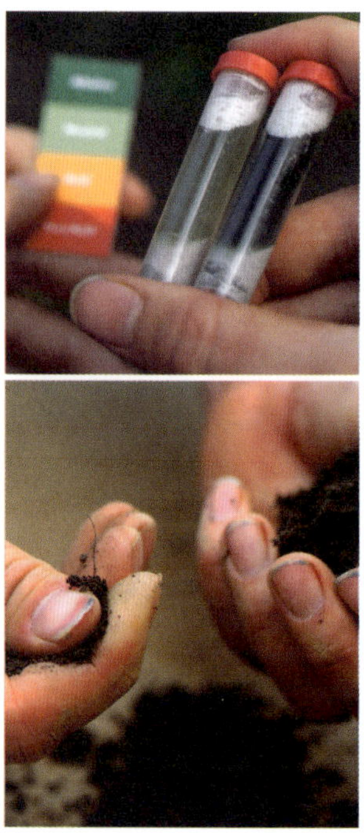

Den Boden testen

Mit käuflichen Sets lässt sich der Säuregrad des Bodens leicht und schnell ermitteln. Sie bestimmen den pH-Wert, dessen Skala von 1 (sehr sauer) bis 14 (sehr alkalisch) reicht, 7 steht in der Mitte für neutral. Man schüttelt eine kleine Bodenprobe mit der Testlösung und kann die entstehende Färbung mit einer Skala vergleichen. Testen Sie Erde von verschiedenen Stellen im Garten.

Leicht erkennen Sie die Bodenart mithilfe der Fingerprobe. Tonboden lässt sich problemlos zu Kugeln rollen. Sandböden sind wesentlich gröber strukturiert, die Krümel kleben nicht zusammen (siehe Bild links). Schluffboden fühlt sich glatt an und lässt sich gut formen. Für gewöhnlich hat man es mit einer Mischung zu tun, doch zeigt der Test, welche der Bestandteile vorherrschen.

TONIGE UND LEHMIGE BÖDEN

Ganz im Gegensatz zu den Sandböden halten Tonböden Wasser zurück. Sie sind nährstoffreich und erwärmen sich im Frühjahr langsam, ihre Bearbeitung ist mühsam. Nass wird der Boden klebrig, oft ist er mit Wasser übersättigt, während er beim Austrocknen im Sommer Krusten und harte Klumpen bildet. Organisches Material verbessert Böden mit geringem Tonanteil. Lehmböden bestehen aus einer gleichmäßigen Mischung von Sand-, Schluff- und Tonteilchen. Sie bieten die ideale Grundlage für die meisten Obst- und Gemüsekulturen.

SAUER ODER ALKALISCH

Sogar in nährstoffreicher Erde kann es vorkommen, dass Pflanzen nicht die erforderlichen Nährstoffe aufnehmen und es zu Mangelerscheinungen kommt (siehe S. 248). Oft hängt Nährstoff-

Das Untermischen von organischem Material verbessert die Bodenstruktur und die Nährstoffversorgung. Mindestens einmal pro Jahr, im Frühjahr oder Herbst, bringt man daher Kompost auf.

mangel mit den Säureverhältnissen im Boden zusammen: Dann behindern sehr saure oder übermäßig alkalische Verhältnisse die Nährstoffaufnahme. Es ist möglich, den pH-Wert zu beeinflussen, damit die gewünschten Kulturen gedeihen. Doch bedeutet dies viel und endlose Arbeit, es ist fraglich, ob sich das lohnt. Prüfen Sie besser den vorhandenen pH-Wert und wählen Sie Kulturen, die hier gut gedeihen. Kohlgewächse liefern auf alkalischem Boden bessere Ergebnisse, während Heidelbeeren sauren Boden brauchen. Wollen Sie bestimmte Pflanzen unbedingt ziehen, legen Sie Hochbeete an oder benutzen Sie Pflanzgefäße, in die Sie eine geeignete Erde einfüllen.

Pflanzgefäße stellen die ideale Lösung für problematische Böden dar. Man kann sie – ebenso wie Hochbeete – mit geeigneter lehmiger, wasserdurchlässiger, nährstoffreicher Erde befüllen.

BODENPFLEGE

Heftig diskutiert wird darüber, ob man nun umgraben soll oder nicht. Für das Umgraben spricht, dass man dabei Erdbrocken aufbricht, lästiges Unkraut entfernt, zugleich Bodenverbesserer einarbeitet und der Boden vor allem für Tiefwurzler leichter zu durchdringen wird. Im Winter offen daliegender Boden präsentiert Schädlinge möglichen Fressfeinden, der Frost bricht Klumpen auf und sorgt für krümeligen (garen) Boden.

Dennoch gibt es gute Argumente für eine möglichst geringe Störung des Bodens nach dem ersten Umgraben. Bleibt die Störung aus, entwickelt sich natürliche Fruchtbarkeit, die Bodenstruktur bleibt erhalten, es kommen nicht ständig wieder Unkrautsamen an die Oberfläche und die Bodentiere werden nicht gestört. Im Frühjahr oder Herbst breitet man organisches Mulchmaterial nur oberflächlich aus, Regenwürmer arbeiten es in den Boden ein.

Im Endeffekt wird man mit beiden Methoden arbeiten, denn manchmal muss man verdichtete Erde aufgraben oder Wurzelunkräuter beseitigen.

Fürs Mulchen statt Umgraben bringt man organisches Material als dicke Schicht auf dem Boden aus, sie wird sich zersetzen.

ANZUCHT

SÄEN UND PFLANZEN

Wer aus Samen Gemüsepflanzen heranzieht, kommt kostengünstig zu einer großen Palette von schmackhaften Kulturen. Ist der Platz beschränkt, so überlegen Sie sich, was Sie im Haus vorkultivieren müssen, um es dann auszupflanzen.

Verschwenden Sie den Platz im Haus nicht für Kulturen, die draußen problemlos heranwachsen, wie etwa Rote Bete. Reservieren Sie diesen Raum besser für Kulturen wie Chilis, die eine lange Reifezeit in Anspruch nehmen.

KULTUR IM HAUS

Wenn Sie Kulturen bis zum Erntetermin im Haus ziehen wollen, ist ein Kleingewächshaus für die Fensterbank extrem hilfreich. Damit können Sie alle Arten von Gemüse mit unterschiedlichen Keimtemperaturen aussäen. Chilis brauchen mindestens 20 °C zum Keimen, während Erbsen ohne Zusatzheizung auskommen. Ein kleiner Vermehrungskasten ermöglicht außerdem die Anzucht von Grünkraut und Babygemüse. Damit die Pflanzen ausreichend Licht erhalten, muss der Kasten so hell wie möglich stehen, allerdings geschützt vor direkter Sonneneinstrahlung, die zu Verbrennungen führt.

AUSSAAT UNTER SCHUTZ

Sät man im Haus aus, um später nach draußen zu pflanzen, kann man früh mit der Kultur beginnen und die Wachstumszeit ausdehnen. Das ist sinnvoll für Arten mit langer Kulturdauer wie Auberginen und Paprika. Dadurch haben sie mehr Zeit zum Reifen und um Früchte anzusetzen. Wieder bringt ein beheizbarer Vermehrungskasten Vorteile, doch säen Sie nicht zu früh aus, wenn die verfügbare Lichtmenge noch gering ist. Dann strecken sich die Sämlinge nämlich zu sehr. Eine Aussaat im zeitigen Frühjahr reicht. Wenn das Lichtangebot im Haus ein Problem darstellt, können Sie von Gemüse mit langer Kulturzeit einige wenige Jungpflanzen für ein kleines Grundstück kaufen.

TÖPFE UND ANZUCHTSYSTEME

Große Samen wie von Bohnen und Kürbis kann man leicht einzeln in Töpfe ablegen. Multitöpfe sind ideal für Samen mittlerer Größe wie von Kohl und Roter Bete. Das kleine Saatgut von Kopfsalat und Sellerie sät man besser in Aussaatschalen. Nach der Keimung pikiert man die Sämlinge in Töpfe oder Anzuchtsysteme. Verwenden Sie feinkrümelige Aussaaterde, die einen niedrigen Nährstoffgehalt hat.

ABHÄRTEN

Unter Schutz herangezogene Pflanzen sind empfindlich, denn sie waren nie der Witterung ausgesetzt. Bevor sie ausgepflanzt werden, muss man sie an die Bedingungen im Freien gewöhnen, man härtet sie ab. Stellen Sie die Pflanzen tagsüber an einen beschatteten, geschützten Platz im Freien, für die Nacht kommen sie zurück ins Haus. Dadurch gewöhnen sich die Pflanzen allmählich an kühlere Temperaturen.

(Oben) **Die Kultur empfindlicher Gewächse** wie Gurken beginnt unter geschützten Bedingungen, denn zum Keimen brauchen sie Temperaturen von mindestens 20 °C.

(Rechts) **Keimpflanzen im Vermehrungskasten** bringen die erste Ernte, sofern sie genug Licht bekommen. Man erntet die Sämlinge, sobald sie das erste Paar echter Blätter entwickelt haben.

Je nach Empfindlichkeit der Art machen Sie das sieben bis zehn Tage lang. Wenn Sie pikieren oder in Töpfe bzw. Erdsäcke pflanzen, gießen Sie diese gründlich und stellen Sie sie vor dem Bepflanzen nachtsüber an einen warmen Ort. Damit verhindern Sie das zu starke Auskühlen des Substrats, was zu einem Umtopfschock führen könnte.

DIREKTSAAT

Mit ausreichendem Schutz können robuste Kulturen an Ort und Stelle gesät werden. Das ist immer sinnvoll, wenn der Platz im Haus für die Anzucht begrenzt ist. Manche Kulturen, etwa Brokkoli, mögen es gar nicht, wenn ihre Wurzeln gestört werden, man verpflanzt sie nach Möglichkeit nicht. Auch Wurzelgemüse gedeiht meist bei Direktsaat. Bereiten Sie das Beet gründlich vor. Ist es kühl, brauchen Sie vielleicht eine Haube oder einen Kalten Kasten.

JUNGPFLANZEN KAUFEN

Für jene, die weder Zeit noch Platz für die eigene Anzucht haben, gibt es verschiedene Möglichkeiten für den Kauf von Pflanzen. Man erhält sie in verschiedenen Entwicklungsstadien. Auf alle Fälle verkürzt sich die Kulturzeit. Allerdings stehen weniger Sorten zur Verfügung und es kostet mehr. Das sollten Sie bedenken.

1 Plug-Pflanzen Solche Jungpflanzen mit kleinem Ballen, die gerade groß genug sind zum Auspflanzen, erhält man in Gartenmärkten oder per Internet. Sie stellen eine schnellere, leichtere, doch kostspieligere Möglichkeit dar, Gemüse selbst heranzuziehen. Sie sind ideal, wenn Sie wenig Platz haben oder nur wenige Pflanzen möchten.

2 Tray-Pflanzen Falls Sie eine ganze Reihe bestücken oder eine größere Menge kaufen wollen, sind ganze Paletten günstiger als einzeln gekaufte Pflanzen. Kaufen Sie sie, solange sie noch recht jung sind.

3 Pflanzen in Töpfen Gemüsepflanzen werden auch in einem späteren Stadium zum Kauf angeboten. Angezogen in Einzeltöpfen, kommen sie relativ teuer. Allerdings bietet sich die Gelegenheit, Pflanzen mit langer Kulturzeit zu erwerben, etwa Chilis, Paprika oder Zuckermais.

4 Wurzelnackte Pflanzen Kohl wird zum Beispiel in Saatbeeten ausgesät, ausgegraben und wurzelnackt verkauft (im Bild). Obstbäume und Beerensträucher erhält man wurzelnackt im Herbst. Sie alle sollte man unverzüglich in die Erde setzen.

ANFANGEN

FRÜHER START

Bei einer kleinen Fläche soll der Anbau so ertragreich wie möglich sein. Die Fläche können Sie nicht ausweiten, doch Sie können die Kulturzeit so weit wie möglich ausdehnen, wenn die Kulturen bald heranwachsen, früher reifen und bis in den Herbst hinein Gemüse und Obst liefern. Dafür brauchen die Pflanzen Schutz vor Spätfrösten im Frühjahr und frühen Kälteeinbrüchen im Herbst. Das lässt sich leicht verwirklichen, vor allem, indem Sie robuste Arten ziehen und solche, die rasch eine erntereife Größe erreichen.

GESCHÜTZTE AUSSAAT

Ein Kleingewächshaus bietet beste Bedingungen für eine frühe Aussaat und die Anzucht von Pflanzen. Sie können aber auch am Fensterbrett aussäen, bei Zimmertemperatur keimen die Samen schnell. Auch Sämlinge können dort wachsen, doch sollten Sie die Gefäße alle paar Tage drehen, weil sich sonst die Pflänzchen zum Licht neigen. Direktes Sonnenlicht müssen Sie abschatten, sonst verbrennt das junge Gewebe.

EINFACHE BEDECKUNG

Kalte Kästen und Minigewächshäuser bieten ähnliche Vorteile wie ein Kleingewächshaus. Darin wachsen früh im Jahr robuste Kulturen heran oder es keimen später empfindlichere Arten. Die Pflanzen müssen gut belüftet sein und regelmäßig gegossen werden. Kästen eignen sich bestens dafür, am Fensterbrett angezogene Pflanzen an Freilandtemperaturen zu gewöhnen. Sie bieten sich für kleine Flächen an, weil man sie wegnehmen und lagern kann, wenn sie nicht gebraucht werden. Minigewächshäuser können sogar große Paprika- oder Tomatenpflanzen aufnehmen.

HAUBEN

Glocken oder Hauben schützen Pflanzen kurzzeitig vor Kälte und fangen Wärme ein. Sie dienen dazu, den Boden vor der Aussaat zu erwärmen, und begünstigen so die frühe Entwicklung. Sie sind oft aus Plexiglas oder Kunststoff gefertigt, aber vielleicht behagen Ihnen Glocken aus Glas mehr. Es gibt verschiedene Ausführungen, etwa Tunnel, um Reihen abzudecken, oder Kuppeln für einzelne Pflanzen. Stülpen Sie sie über frische Aussaaten für eine schnelle Keimung oder schützen Sie damit frisch gesetzte Pflanzen vor rauer Witterung. Sie können damit auch spät im Sommer gesäte Kulturen während des Herbstes abdecken.

VLIES ZUM ABDECKEN

Mit dem leichten Gewebe können Sie Sämlinge und ältere Pflanzen vor Frostschäden bewahren. Mit Vlies lassen sich größere Flächen abdecken, etwa ganze Beete oder Saatreihen. Es eignet sich ebenso zum Einwickeln einzelner Pflanzen. Das Vlies soll jedoch die Blätter nicht berühren, Stäbe oder Drahtringe halten es auf Abstand. Sie müssen es gut befestigen, sonst weht es davon. Mehrere Lagen übereinander sorgen für noch besseren Schutz. Entfernen Sie es, wenn kein Frost mehr droht.

(Oben links) ***Ein Beginn unter Schutz*** *schiebt das Wachstum an. Erbsen und Dicke Bohnen kann man im März aussäen und im April schon pflanzen.*

(Oben) ***Im Haus erhalten die Pflanzen*** *einen veritablen Turbostart. Im Spätsommer ermöglichen Glocken das längere Beernten wärmebedürftiger Pflanzen wie Basilikum.*

SELBST GEMACHTER SCHUTZ

Glocken, Hauben und Kästen können Sie kaufen – oder ganz einfach selbst herstellen. Dadurch können Sie sie genau an Ihre Fläche und Ihre Kulturen anpassen. Billiger kommt das außerdem, gerade wenn Sie Bauteile dafür wiederverwenden.

1

1 Kultur am Fenster Stellen Sie Jungpflanzen in Kästen zusammen, um sie warm und feucht zu halten. Mehr Licht fällt ein, wenn Sie einen Reflektor aus Fotokarton und Metallfolie anbringen. Dadurch bilden die Sämlinge gerade, feste Stängel.

2

2 Kalter Kasten Aus alten Fenstern ist so etwas schnell gebaut. Die Wände entstehen aus Ziegel- oder Betonsteinen, auch ein einfacher Holzsockel kommt als Unterbau für das Fenster in Frage.

3

3 Einfacher Schutz Kleine Stücke aus Glas, Plexiglas oder durchsichtigem Kunststoff ergeben ausgezeichnete Abdeckungen. Die Scheiben können sich an der Spitze berühren, bei offeneren Ausführungen dienen Stäbe als Abstandshalter. Hüten Sie sich vor scharfen Kanten oder tragen Sie Schutzhandschuhe.

4

4 Hauben aus Flaschen Die Nutzungsdauer von Einwegflaschen verlängert sich, wenn man ihren Boden abschneidet und sie dann als Hauben für einzelne Pflanzen einsetzt. Die Verschlüsse werden entfernt, damit Luftaustausch stattfindet. Die Flaschen lassen sich zum Aufbewahren für einen häufigeren Einsatz zusammenstecken.

VERSORGEN

GIESSEN UND DÜNGEN

Wer viel ernten will, muss gut gießen und düngen. Das ist besonders auf kleinen Flächen wichtig, wo es auf jede Pflanze ankommt. Eine regelmäßige Versorgung führt zu kräftigen, gesunden Pflanzen, die Krankheiten und Schädlingen besser widerstehen. Pflanzen in Hochbeeten und Töpfen sind fast vollständig von Ihnen abhängig, was Schutz, Wasser- und Nährstoffversorgung betrifft.

WANN UND WIE GIESSEN?

Wachsen Kräuter, Obst- und Gemüsepflanzen auf engem Raum nebeneinander, ist der zur Verfügung stehende Wurzelraum begrenzt. Durch die hohe Wurzeldichte muss für ein gutes Wachstum ständig Wasser zur Verfügung stehen. Im Idealfall bringen Sie eine Tröpfchenbewässerung an, die das Substrat dauerhaft und gleichmäßig feucht hält. Das ist natürlich Luxus: Gießkannen und Schläuche sind eher die Norm. Gießen Sie alle paar Tage gründlich, damit das Wasser zu den längsten Wurzeln einsickert, und nicht nur an der Oberfläche. (Töpfe müssen Sie vielleicht täglich wässern.) Gießen Sie morgens oder abends, nicht während der Mittagshitze, um die Verdunstung niedrig zu halten. Pflanzen, die blühen oder Früchte ansetzen, brauchen viel Wasser. Trockenheit bewirkt Welke und senkt den Ertrag.

FEUCHTIGKEIT GUT NUTZEN

Damit der Boden das Wasser besser speichert, sollten Sie regelmäßig organisches Material einarbeiten. Das ist wichtig auf leichten Böden. Bei einer Kultur in Töpfen können Sie Wasser

(Links außen) ***Junge Pflanzen*** *reagieren empfindlich auf Wassermangel. Gießen Sie regelmäßig, bis sie gut angewachsen sind.*

(Oben) ***Eine Mulchauflage*** *hält die Feuchtigkeit im Boden zurück, da sie die Verdunstung vermindert. Organischer Mulch trägt zur Düngung bei.*

(Links) ***Eine automatische Bewässerung*** *lohnt sich bei vielen Töpfen und wenig Zeit zum Gießen.*

speicherndes Granulat unters Substrat mischen. Fangen Sie Regenwasser in Tonnen auf und versuchen Sie, Wasser aus dem Haushalt zum Gießen zu verwenden. Infrage kommt das Wasser, mit dem man Salate und anderes Gemüse wäscht.

Wenn Sie in Urlaub fahren, stellen Sie Töpfe an einen schattigen Platz, rücken Sie alles auf Tabletts zusammen und gießen Sie gründlich. Als Alternative dazu bitten Sie einen Nachbarn zu gießen. Gegenüber einer automatischen Bewässerung hat das den Vorteil, dass man dann gleichzeitig und wiederholt ernten kann. (Und der Gießdienst wird gleich vor Ort belohnt.)

DÜNGEN

Der Anbau von Nutzpflanzen entzieht der Erde eine ansehnliche Menge an Nährstoffen. Damit sie nicht auslaugt, ist es wichtig, die entnommenen Nährstoffe regelmäßig zu ersetzen.

Drei Hauptnährstoffe benötigen Pflanzen: Stickstoff für das Blattwachstum, Phosphor für gesunde Wurzeln und Kalium für Blüten und Früchte. Zum Wachstum brauchen sie auch Kalzium, Magnesium und Spurenelemente wie Eisen und Bor. Versorgen Sie Ihre Kulturen mit geeigneten Düngern: Wurzelgemüse erhält phosphorreichen Dünger für ein gutes Wurzelwachstum, blattreiches Gemüse muss gut mit Stickstoff versorgt werden, Fruchtgemüse wie Tomaten braucht reichlich Kalium. Dünger soll das Wachstum in die richtige Richtung lenken. Von der Bodenart hängt es ab, wie oft Sie düngen müssen. Aus sandigen Böden werden Nährstoffe rasch ausgewaschen, lehmige oder tonige Böden halten sie besser.

DÜNGERFORMEN

Grundsätzlich unterscheidet man zwischen organischen und synthetischen Düngemitteln. Beide Typen kann man auf verschiedene Weise geben, alle haben ihre eigenen Vorteile. Ihre Qualität wird als Verhältnis N : P : K angegeben. Das ist der Anteil von Stickstoff (N) im Verhältnis zu Phosphor (P) und Kalium (K). Egal, welchen Dünger Sie einsetzen – vermeiden Sie eine Überversorgung. Anstelle einer besseren Ernte kann es sonst zu Schäden an den Wurzeln kommen.

1 Granulat Diese feste Anwendungsform löst sich in der Erde langsam auf und versorgt die Pflanzen über einen langen Zeitraum, oft für die Dauer der Wachstumszeit. Man erhält organische wie synthetische Düngemittel. Die Handhabung ist einfach.

2 Düngerlösung Diese Dünger wirken recht schnell. Organische oder synthetische Ausgangsstoffe werden entweder als lösliches Pulver oder als konzentrierte Lösung angeboten. Verdünnen Sie genau nach Vorschrift.

3 Nährstoffbetonte Dünger Hier kommt es weniger auf eine ausgewogene Versorgung an, sondern auf die Versorgung mit einem speziellen Nährelement. Eisensulfat erhöht etwa den Eisengehalt im Boden.

4 Verrottetes organisches Material Damit führt man dem Boden Nährstoffe zu und gleichzeitig verbessert sich dessen Struktur. Dafür kommen recht unterschiedliche Ausgangsstoffe infrage, etwa selbst bereiteter Kompost oder Pferdemist.

DEN ANBAU

PLANEN

EINFACH
BEGINNEN

Eine 3 × 3 m große Fläche eignet sich hervorragend für den Einstieg, um Obst und Gemüse anzubauen. Sie bietet genug Platz für eine sinnvolle Zusammenstellung von Kulturen, und doch ist sie klein genug, damit sich der Arbeitsaufwand noch gut überschauen lässt.

Um zu zeigen, was möglich ist, haben wir die Fläche während einer Wachstumsperiode bewirtschaftet. Als Start- und Entscheidungshilfe sind die verschiedenen themenbezogenen Pflanzbeispiele (S. 46–53) gedacht. Neben verschiedenen Beeten gibt es auch Vorschläge für jene, die keinen Garten haben. Obwohl die Pläne eine 3 × 3 m große Fläche voraussetzen, lassen sie sich an jedes Maß anpassen, ob es sich nun um ein kleines Beet handelt oder um Töpfe und Tröge auf der Terrasse.

DIE FLÄCHE HERRICHTEN

Noch vor dem Säen oder Pflanzen steht die Beetvorbereitung zwischen Herbst und Frühjahr auf dem Programm (siehe S. 26–27). Was genau dabei zu tun ist, hängt von Ihrem Grundstück und dem Boden ab. Um einen guten Ertrag zu erzielen, lohnt es sich, Zeit zu investieren, um später sonst möglicherweise auftretende Probleme zu vermeiden. Bringen Sie Nährstoffe ein, beseitigen Sie Schwachstellen wie mangelhafte Durchlüftung, ausdauernde Unkräuter oder Verdichtungen. Falls Sie in Töpfen oder Erdsäcken kultivieren, wärmen Sie sie vor der Aussaat oder dem Bepflanzen an einem sonnigen Platz auf (siehe S. 28–29).

Beim Umgraben brechen Sie große Brocken auf und entfernen alle Unkrautwurzeln.

Verrottetes organisches Material, etwa Kompost, verbessert die Fruchtbarkeit und die Wasserhaltefähigkeit.

Mit dem Rechen wird die Oberfläche eben und feinkrümelig, sodass Sie direkt aussäen können

Dunkles Bändchengewebe verhindert das Keimen von Unkräutern, falls Sie nicht gleich säen können.

UNSER PFLANZPLAN

Die hier gezeigte Abfolge eignet sich für Anfänger, die zum ersten Mal Gemüse anbauen. Darin enthalten sind verlässliche Kulturen, die schnell reifen und deren Erntezeit sich über Wochen hinzieht. Von Pflücksalat und Kräutern kann man wenige Wochen nach der Aussaat Blätter abnehmen. Die Bohnen halten sich den ganzen Sommer über, Brokkoli und Kartoffeln liefern im Herbst eine willkommene Ernte.

ERSTE REIHE Zuckermais × 9 • Kürbis × 1 • Feuerbohnen × 8 • Stangen- oder Buschbohnen × 6 • Lagerkartoffeln × 4

ZWEITE REIHE zwergige Strauchtomaten × 5 • Gurken × 3 • Brokkoli × 4 • Zucchini × 2

DRITTE REIHE Rote Bete × 20 • Möhren × 40 • Radieschen × 40 • Mangold × 8 • Kohlrabi × 12 • Asia-Salate × 20 • Kopfsalat × 20 • Koriander × 6 • Petersilie × 4

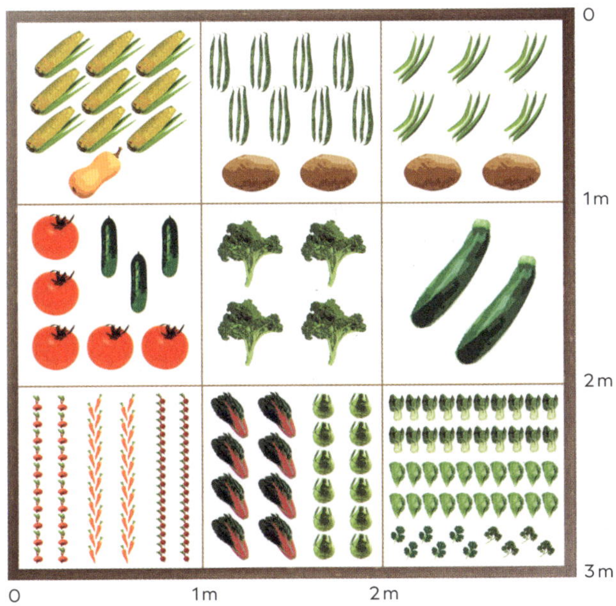

Unter Hauben erwärmt sich die Erde, die Samen keimen schneller. Ebenso schützen sie junge Pflanzen.

Bambusstäbe markieren die einzelnen Bereiche, wo etwa Aussaaten hinkommen, und sie dienen als Stütze.

Anfallende Arbeiten

- Entfernen Sie Unkraut, das sonst die Sämlinge unterdrückt.
- Mischen Sie Dünger in fester Form vor einer Direktsaat ein.
- Halten Sie den Boden frei von Pflanzenabfällen.
- Säen Sie im Haus aus, damit Sie früh ins Freie pflanzen können.
- Lassen Sie die Kartoffeln vorkeimen (siehe S. 146).

DAS BEET

BEPFLANZEN

Nach der Bodenvorbereitung geht es ans Säen und Pflanzen. Wegen der Spätfrostgefahr im frühen Frühjahr dürfen empfindliche Kulturen nicht zu bald ins Freie. Sie können stattdessen robusteres Gemüse direkt säen, etwa Möhren, Erbsen, Rote Bete oder Radieschen. Sie keimen schneller, wenn die Erde sich unter einer Abdeckung aus Hauben (Cloches) oder Folie erwärmen konnte. Für ein besseres Wachstum bedecken Sie Sämlinge mit Hauben und dünnen sie nach einiger Zeit aus, um eine gute Belüftung zu sichern und Konkurrenz zwischen Pflanzen zu vermeiden.

Frost wirkt sich weniger stark aus, wenn sich empfindliche Kulturen allmählich an die Außentemperaturen gewöhnen können. Das gilt etwa für Zuckermais, Feuer- oder Gartenbohnen, Tomaten und Zucchini. Dies bedeutet, dass man Sämlinge zehn Tage lang tagsüber ins Freie stellt und für die Nacht wieder ins Haus holt. Pflanzen Sie erst, wenn die Spätfrostgefahr vorüber ist.

Wenn es wärmer wird, wachsen die Pflanzen schnell. Es gibt daher viel zu tun. Pflegen Sie so gut wie nur möglich, damit die Kulturen einen guten Start haben. Kranke oder abgestorbene Pflanzen werden unverzüglich ersetzt.

Stangen- und Feuerbohnen winden sich um ihre Stütze. Binden Sie junge, widerspenstige Triebe an.

Gießen Sie Jungpflanzen nach dem Auspflanzen gründlich, dadurch werden sie widerstandsfähiger.

Robuste Kulturen können im Frühjahr direkt gesät werden. Halten Sie die vorbereitete Erde feucht.

Dünnen Sie Sämlinge frühzeitig aus, damit sich die verbliebenen Pflänzchen ungestört entwickeln.

Biologisch abbaubare Töpfe sorgen für eine geringere Störung des Wurzelballens beim Umpflanzen.

Halten Sie zum Abdecken Vlies oder Hauben bereit für den Fall, dass ein Kälteeinbruch kommt.

Weitere Arbeiten zu Frühjahrsbeginn

- Seien Sie unerbittlich gegen Schnecken, streuen Sie Schafwollpellets.
- Zeitweilig mit Papier abgedeckte Aussaaten keimen schneller.
- In die Erde eingesenkte Töpfe neben Kürbispflanzen sorgen später dafür, dass Gießwasser zu den Wurzeln gelangt.
- Hacken Sie zwischen den Pflanzen, um Unkraut fernzuhalten.

DIE KULTUREN

PFLEGEN

Die Wachstumsrate nimmt zu, wenn die Temperaturen zur Frühjahrsmitte ansteigen. Deshalb ist es wichtig, die Kulturen in bester Verfassung zu halten. Schnell reifen Radieschen und Pflücksalat, ebenso liefern Kräuter eine erste Ernte. Obst und Gemüse, das zur Reife mehr Zeit braucht, gedeiht bei fortwährender Pflege besser. Stützen und binden Sie Tomaten und Gurken auf, entfernen Sie alle gelben Blätter.

Durch Anhäufeln schützen Sie Kartoffelknollen vor Licht. Sie werden sonst grün und ungenießbar. Jäten beseitigt unerwünschte Konkurrenz, und Insektenschutznetze halten die Möhrenfliege oder andere Gemüsefliegen fern, deren Larven Gänge in die Wurzeln fressen. Sorgfältig durchgeführt, werden diese Arbeiten reiche Früchte tragen.

Binden Sie schnell wachsende Gurkentriebe immer wieder mit weichem Zwirn an.

Ausgesäte Radieschen reifen in rund fünf Wochen. Ernten Sie sie frisch, sonst werden sie holzig.

Jäten Sie zwischen Möhren. Die Konkurrenz durch unerwünschte Kräuter senkt sonst den Ertrag.

Insektenschutznetz, 60 cm hoch aufgebaut, hält die Möhrenfliege von der Eiablage an den Pflanzen ab,

Bohnenpflanzen müssen Sie gut gießen, damit Pflanzen mit kräftigen Wurzeln viele Hülsen liefern.

Häufeln Sie um Kartoffeln regelmäßig Erde an, damit die Knollen nicht dem Licht ausgesetzt werden.

Kontrollieren Sie, ob sich Anzeichen von Krankheiten oder Schädlingen zeigen. Reagieren Sie sofort.

Blattsalat entwickelt sich schnell. Ernten Sie daher nach Bedarf immer wieder Blätter ab.

Junges Gewebe zieht Schnecken magisch an. Schreiten Sie zur Abwehr, etwa mit Schafwollpellets.

Gelbe Blätter werden zum Erhalt der Gesundheit entfernt. Wichtig ist das für Kohlgewächse und Gurken.

Andere Arbeiten zur Zeit des Hauptwachstums

- Dünnen Sie Mangold aus, die jungen Pflanzen schmecken als Salat.
- Binden Sie Stabtomaten an Stützstäben an.
- Ernten Sie Basilikum und Koriander regelmäßig, damit sie nachtreiben.
- Düngen Sie Fruchtgemüse wöchentlich mit Tomatendünger.

VIEL ZU

ERNTEN

Am meisten zu ernten gibt es zwischen Hoch- und Spätsommer. Früchte und Blätter reifen kontinuierlich, daher müssen Sie Stangen-, Busch- oder Feuerbohnen, Zucchini und Pflücksalat regelmäßig abernten, was eine fortlaufende Ernte ermöglicht. Andere Kulturen wie Möhren oder Rote Bete ernten Sie auf einmal ab, danach können Sie die frei gewordene Fläche gleich wieder nutzen. Durch Folgeaussaaten oder weitere Pflanzungen bleibt Ihre Fläche weiterhin ertragreich. Gut gegossen, werden sich die weiteren Kulturen zügig entwickeln.

Sich langsam entwickelnde Kulturen wie Tomaten, Feuerbohnen und Zuckermais reifen nach und nach vom Hochsommer an. Nur bei guter Pflege erwartet Sie eine stattliche Ernte bis in den Herbst.

Lenken Sie bei Kürbis eigenwillige Triebe. Sie werden noch deutlich erstarken.

Gurken reifen schnell heran. Kontrollieren Sie regelmäßig und ernten Sie ab.

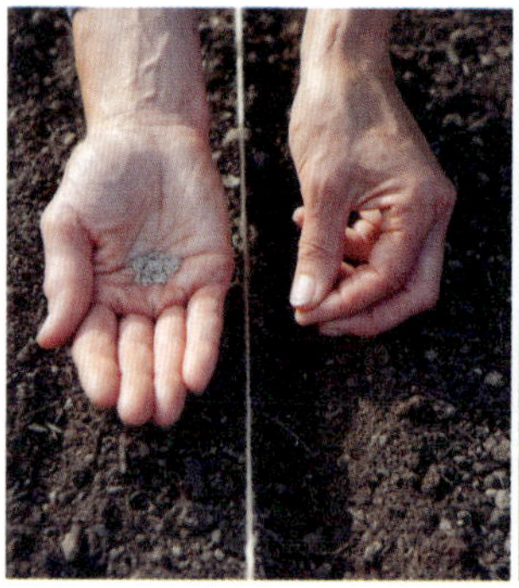

Säen Sie direkt an freie Stellen für eine kontinuierliche Ernte. Gießen Sie die Aussaaten bei Hitze.

Einzelne Möhren ziehen Sie heraus, sobald sie groß genug sind, die größten Wurzeln zuerst.

Nehmen Sie Zucchini regelmäßig ab, sonst werden sie zu groß. Prüfen Sie die Pflanzen alle paar Tage.

Salatpflanzen ziehen Sie ganz aus dem Boden. Schneiden Sie über dem Strunk ab, treiben sie neu aus.

Zuckermais müssen Sie für einen hohen Ertrag gut gießen, sobald die langen Blütenstände erscheinen.

Arbeiten zur Erntezeit

- Ziehen Sie Rote Bete in Sätzen.
- Prüfen Sie die Gesundheit.
- Gießen Sie gründlich.
- Düngen Sie regelmäßig.

ERNTE IM

HERBST

Spät reifende Kulturen kommen zu ihrem Höhepunkt. Zuckermais, Kürbis und Tomaten brauchen eine lange Wachstumszeit und viel Sonne. Nur bei viel Sonne bilden sie reichlich Zucker. Jetzt wo sich die Schale ausgebildet hat, sind Kartoffeln reif zum Ernten und Einlagern.

Auf abgeernteten, freien Flächen können Sie schnell wachsendes Babygemüse oder winterharten Salat einsäen. Oder Sie bereiten die Fläche fürs nächste Jahr schon vor. Eine Mulchschicht verhindert das Aufkeimen von Unkraut, während unbedeckter Boden gut durchfriert und Schädlinge dabei absterben.

Der Komposthaufen schwillt an. Mischen und wenden Sie das Material von innen nach außen.

Gießen Sie ganz besonders jene Kulturen, die noch reifen, wie Kürbis und Blattsalate.

Winterkürbisse ernten Sie vor dem ersten Frost. Sie sollten in der Sonne liegen, damit die Schale erhärtet.

Mulchen Sie offenen Boden mit organischem Material, das bis zur Pflanzzeit im Frühjahr verrottet.

Späte Aussaaten von winterharten Kulturen wie Feldsalat sind möglich. Sie sollten abgedeckt werden.

Bohnen bilden bis zum ersten Frost Hülsen, sofern sie regelmäßig abgeerntet werden.

Bei Zuckermais ziehen Sie die Hüllblätter vorsichtig zurück, um den Reifegrad der Samen zu prüfen.

Kartoffelknollen lassen Sie nach der Ernte für ein paar Stunden auf dem Boden trocknen.

Zucchini erschöpfen sich allmählich. Ernten Sie die Pflanzen ab, die dann auf den Kompost kommen.

Von Kräutern ernten Sie Blätter und Früchte. Die Samen kann man trocknen, Blätter auch einfrieren.

Abgeerntetes Kraut wird herausgezogen und kommt klein geschnitten auf den Komposthaufen.

Arbeiten gegen Ende der Kulturzeit

- Beernten Sie Mangold bis in den Winter hinein.
- Bedecken Sie neue Aussaaten mit Hauben oder Folientunneln.
- Gießen Sie Tomaten nicht mehr, damit die Früchte reifen.
- Lagern Sie Ernteüberschuss an einem frostsicheren Platz.

DAS BEET FÜR

EINFACHE KULTUREN

Wenn Sie mit dem Anbau von Nutzpflanzen erst beginnen, empfiehlt sich diese Kombination aus Gemüse-Arten und Erdbeeren. Viele dieser Kulturen eignen sich hervorragend für Anfänger. Sie sind leicht zu ziehen, haben wenig Probleme mit Krankheiten oder Schädlingen und liefern Ertrag bei geringem Aufwand. Wenn Sie nur eine oder zwei Kulturen pro Quadratmeter ziehen, bekommen Sie den Anbau leicht in den Griff. Sobald Erfahrung und Selbstvertrauen zunehmen, können Sie weitere Arten (wie unten gezeigt) ergänzen. Passen Sie die Auswahl und deren Umfang Ihren Bedürfnissen an.

ANBAU IN PFLANZGEFÄSSEN

Einfache Kulturen lassen sich leicht in Töpfen, Balkonkästen oder Hängekörben ziehen. Sie können auch Monatserdbeeren an einer sonnigen Stelle in 20-cm-Töpfe pflanzen und sie an einem Zaun oder an einem Rankgitter entlangleiten. Salate mit flachem Wurzelwerk passen gut in kleinere Gefäße, während Zwiebeln oder Buschbohnen Töpfe von mindestens 25 cm Tiefe brauchen. Kartoffeln und Zucchini reifen in großen Kübeln oder Erdsäcken.

WEITERE EINFACHE KULTUREN

Tomaten
Seiten 56–59

Knoblauch
Seiten 162–163

Feuerbohnen
Seiten 72–73

Zuckermais
Seiten 166–169

Dicke Bohnen
Seiten 78–79

Winterkürbis
Seiten 88–91

Möhren
Seiten 138–139

Speiserübchen
Seiten 140–141

EINFACHE MISCHUNG

Diese Kombination von Kulturpflanzen versorgt Sie mit allem Notwendigen. Auf gut vorbereitetem, gepflegtem Boden können Sie schnelle Ergebnisse und ansehnliche Erträge erwarten. Die große Fläche Erdbeeren garantiert eine reiche Ernte, die Bohnen tragen zuverlässig bis zum Herbst, zwei Zucchini-Pflanzen liefern vermutlich mehr, als Sie verzehren können. Säen Sie immer wieder Radieschen aus, die schnell heranwachsen. Sobald eine Reihe abgeerntet ist, folgt der nächste Satz.

ERSTE REIHE Kartoffeln × 4
- Frühkartoffeln × 6
- Zwiebeln × 60

ZWEITE REIHE Spinat × 16
- Rote Bete × 30
- Zucchini × 2
- Stangen- oder Buschbohnen × 12

DRITTE REIHE Radieschen × 40
- Salat × 8
- Radieschen × 40
- Erdbeeren × 12

Mangold
Seiten 126–127

Asia-Salate
Seiten 122–123

Herbsthimbeeren
Seiten 202–203

Blattsalat
Seiten 114–117

Schalotten
Seiten 156–157

Pflaumen
Seiten 218–219

Infrage kommen auch:

- Chilis (S. 62–65)
- Endivie (S. 128–129)
- Kohlrabi (S. 170–171)
- Rhabarber (S. 186–187)
- Koriander (S. 194–195)
- Petersilie (S. 194–195)
- Pfefferminze (S. 190–193)
- Schnittlauch (S. 190–193)
- Kopfkohl (S. 96–101)
- Schwarze Johannisbeeren (S. 208–209)
- Heidelbeeren (S. 212–213)
- Brombeeren (S. 204–205)

DAS
FAMILIENBEET

Unter den Obst- und Gemüse-Arten, die eine Familie so braucht, finden sich etliche, die im Garten gedeihen. Eine 3 × 3 m große Fläche ist groß genug für eine Bandbreite von Kulturen, viele davon gedeihen auch in Töpfen. Jedes Familienmitglied sollte für einen speziellen Teil der Anbaufläche verantwortlich sein. Daraus resultieren ein freundschaftlicher Wettbewerb sowie eine besser gepflegte Anbaufläche. Die gesammelten Erfahrungen werden ausgetauscht, Tipps und Methoden von Generation zu Generation weitergegeben. Dadurch verinnerlichen alle Beteiligten den eigenen Anbau.

ANBAU IN PFLANZGEFÄSSEN

Falls es Ihnen an Platz mangelt – oder auch aus Spaß an der Sache –, bietet sich der Anbau in Pflanzgefäßen an. Bestücken Sie große Töpfe mit ertragreichen Kulturen, die man in Ihrer Familie gern genießt. Junge Pastinaken und Möhren können Sie in tiefe Töpfe säen, während Salat und Rote Bete in flachen Gefäßen gedeihen. Ideal sind Erdbeeren, während Heidelbeeren und sogar ein Apfelbaum in einem geräumigen Kübel gedeihen können. Fruchtgemüse wie Bohnen, Kürbis, Tomaten, Zucchini und Zuckermais braucht einen warmen, sonnigen Platz.

WEITERE KULTUREN FÜR DAS FAMILIENBEET

Erbsen
Seiten 70–71

Kopfkohl
Seiten 96–101

Riesenkürbis
Seiten 92–93

Gurken
Seiten 82–83

Radieschen
Seiten 134–135

Rosenkohl
Seiten 108–109

Mangold
Seiten 126–127

Kohlrabi
Seiten 170–171

FAMILIENMISCHUNG

Diese auf maximalen Ertrag ausgerichtete Kombination umfasst begehrte Kulturen, die man zwischen Sommer und Herbst erntet. Nutzen Sie den Platz bestmöglich, indem Sie unter langsam wachsendem Zuckermais schnell wachsenden Kürbis zur Bodendeckung ziehen. Spät reifende Kulturen wie Brokkoli und Spargelkohl halten den Platz lange besetzt. Zusammengepflanzt entwickeln sie sich ohne Störung.

ERSTE REIHE Frühkartoffeln × 6
- Rote Bete × 30 • Salat × 8
- Strauchtomaten × 4

ZWEITE REIHE Brokkoli × 8
- Sprossenkohl × 2 • Kürbis × 1
- Zuckermais × 9 • Stangen- oder Buschbohnen × 12

DRITTE REIHE Möhren × 45
- Pastinaken × 8 • Zwiebeln × 30
- Lauch × 10 • Zucchini × 2

Chicorée
Seiten 128–129

Paprika
Seiten 60–61

Erdbeeren
Seiten 200–201

Einjährige Küchenkräuter
Seiten 194–195

Auberginen
Seiten 66–67

Rote Johannisbeeren
Seiten 206–207

Infrage kommen auch:

- Chilis (S. 62–65)
- Feuerbohnen (S. 72–73)
- Dicke Bohnen (S. 78–79)
- Pflück- oder Schnittsalat (S. 118–119)
- Spinat (S. 124–125)
- Speiserübchen (S. 140–141)
- Knoblauch (S. 162–163)
- Rhabarber (S. 186–187)
- Himbeeren (S. 202–203)
- Heidelbeeren (S. 212–213)
- Äpfel (S. 214–215)
- Kirschen (S. 220–221)

KULTUREN FÜR

FEINSCHMECKER

Eine unüberschaubar große Zahl an Sorten von Obst und Gemüse steht zur Verfügung. Experimentierfreudige Hobbyköche können hier aus dem Vollen schöpfen. Kulturen wie Artischocken und Chicorée sowie ungewöhnliche bis modische Sorten wie violette Möhren oder rote Stachelbeeren bringen Abwechslung und Spannung in den Garten, käuflich erwerben kann man sie nicht so leicht. Mit farbigen Nutzpflanzen können Sie einen dekorativen und ebenso höchst ertragreichen Garten gestalten. Hier bestätigt sich eindeutig die Aussage: »Man isst auch mit den Augen.«

ANBAU IN PFLANZGEFÄSSEN

Töpfe ergeben eine mobile Kombination aus Kulturen zum Abpflücken. Eine Mischung aus unterschiedlichen Texturen und Farben harmoniert perfekt neben Kästen und Töpfen mit Zierpflanzen. Nicht alltäglicher Pflücksalat, Kräuter, essbare Blüten und das fiedrige Laub von Fenchel geben einige Beispiele. Wenn Sie Beerensträucher und mehrjähriges Gemüse pflanzen wollen, geben Sie ihnen große Tröge oder tiefe Töpfe mit lehmigem Substrat zum guten Gedeihen. Wasserbedürftige Kulturen wie Fenchel und Sellerie brauchen häufige Wassergaben.

WEITERE KULTUREN FÜR FEINSCHMECKER

Grünkohl 'Black Tuscan'
Seite 110

Möhre 'Purple Haze'
Seite 138

Kopfkohl 'January King'
Seite 100

Tomate 'Tigerella'
Seite 59

Spargelkohl 'Claret'
Seite 106

Brunnenkresse
Seiten 130–131

Kohlrabi 'Kolibri'
Seite 170

Mangold 'Ruby'
Seiten 126

LECKERE MISCHUNG

Unabhängig von der Anbaufläche geht es hier darum, eher teureres oder selten angebotenes Gemüse anzubauen. Spargel und Rote Johannisbeeren sind im Anbau relativ einfach. Dicke Bohnen, die man jung und süß erntet, bedeuten eine Offenbarung im Vergleich zur Ware aus den Geschäften. Frische Asia-Salate liefern Ihnen den ganzen Sommer über Blätter und Stängel für pfannengerührte Gerichte und Salate.

ERSTE REIHE Salatkartoffeln × 6
● Dicke Bohnen × 20 ● Spargel × 4

ZWEITE REIHE Sellerie × 9
● Erdbeeren × 8 ● Johannisbeeren × 1
● Fenchel × 10 ● Knoblauch × 14

DRITTE REIHE Kürbis × 1
● Chicorée × 6 ● Schalotten × 8
● gemischter Blattsalat × 8
● Asia-Salate × 10 ● gemischter Blattsalat × 8 ● Asia-Salate × 10

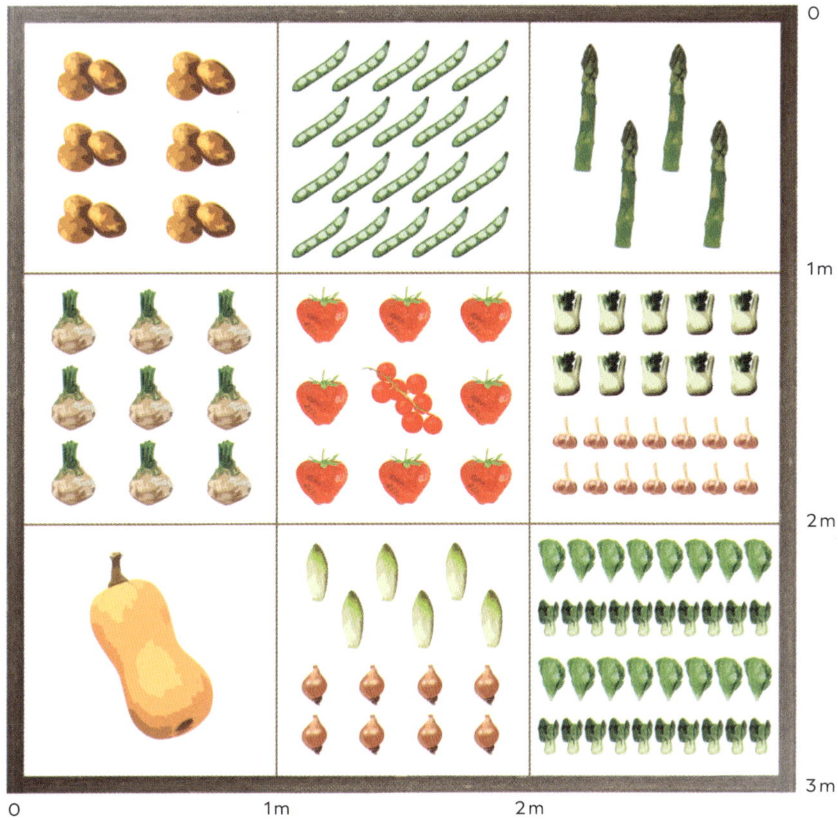

Rote Bete 'Chioggia Pink'
Seite 136

Pfefferminze
Seiten 190–193

Pfirsich 'Garden Lady'
Seite 222

Artischocke
Seiten 182–183

Blumenkohl 'Romanesco'
Seite 102

Heidelbeeren
Seiten 212–213

Infrage kommen auch:

- Tomate 'Yellow Stuffer' (S. 58)
- Chili 'Ancho' (S. 62–65)
- Erbse 'Shiraz' (S. 70)
- Stangenbohne 'Lingua di Fuoco' (S. 76)
- Winterkürbis 'Uchiki Kuri' (S. 90)
- Riesenkürbis 'Rouge Vif d'Etampes' (S. 92)
- Topinambur (S. 184–185)
- Koriander (S. 194–195)
- Stachelbeere 'Hinnonmäki Rot' (S. 210)
- Pflaume 'Coe's Golden Drop' (S. 218–219)

GÄRTNERN
OHNE GARTEN

Viele Menschen leben in Wohnungen und haben keinen Garten zur Verfügung. Es ist aber durchaus möglich, Nutzpflanzen im Haus zu ziehen - Sie werden sich über die große Bandbreite wundern. In der geschützten Umgebung einer Fensterbank oder an hellen Stellen im Zimmer können Sie die Kulturbedingungen genau steuern. Das hat große Vorteile, wenn draußen der Sturm tobt oder wenn Frost herrscht. Die Pflanzenzüchtung hat den Trend erkannt und bringt ein ständig wachsendes Sortiment kompakt wachsender Nutzpflanzen heraus. Es lebe das Gärtnern ohne Garten.

ANBAU IN PFLANZGEFÄSSEN

Den Garten ohne Beet bestimmen Töpfe, mit deren Hilfe Sie zum Experten dieser modernen Kulturmethode werden. Große Container von 30 cm Durchmesser und Fensterkästen drinnen oder draußen ermöglichen Ihnen die Anzucht zuverlässiger Kulturen wie Tomaten, Möhren und Erbsen, während sich Pflanzgefäße im Haus für höchst aromatische Kräuter wie Koriander und Basilikum anbieten. Eine einfache Aussaatschale, die mit feuchtem Küchenpapier ausgelegt ist, öffnet Ihnen die Tür für die aufregende Kultur von Babygemüse oder Keimsprossen.

ALTERNATIVE KULTUREN OHNE GARTEN

Rote Bete 'Forono'
Seiten 136-137

Dill
Seiten 194-195

Möhre 'Parmex'
Seiten 138-139

Paprika 'Snackbite Mixed'
Seiten 60-61

Speiserübe 'Snowball'
Seiten 140-141

Rucola
Seiten 118-119

Mini-Grünkohl 'Midnight Sun'
Seiten 110-111

Lauchzwiebel 'Ishikura'
Seiten 158-159

KOMBINATION OHNE BEET
Die Zeichnung belegt, wie viel verschiedenes Gemüse Sie im Haus und mit minimaler Freilandfläche ziehen können. Töpfe, Fensterkästen und Fensterbretter erweisen sich als erstaunlich ertragreich, falls Sie geeignete Kulturen auswählen. Als zusätzlicher Vorteil spielt das Wetter kaum eine Rolle, Sie können das ganze Jahr über ernten.

3 TÖPFE Chilis × 1
• Strauchtomate × 1 • kleine Erbsen × 12

BALKONKASTEN Thymian × 2
• Rosmarin × 1 • Salbei × 1
• Erdbeeren × 3 • Mangold× 3

FENSTERKASTEN Salat × 6
• Schnittlauch × 1 • Basilikum × 4
• Pak Choi × 6 • Pfefferminze × 1

AUSSAATSCHALE Erbsensprossen × 25
• Perilla-Keimlinge × 40 • Koriander-Keimlinge × 40

Amarant-Keimlinge
Seiten 120–121

Radieschen 'French Breakfast'
Seiten 134–135

Aubergine 'Calliope'
Seiten 66–67

Staudensellerie-Sämlinge
Seiten 120–121

Chinakohl
Seiten 122-123

Koriander
Seiten 194–195

Infrage kommen auch:
• Senf 'Red Russian' (S. 122–123)
• Spinat 'Bordeaux' (S. 124–125)
• Rettich 'Neptune' (S. 134–135)
• Glattblättrige Petersilie (S. 194–195)
• Gartenkresse (S. 118)
• Perilla (S. 122–123)
• Majoran (S. 190–193)
• Tatsoi (S. 122–123)
• Feldsalat (S. 118–119)
• Mizuna (S. 122–123)

SCHRITT FÜR SCHRITT

TOMATEN

Tomaten liefern bei einer Kultur unter Schutz oder an einem sonnigen Platz im Freien ab Juli eine zuverlässige Ernte. Es gibt viele verschiedene Sorten, inzwischen kann man überall auch veredelte Pflanzen kaufen. Generell unterscheidet man zwischen Stabtomaten, die man an Stäben oder Schnüren erzieht, und Strauchtomaten, die sich freier entwickeln dürfen. Zwergtomaten eignen sich für Pflanzgefäße, hängende Sorten für Hängekörbe.

	FRÜHLING	SOMMER	HERBST	WINTER
AUSSAAT				
ERNTE				

KULTURDAUER: 16–18 WOCHEN

GEEIGNET FÜR: BEET UND PFLANZGEFÄSS – UNTER BEDECKUNG UND IM FREIEN

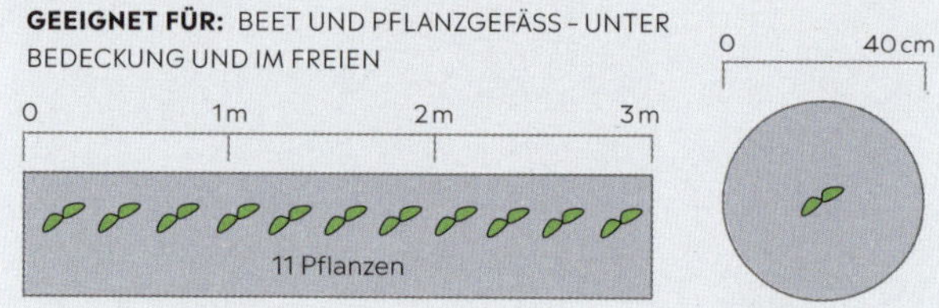

3 M LANGE REIHE
Pflanzabstand 30 cm, abhängig von der Sorte

TOPF
je 1 Pflanze

1 AUSSAAT

Säen Sie Tomaten zwischen Mitte März und Mitte April im Haus aus. Auf dem Substrat im Topf legen Sie die Samen in 1 cm Abstand aus. Bedecken Sie sie dünn mit Substrat und stellen Sie das Gefäß für ein oder zwei Wochen in einen heizbaren Vermehrungskasten bei 18 °C. Pikieren Sie die Sämlinge, sobald sich die ersten echten Blätter zeigen. Nach ein paar Wochen geschützter Anzucht sind die Pflanzen bereit, ins Freie umzusiedeln.

Eine Einzelaussaat in Anzuchtsystemen erspart das Pikieren. Dadurch werden die Wurzeln der jungen Pflanzen nicht so stark gestört.

Kultivieren Sie die Sämlinge, bis Wurzeln am Grund der Zellen hervortreten. Dann können Sie sie in Töpfe umsetzen oder gleich ins Freie pflanzen.

Tomaten wollen einen großen Wurzelraum, wählen Sie daher ein großzügig bemessenes Pflanzgefäß. Stabtomaten brauchen eine Stütze.

Leiten Sie Tomaten auf, das ist bei Stabtomaten besonders wichtig. Senkrecht gespannte Schnüre sind praktisch für Kleingewächshäuser.

2 ANBAU UNTER GLAS

Tomaten fruchten am besten im geschützten Anbau. Man kann sie auf Beete, in Erdsäcke oder Töpfe pflanzen. Sie brauchen einen hellen Platz, der vor praller Sonne geschützt ist, und eine gute Belüftung. Während Hitzeperioden sollte man sie täglich gießen und regelmäßig düngen. Stabtomaten müssen Sie ausgeizen, das heißt, die Seitentriebe werden entfernt. Dadurch brauchen die Pflanzen weniger Platz.

TIPP Kaufen Sie auf eine kräftige Unterlage veredelte Pflanzen. Sie tragen reicher.

3 ANBAU IM FREIEN

Damit Tomaten im Freien gedeihen, brauchen sie einen sonnigen Platz und mit organischem Material aufgebesserte Erde. Alternativ dazu können Sie in Erdsäcke oder Töpfe pflanzen. Während Trockenperioden müssen Sie gut gießen. Düngen Sie regelmäßig mit Tomatendünger. Binden Sie breit wachsende Strauchtomaten zusammen.

Pflanzen Sie Tomaten ebenso tief, wie sie im Topf standen, und drücken Sie den Ballen gut an.

Stecken Sie Stäbe neben die Pflanzen. Stabtomaten kommen mit nur einer Stütze aus.

Binden Sie Tomaten an, damit sie die sich entwickelnden Fruchtstände tragen können.

4 ERZIEHUNG

Bei Stabtomaten erzieht man einen Stängel an einem Strick oder Stab. Seitentriebe in den Blattachseln müssen Sie regelmäßig entfernen (ausgeizen), bei Strauchtomaten können sie an der Pflanze bleiben. Haben sich bei Stabtomaten vier oder fünf Fruchtstände gebildet, wird die Spitze gekappt.

Zwicken Sie Seitentriebe an Stabtomaten mit den Fingern frühzeitig aus. Ältere Triebe entfernen Sie mit einem scharfen Messer.

5 PFLEGE

Gießen Sie regelmäßig, Kulturen unter Glas möglichst täglich, düngen Sie wöchentlich mit kalireichem Tomatendünger, sobald die ersten Blüten erscheinen. Trockenheit kann zu Spaltfrüchten, Störungen der Nährstoffaufnahme oder Blütenendfäule führen (siehe S. 246).

Tomaten brauchen besonders viel Wasser, wenn sie blühen oder fruchten. Pflanzen in Töpfen müssen immer feucht stehen.

6 ERNTE

Tomaten reifen ab Juli bis Oktober, das beste Aroma haben erst voll ausgefärbte Früchte. Das dauert je nach Größe unterschiedlich lang, Fleischtomaten brauchen naturgemäß länger. Gepflückte Tomaten halten sich mehrere Tage. Nicht verwertete Überschüsse können Sie einkochen oder einfrieren. Unreif geerntete Früchte reifen im Haus an einem sonnigen Platz nach.

Für die Ernte drücken Sie mit dem Daumen gegen den Stiel und knicken die Frucht ab.

TOMATEN

1 'Totem' Die zwergige Strauchtomate eignet sich für den Topf oder den Balkonkasten, sie kommt ohne Ausgeizen aus. Die kirschgroßen Früchte entwickeln sich in großer Fülle.

2 'Tumbling Tom Yellow' Die kompakte Strauchtomate mit hängenden Trieben bringt in besonnten Hängekörben den ganzen Sommer lang kirschgroße, goldgelbe Früchte.

3 'Crimson Crush' Die Sorte für den Freilandanbau bringt große, runde, rote Früchte. Sie ist sehr widerstandsfähig gegenüber Krautfäule und steckt Infektionen aller Art weg.

4 'Marmande' Die Fleischtomate trägt große, tiefrote Früchte mit wenigen Samen. Die Stabtomate wächst im Freien , sie wird mit einem Stab gestützt und immer wieder ausgegeizt.

5 'Sungold' Die Hybride trägt kirschgroße, dunkel orangefarbene, sehr süße Früchte. Man zieht sie aufgeleitet im Gewächshaus oder im Freien.

6 'Sweet Aperitif' Hunderte von kleinen köstlichen, rot glänzenden Früchten können über einen langen Zeitraum erscheinen – im Gewächshaus oder besonnt im Freien.

7 'Sweet Olive' Die hybride Cocktailtomate liefert ovale, etwa 4 cm lange, rote Früchte. Sie eignet sich für den Anbau im Gewächshaus oder im Freien und sollte gestützt werden.

8 'Moneymaker' Die traditionelle Stabtomate wächst im Gewächshaus oder im Freien. Sie bringt rote Früchte mittlerer Größe. Stützen Sie die Pflanze mit Stab oder Schnur.

9 'Tigerella' Die ungewöhnliche, früh reifende Sorte liefert mittelgroße rote Früchte mit gelben Streifen. Sie wird im Gewächshaus oder im Freien am besten aufgeleitet.

WEITERE SORTEN

'Black Opal'
'Black Russian'
'Ferline'
'Green Sausage'
'Philamina'
'Yellow Stuffer'

1

2

3

6

4

5

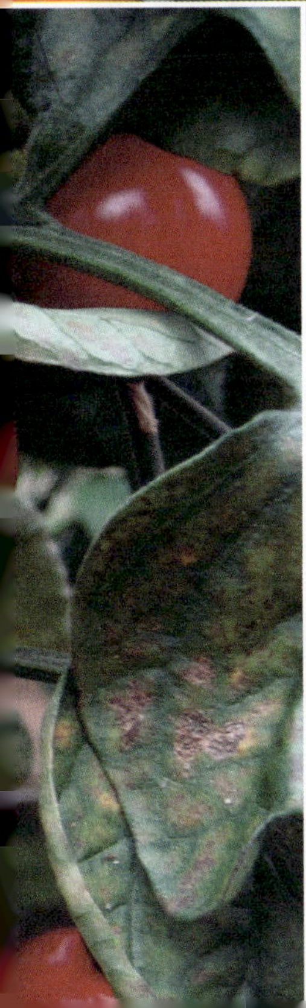

7

8

9

SCHRITT FÜR SCHRITT

PAPRIKA

Zwei oder drei geschützt gezogene Paprika-Pflanzen versorgen Sie mit süßen, aromatischen Früchten. Paprika kann man gut im Topf ziehen. Die vielen Sorten tragen unterschiedlich geformte und gefärbte Früchte, es gibt sie in Violett, Orange und sogar in Schwarz. Sie können Paprikafrüchte grün ernten, um die Pflanzen zur Bildung weiterer Früchte anzuregen. Wenn die Früchte an der Pflanze ausfärben und ausreifen, entwickeln sie ihren vollen, süßen Geschmack.

	FRÜHLING	SOMMER	HERBST	WINTER
AUSSAAT				
ERNTE				
KULTURDAUER: 20–26 WOCHEN				

GEEIGNET FÜR: BEET UND PFLANZGEFÄSS – UNTER BEDECKUNG UND IM FREIEN

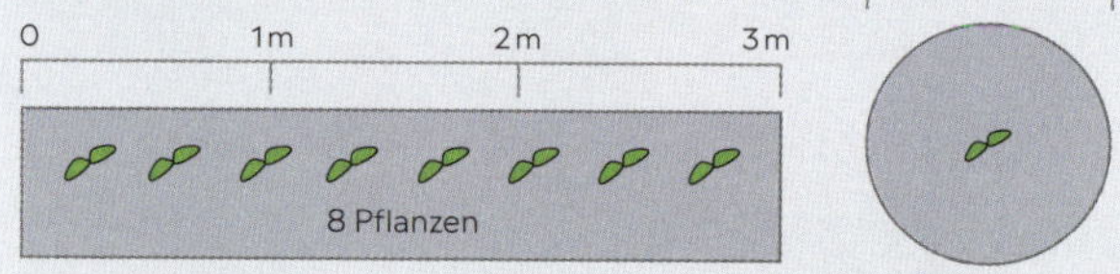

3 M LANGE REIHE
Pflanzabstand 40 cm

TOPF
je 1 Pflanze

1 KULTURBEGINN

Die wärmebedürftigen Paprika erfordern eine lange Wachstumszeit, daher ist eine frühe Aussaat im Haus so wichtig, damit sie Zeit haben, ihre Früchte zu entwickeln. Sie können natürlich auch später im Frühjahr Jungpflanzen kaufen.Die Pflanzen wachsen gut in großen Containern, wenn sie nährstoffreiches Substrat und genug Raum zur Entwicklung haben.

'Snackbite Mixed' bringt süße Früchte in Snackgröße. Die Kultur ist im Haus möglich.

'Marconi' hat lange, dünne, geprägte Früchte, die bei der Reife rot glänzen.

'Gourmet' entwickelt kompakte Pflanzen mit zahlreichen orangefarbenen Früchten.

'Redskin' wächst kompakt im Topf. Die grünen Früchte werden mit der Reife rot.

Wenige Samen säen Sie einzeln in kleine Töpfe: Bedecken Sie jedes Korn mit Erde und stellen Sie die Töpfe warm auf.

Kräftige Sämlinge setzen Sie in einen 9-cm-Topf, der geschützt aufgestellt wird. Gießen Sie immer gut.

Wenn der Topf durchwurzelt ist, können Sie erneut umtopfen. Im größeren Topf kann die Pflanze heranwachsen.

2 AUSSAAT

Füllen Sie Aussaaterde in Töpfe, die Sie verdichten, gießen Sie und lassen Sie Wasser ablaufen. Legen Sie Samen 1 cm unterhalb der Topfkante aus und drücken Sie sie an. Darauf kommt eine 5 mm starke Lage Substrat. Nach dem Befeuchten kommt der Topf aufs Fensterbrett. Sämlinge, die man gut handhaben kann, setzt man um in Einzeltöpfe. Sobald die Pflanzen 20 cm hoch sind, werden sie regelmäßig mit einem flüssigen Tomatendünger versorgt.

TIPP Für höhere Erträge und schnelleres Ausreifen wählen Sie veredelte Paprika-Pflanzen.

3 AUSPFLANZEN

Soll Paprika im Freien wachsen, müssen die Pflanzen ab Spätfrühling zwei Wochen lang abgehärtet werden, indem sie tagsüber im Freien stehen. Danach kommen sie an einen sonnigen, geschützten Platz mit einem Pflanzabstand von 40 cm oder man pflanzt in mindestens 30 cm große Container mit Universalerde. Gießen Sie reichlich.

Paprika-Pflanzen sind im Mai groß genug zum Auspflanzen, wenn die Spätfrostgefahr vorbei ist. Sie kommen an einen sonnigen, warmen Platz.

Drücken Sie die Pflanzen gut an, denn sie werden mit der Zeit massig. Gießen Sie gründlich und halten Sie die Erde stets feucht.

Stecken Sie Bambusstäbe von 60 cm Höhe ein und binden Sie die Pflanzen an. Die großen Früchte können recht schwer werden.

Sobald Früchte erscheinen, düngen Sie alle zwei Wochen. Düngen und regelmäßiges Gießen sorgen für anhaltenden Fruchtansatz.

4 ANBAU UNTER GLAS

Paprika gedeihen auch an einem hellen Platz im Gewächshaus oder an einem sonnigen Zimmerfenster. Dann müssen Sie die Blüten von Hand bestäuben. Entweder Sie übertragen Pollen von einer Blüte zur anderen mit einem Pinsel oder Sie gießen vorsichtig von oben, um den Pollen zu verlagern.

5 PFLEGE

Achten Sie auf eine gute Wasserversorgung und düngen Sie regelmäßig mit kalireichem Dünger (Tomatendünger), um die Bildung von Blüten und Früchten zu fördern. Oft bildet sich eine große Frucht, bevor sich weitere entwickeln, daher wird die erste klein gepflückt, damit mehr Früchte wachsen.

6 ERNTE

Einzelne Früchte verfärben sich von Grün nach Gelb, Orange, Rot oder Violett, je nach Sorte. Sie können die Schoten grün ernten oder warten, bis sie ausreifen und dann süßer schmecken. Schneiden Sie die Früchte mit einer Schere ab, Abreißen kann die Pflanze beschädigen. Stülpen Sie über Pflanzen im Freien im Herbst eine Haube, damit die Reife zügig vorangeht.

Schneiden Sie die Früchte regelmäßig ab, damit sich weitere bilden.

SCHRITT FÜR SCHRITT

CHILI-PAPRIKA

Chili-Paprika (auch Chili genannt) mit seinen kleinen Früchten bringt Farbe ins Beet. Für eine gute Ernte brauchen Chilis nicht mehr als einen hellen, sonnigen Platz, entweder im noch so kleinen Garten, auf der Terrasse oder am Fenster. Chilis gibt es in Rot, Grün, Gelb, Orange und Violett, dazu in einer großen Bandbreite an scharfen Aromen – von mild bis explosiv für jeden Geschmack. Meist lassen sich die Früchte gut trocknen. Das bedeutet, dass man das ganze Jahr über versorgt ist.

	FRÜHLING	SOMMER	HERBST	WINTER
AUSSAAT				
ERNTE				
KULTURDAUER: 20–26 WOCHEN				

GEEIGNET FÜR: BEET UND PFLANZGEFÄSS – UNTER BEDECKUNG UND IM FREIEN

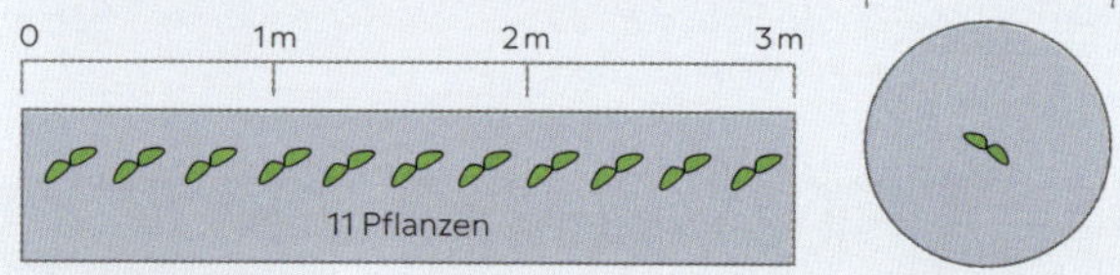

3 M LANGE REIHE
Pflanzabstand 30 cm

TOPF
je 1 Pflanze

Samen von Chilis sind recht groß und leicht zu handhaben. Säen Sie in 5 mm Tiefe, in Saatschalen halten Sie etwa 2 cm Abstand.

Setzen Sie wachsende Sämlinge einzeln in Töpfe. Verwenden Sie kompostierbare Töpfe (Bild), um die Pflanzen darin später auszupflanzen.

1 AUSSAAT IM HAUS

Wegen der langen Kulturzeit sollten Sie Chilis ab dem Spätwinter im Haus aussäen. Füllen Sie kleine Töpfe, Schalen oder Anzuchtsysteme mit Aussaaterde, gießen Sie. Legen Sie die Samen aus, gießen Sie wieder und stellen Sie die Aussaaten in einen Vermehrungskasten mit optimalerweise 24–28 °C. Sobald nach 7–21 Tagen die Keimlinge erscheinen, erfolgt die Weiterkultur an einem warmen Platz im Haus.

TIPP Anstatt selber auszusäen, können Sie später im Frühjahr Jungpflanzen kaufen.

2 WEITERKULTUR

Halten Sie die Sämlinge an einem hellen Platz unter Glas, sie sollen niemals kühler als bei 18 °C stehen, auch nachts. Pflänzchen aus Anzuchtsystemen werden in 10-cm- Töpfe umgesetzt, sobald die Wurzeln die Kammern ausfüllen. Ab einer Höhe von 10 cm wird kalireicher Dünger gegeben. Für eine bessere Verzweigung mit vielen fruchtenden Trieben zwicken Sie den Haupttrieb ab, sobald die Pflanzen eine Höhe von 20 cm erreicht haben.

Topfen Sie um, sobald die Wurzeln an den Ballenrand stoßen, ansonsten stockt das Wachstum. Verwenden Sie Universalerde.

Die Kultur unter Schutz dauert so lang, bis keine Spätfröste mehr zu befürchten sind und man ins Freie auspflanzen kann.

3 AUSPFLANZEN

Sollen Chilis im Freien wachsen, müssen Sie die Pflanzen im Frühsommer abhärten. Danach sind sie bereit für das Auspflanzen in Container, einen Hängekorb oder in durchlässige Erde an einem sonnigen Platz. Wollen Sie Chili im Haus oder Gewächshaus ziehen, brauchen die Pflanzen einen Topf von mindestens 25 cm Durchmesser.

Pflanzen Sie Chilis genauso tief aus, wie sie im Topf standen, und gießen Sie gut. Legen Sie zum Schutz vor Schnecken Schafwollpellets aus.

Stützen Sie die Pflanzen mit einem festen Stab, an den Sie die Pflanze anbinden. Große Fruchtlast verlangt mehrere Stäbe je Pflanze.

Gießen Sie ausgiebig, damit sich eine reiche Ernte entwickelt. Trockenperioden führen zu gestauchtem Wuchs und geringeren Erträgen.

4 PFLEGE

Während der Wachstumszeit müssen Sie gut gießen, vor allem bei Pflanzen unter Glas oder im Topf ist das wichtig. Düngen Sie mit Tomatendünger. Kulturen im Haus sollten Sie von Hand mit einem weichen Pinsel bestäuben. An warmen Tagen öffnen Sie die Türen, damit Bestäuber Zugang haben.

Chilis fruchten viele Wochen lang, man kann sie einfrieren oder trocknen. Berühren Sie nach Arbeiten an scharfen Sorten nicht die Augen.

5 ERNTE

Chilis reifen je nach Sorte über viele Wochen hinweg. Sobald sie groß genug sind, kann man Früchte abnehmen, ob sie grün sind oder schon völlig ausgefärbt. Gegen Ende der Wachstumszeit können Sie Pflanzen im Freien mit Hauben abdecken oder sie ausreißen und trocken zur Nachreife aufhängen.

FRÜCHTE TROCKNEN

Chilis lassen sich grün oder ausgereift trocknen. Am besten eignen sich dafür dünnschalige Sorten, fleischige Typen faulen leicht. Breiten Sie die Früchte in einem warmen, trockenen, gut durchlüfteten Raum aus. Sie können Chilis auch bündeln und aufhängen. Sie trocknen innerhalb von ungefähr einer Woche. Aufbewahrt werden sie als Ketten oder in Gefäßen.

CHILI-PAPRIKA

1 'Apache' Die kompakte, nur 45 cm hohe Sorte ist ideal für Töpfe auf der Terrasse oder für Balkonkästen. Die roten Früchte von mittlerer Schärfe werden 4 cm lang.

2 'Alma Paprika' Die Sorte mit mildem Geschmack eignet sich für kühlere Lagen. Die runde Frucht wird bis 5 cm lang. Sie schmeckt frisch am besten und eignet sich für Salate.

3 'Hungarian Hot Wax' Sogar an kühleren Plätzen entwickeln sich die großen, spitzen, milden Früchte, die von Hellgelb nach Rot reifen. Ausgewachsen sind sie 11 cm lang.

4 'Prairie Fire' Die ertragreiche Auslese liefert den ganzen Sommer über kleine, farbige Früchte, die sehr scharf schmecken. Geeignet für den Anbau in Töpfen und zum Trocknen.

5 'Aji Amarillo' Die Sorte braucht zum Gedeihen einen warmen Platz, am besten wächst sie im Allgemeinen unter Glas. Die langen, schmalen, scharfen Früchte erntet man grün oder rot.

6 'Padron' Über mehrere Wochen hinweg entwickeln sich zahlreiche 5 cm lange Früchte. Man erntet sie entweder mild und grün oder lässt sie ausreifen. Geeignet zum Trocknen.

7 Cayenne Es handelt sich eher um eine Form als um eine bestimmte Sorte. Die gewundene Frucht wird bis zu 30 cm lang. Sie schmeckt feurig scharf und eignet sich zum Trocknen.

8 'Trinidad Perfume' Die gelben, mittelgroßen Chilis sind fruchtig, mit mittlerer Schärfe. Die kompakte Pflanze eignet sich ideal für die Kultur im Haus oder Topf.

9 'Demon Red' Die Sorte liefert große Mengen an winzigen, scharfen Früchten mit dünner Fruchtwand. Die kompakte Pflanze eignet sich für Töpfe und gedeiht an kühleren Plätzen.

WEITERE SORTEN
'Heatwave'
'Lemon Drop'
'Inferno'
'Ring of Fire'
'Tabasco'

1

2

3

6

4

5

7

8

9

SCHRITT FÜR SCHRITT

AUBERGINEN

Auberginen gedeihen am besten an einem warmen, geschützten Platz, doch die neueren Hybriden und veredelte Pflanzen ermöglichen eine gute Ernte in kühleren Regionen. Eine Pflanze kann vier bis acht Früchte tragen – am besten entwickeln sich Auberginen in nährstoffreichem Boden an einem sonnigen Platz im Gewächshaus. Unter den vielen Sorten finden sich neben den großen violetten Früchten auch kleinfrüchtige, weiß- oder grünschalige Typen.

	FRÜHLING	SOMMER	HERBST	WINTER
AUSSAAT				
ERNTE				
KULTURDAUER: 24–28 WOCHEN				

GEEIGNET FÜR: BEET UND PFLANZGEFÄSS – UNTER BEDECKUNG UND IM FREIEN

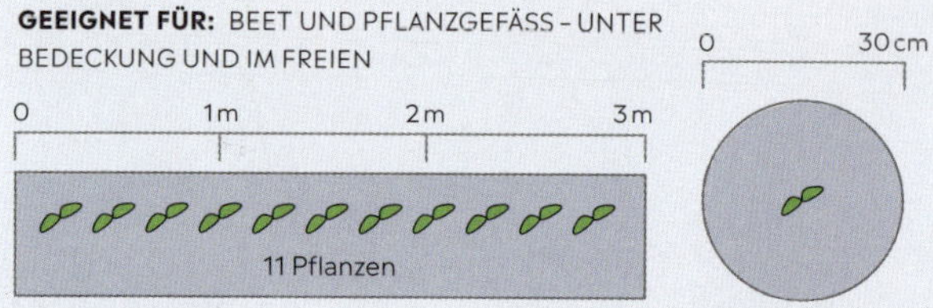

3 M LANGE REIHE
Pflanzabstand 30 cm

TOPF
je 1 Pflanze

1 KULTURBEGINN

Auberginen zieht man im Allgemeinen aus Samen, doch werden im Frühjahr junge Pflanzen zum Kauf angeboten. Veredelte Pflanzen tragen sehr gut, sie bestehen aus einer benamten Sorte auf einem wüchsigen Wurzelwerk. Erhältlich sind sie übers Internet, Samenanbieter oder Gartenmärkte.

'Moneymaker' trägt verlässlich große Früchte, im Freiland wie unter Glas.

'Calliope' bringt viele kleine Früchte. Die Sorte entwickelt sich gut in Pflanzgefäßen.

'Black Enorma' trägt zuverlässig viele sehr große, dunkle, glänzende Früchte.

Weißfrüchtige Typen sieht man selten, von ihnen leitet sich der Name »Eierpflanze« ab.

Füllen Sie Anzuchterde in Gefäße, drücken Sie an und gießen Sie gut. Das Wasser lassen Sie vor der Aussaat ablaufen.

Legen Sie ein Samenkorn in jeden Topf, den Sie in einen Vermehrungskasten stellen. Bis zum Keimen vergeht eine Woche.

Sämlinge kommen aus dem Vermehrungskasten. Wenn sie heranwachsen, werden sie je nach Bedarf öfter umgetopft.

2 AUSSAAT

Aussäen sollten Sie ab Anfang März. Füllen Sie Aussaaterde in Töpfe ein, die Sie andrücken und gut angießen, überschüssiges Wasser muss abfließen können. Legen Sie Samen im Abstand von 2 cm auf die Oberfläche, die Sie leicht andrücken. Bedecken Sie die Samen mit ein wenig Substrat, gießen Sie an und stellen Sie die Töpfe in einen beheizten Vermehrungskasten. Sobald sich die Sämlinge gut anfassen lassen, werden sie einzeln in 10-cm-Töpfe mit Universalerde pikiert. Bei der Weiterkultur im Haus erhalten sie für ein gesundes Wachstum regelmäßig ausgewogenen Dünger.

3 ANBAU UNTER GLAS

Sobald Wurzeln aus dem Wasserabzugsloch herausschauen, sollten Sie die Pflanzen einzeln in 30-cm-Container mit Universalerde umtopfen. Falls Sie mehrere Pflanzen haben, können Sie drei auf einen Meter Troglänge pflanzen. Kultivieren Sie an einer sonnigen Stelle im Haus, in einem Gewächshaus oder in einem Frühbeetkasten.

Störungen der Wurzeln beeinträchtigen das Wachstum. Halten Sie den Ballen beim Umtopfen intakt und topfen Sie rechtzeitig um.

4 ANBAU IM FREIEN

Wenn keine Spätfröste mehr drohen, pflanzen Sie Auberginen an einen sonnigen, geschützten Platz. Stäben Sie alle Pflanzen und zwicken Sie den Haupttrieb aus, sobald eine Höhe von 30 cm erreicht ist, um eine bessere Verzweigung zu erzielen.

5 PFLEGE

Gießen Sie gut. Sobald die ersten Blüten erscheinen, wechseln Sie von Universaldünger zu einem Produkt mit hohem Kaliumgehalt, um den Fruchtansatz zu fördern. Damit es zur Bestäubung kommt, sollten Sie Gewächshäuser an sonnigen Tagen offen halten.

Pflanzen fürs Freiland müssen zunächst richtig abhärten. Sie sollten sich ein paar Wochen lang an die Außenbedingungen gewöhnen.

Die Früchte nehmen mit dem Wachstum stark an Gewicht zu. Fruchtende Pflanzen brauchen eine Stütze, damit die Stängel nicht abbrechen.

6 ERNTE

Nehmen Sie Früchte ab, wenn sie groß genug sind. Die Schale sollte noch glänzen, bei überreifen Früchten wirkt sie matt. Regelmäßiges Pflücken regt das Wachstum weiterer Früchte an. Entfernen Sie gegen Sommerende kleine Früchte, damit die anderen ausreifen.

TIPP Auberginen halten sich nicht gut. Verarbeiten Sie sie zügig.

Schneiden Sie reife Früchte mit der Gartenschere. Die Stiele können zäh und verholzt sein.

PROBLEME

FRUCHTGEMÜSE

Wärmebedürftige Kulturen wie Tomaten und Paprika gehören an den bestbesonnten, am meisten geschützten Platz, der zur Verfügung steht. Neuere zwergige Sorten passen auf kleine Flächen, Krankheiten und Schädlinge sind dank fortgeschrittener Züchtung und Kulturtechnik kein großes Problem mehr. Allerdings sind Gießen und Düngung so wichtig wie eh und je.

Wie sichere ich die Bestäubung, besonders bei der Kultur unter Bedeckung?
Alles Fruchtgemüse in diesem Kapitel ist selbstfruchtbar. Das heißt, dass eine Pflanze allein Früchte trägt. Blüten im Freiland werden vom Wind bestäubt, der Pollen aus den männlichen Staubblättern auf die weiblichen Narben rieseln lässt. Die Übertragung besorgen auch bestäubende Insekten. Pflanzen im Haus sollten Sie zur Blütezeit vorsichtig anstoßen oder von oben gießen. Öffnen Sie Fenster und Türen, damit Bestäuber Zutritt haben.

Die Pflanzen wachsen langsam. Wie kann ich sie stärken und eine gute Ernte erwarten?
Tomaten, Paprika, Chilis und Auberginen brauchen alle viel Wärme, man muss ihnen Sonne und Schutz bieten. Einige Chili-Sorten (vor allem die sehr scharfen) wachsen langsam, daher muss man sie früh im Jahr aussäen (Ende Februar/Anfang März). Halten Sie Ausschau nach veredelten Pflanzen von Tomaten und Auberginen. Bei ihnen sind benamte Sorten auf eine kräftige Wurzelunterlage veredelt. Sie besitzen eine bessere Widerstandsfähigkeit gegenüber Krankheiten, sie sind wuchskräftiger und bringen im Endeffekt eine bessere Ernte.

Können Chili-Pflanzen überwintern?
Manche Sorten wie 'Hungarian Hot Wax' wachsen nur einjährig, weil sie von der Art *Capsicum annuum* abstammen. Andere (wie *C. pubescens* 'Rocoto' und *C. chinense* 'Dorset Naga') besitzen mehrjährige Eltern, daher kann man sie überwintern. Achten Sie auf gesunde Topfpflanzen (ansonsten überwintern Krankheiten und Schädlinge mit). Die auf die Hälfte eingekürzten Pflanzen stellen Sie hell und kühl (bei einer Mindesttemperatur von 10 °C), halten Sie die Erde leicht feucht bis zum Frühling. Topfen Sie dann um und erhöhen Sie allmählich die Wasser- und Düngergaben.

Wie ziehe ich Fruchtgemüse am besten im winzigen Garten?
Mittlerweile stehen Dutzende von kompakt wachsenden Sorten für die Topfkultur zur Verfügung. Einige Beispiele dafür sind die Tomate 'Totem', Chili 'Prairie Fire', Paprika 'Redskin' sowie die Aubergine 'Pinstripe'. Manche Sorten haben einen hängenden Wuchs, etwa die Tomate 'Losetto', mit der buschig wachsenden Chili 'Basket of Fire' eignet sie sich bestens für Hängekörbe. Falls Sie Platz an der Wand haben, können Sie eine einzelne Schnurtomate wie 'Sungold' ziehen. Eine Pflanze wächst leicht 1,5 m hoch, bei einer Breite von nur 30 cm.

KRANKHEITEN UND SCHÄDLINGE

Diese Krankheiten und Schädlinge treten an Fruchtgemüse besonders häufig auf.

- Sehen die Stängel von Sämlingen wie abgeschnitten aus, suchen Sie im Boden nach graubraunen Raupen, den sogenannten Erdraupen (siehe S. 242).
- Weiße Fliege (siehe S. 240) oder Blattläuse (siehe S. 242) bewirken unter Glas klebrige Blattbeläge.
- Spinnmilben (siehe S. 242) führen zu gesprenkelten, aufgehellten Blättern.
- Verkrüppelte, löchrige Triebe von Paprika und Chili können auf Wanzen (siehe S. 242) zurückgehen.
- Eingesunkene schwarze Enden von Tomaten sind ein Zeichen für Blütenendfäule (siehe S. 246).
- Schmale, verkrüppelte Blätter können ein Anzeichen für Gurkenmosaikvirus (siehe S. 244) sein.
- Ältere Tomatenblätter vergilben bei Magnesiummangel (siehe S. 248).
- Braune Flecken auf Tomatenblättern deuten auf die Krautfäule (siehe S. 244) hin.
- Als Geisterflecken (siehe S. 248) bezeichnet man helle Flecken auf Tomatenschalen.

SCHRITT FÜR SCHRITT

ERBSEN

Jedes Gemüse schmeckt frisch geerntet am besten, doch auf Erbsen trifft dies ganz besonders zu. Sie schmecken im Vergleich zu Ware aus dem Supermarkt wie ein völlig anderes Nahrungsmittel. Die Kultur von Erbsen ist sehr leicht, es gibt zwergige und rankende Formen. Erbsen eignen sich gut für kleine Flächen. Wenn Sie öfter ein bisschen aussäen, können Sie frische Erbsen von Mai bis Oktober genießen. Versuchen Sie es mit Zuckererbsen, die im Geschäft viel kosten.

	FRÜHLING	SOMMER	HERBST	WINTER
AUSSAAT				
ERNTE				
KULTURDAUER: 12–14 WOCHEN				

GEEIGNET FÜR: BEET UND PFLANZGEFÄSS

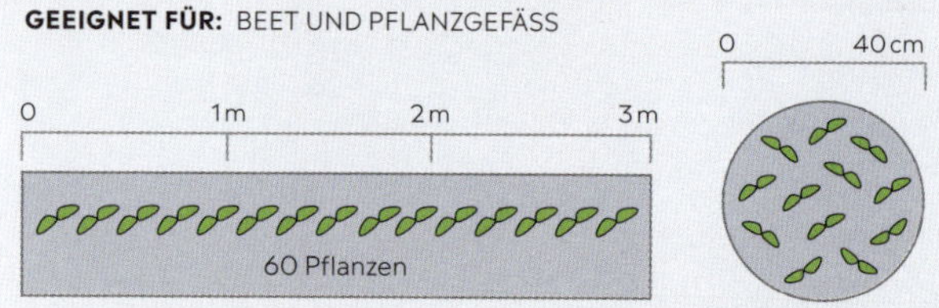

3 M LANGE REIHE
Direktsaat oder in 5 cm Abstand pflanzen

TOPF
je 20 Pflanzen

1 KULTURBEGINN

Erbsen sind einfach in der Anzucht. Beim Saatgut unterscheidet man zwischen Sortengruppen: Palerbsen haben glatte Samen, Markerbsen besitzen runzelige Samen. Palerbsen vertragen Kälte besser und eignen sich für eine frühe Aussaat. Markerbsen schmecken süßer, man sät sie im späten Frühling oder im Sommer. Vergewissern Sie sich auf der Packung.

'Oregon Sugar Pod' ist eine Zuckererbse, bei der man jung die ganze Hülse verzehrt.

'Shiraz' trägt auffällige violette Hülsen. Die Zuckererbse widersteht Mehltau recht gut.

'Meteor' bringt an kompakten Pflanzen süße Erbsen in Fülle hervor. Gut geeignet für Töpfe.

'Hurst Greenshaft' bringt einen hohen Ertrag an süßlichen Erbsen über einen langen Zeitraum.

In kleine Töpfe stecken Sie jeweils drei Samenkörner, in Papiertöpfe kommt jeweils ein Korn. Die Samen sollten etwa 5 cm tief in die Erde kommen.

Halten Sie Sämlinge kühl und gießen Sie genug, damit sich ein starkes Wurzelwerk entwickelt. Mangelhafte Pflege in diesem Stadium beeinträchtigt Wachstum und Ertrag.

2 AUSSAAT IM HAUS

Geschützt vorkultiviert, sind Erbsen pflanzfertig, wenn es draußen wärmer wird. Säen Sie im Frühjahr in Papiertöpfe oder in tiefe Töpfe aus, die mit Aussaaterde befüllt sind. Gießen Sie an, die Samen keimen ohne zusätzliche Wärme innerhalb von zwei Wochen. Nach der Anzucht werden die Pflanzen abgehärtet. Groß genug zum Auspflanzen sind sie, wenn sie eine Höhe von ungefähr 20 cm erreicht haben. Unter einer Vliesabdeckung kann die Freilandkultur früher beginnen.

TIPP Papiertöpfe kann man leicht aus alten Zeitungen oder Karton selbst rollen.

3 AUSSAAT IM FREIEN

Wenn sich die Erde im Frühling erwärmt, ziehen Sie eine 10 cm breite und 5 cm tiefe Saatrille. Wässern Sie, dann legen Sie im Abstand von 5 cm Samen aus. Geben Sie darüber Erde, die Sie behutsam andrücken, und gießen Sie. Für Aussaaten im Sommer wässern Sie schon am Tag zuvor, säen Sie tiefer als üblich, etwa 8 cm tief.

Erbsensamen brauchen erwärmten Boden. In zu kühler oder zu nasser Erde keimen sie vielleicht nicht oder faulen. Verziehen Sie die Pflänzchen.

Dünnen Sie Sämlinge aus, die enger als 5 cm entfernt stehen. Die schmackhaften Pflänzchen verzehrt man besser und kompostiert sie nicht.

4 STÜTZEN

Die meisten Erbsen ranken und benötigen eine Stütze. Gleich nach der Aussaat oder dem Auspflanzen stecken Sie Stäbe entlang der Reihe. Sie müssen lang genug sein, die Höhe der Sorte ist auf dem Päckchen angegeben. Es eignen sich ebenso Schnüre oder auf Abstand gespannter Hühnerdraht.

Stäbe oder Reisig dienen den Jungpflanzen als Stütze. Sie können aber auch Juteschnüre entlang der ganzen Reihe aufspannen.

5 PFLEGE

Gießen Sie den ganzen Sommer über gründlich, besonders wenn Blüten und Hülsen erscheinen. Tauben lieben die Blätter und Hülsen, sie fressen schnell Pflanzen kahl. Zum Schutz können Sie die Pflanzen mit einem Netz bedecken, bevor die Vögel Appetit bekommen. Achten Sie auf Löcher.

Gießen Sie Erbsen gründlich, vor allem dann, wenn die Blüten erscheinen. Dadurch schwellen die Hülsen praller an.

6 ERNTE

Zarte junge Erbsen sind ab dem späten Frühjahr erntereif. Nach dem Abpflücken sollten Sie sie möglichst schnell verzehren und die Süße genießen. Steht eine Schwemme an, ist es besser, sie öfter abzupflücken und einzufrieren, Erbsen halten sich auf diese Weise gut. Lassen Sie gegen Sommerende ein paar Hülsen an der Pflanze gelb und trocken werden, um eigenes Saatgut abzunehmen.

Öfter gepflückt, fruchten die Pflanzen mehrere Wochen lang. Kontrollieren Sie alle paar Tage.

SCHRITT FÜR SCHRITT

FEUERBOHNEN

Feuerbohnen gehören zu den ertragreichsten Kulturen im Garten, sie liefern fast den ganzen Sommer über zarte »Schoten«, die botanisch korrekt Hülsen heißen. Je mehr Sie abpflücken, desto mehr wächst nach. In aller Regel sind Feuerbohnen Schlingpflanzen, mit denen sich eine kleine Fläche gut ausnutzen lässt. Am einfachsten ist es, ein Stangenzelt zu bauen, das sich gut auch in eine Zierrabatte einfügt. Die Vertikale wird damit recht effektiv erschlossen.

	FRÜHLING	SOMMER	HERBST	WINTER
AUSSAAT				
ERNTE				

KULTURDAUER: 12–16 WOCHEN

GEEIGNET FÜR: BEET UND PFLANZGEFÄSS

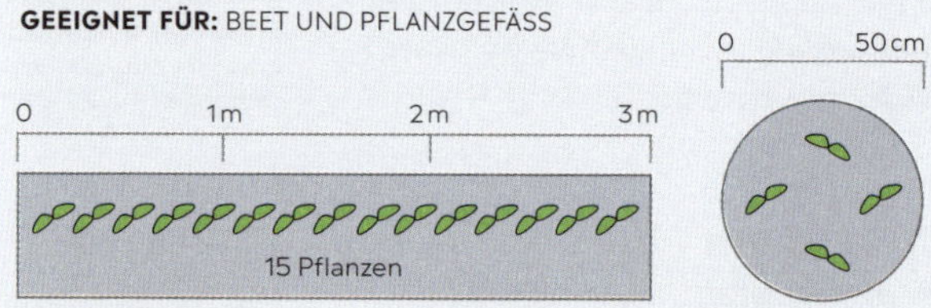

3 M LANGE REIHE
Direktsaat oder in 20 cm Abstand pflanzen

TOPF
je 4 Pflanzen

1 KULTURBEGINN

Wer eine ansehnliche Ernte anstrebt, sollte Pflanzen aus Samen heranziehen. Säen Sie im Haus aus oder direkt ins Freie. Der Kauf von einigen Jungpflanzen empfiehlt sich im Frühling bei einem nur geringen Bedarf. Neben schlingenden gibt es zwergige, buschige Sorten, die in Töpfen gedeihen. Sie brauchen einen geschützten, sonnigen Platz.

'Moonlight' verspricht eine einfache Kultur. Die selbstfruchtbare Sorte hat weiße Blüten.

'White Lady' entwickelt weiße Blüten, die von Vögeln weniger gern gefressen werden.

'Lady Di' bringt fadenlose Hülsen den Sommer hindurch. Gut für Anfänger.

'Firestorm' ist eine selbstfruchtbare Sorte. Sie trägt fadenlose Hülsen.

Bereiten Sie die Erde vor, indem Sie organisches Material vor der Aussaat einarbeiten. Bohnen wollen feuchten Boden.

Stecken Sie Stangen entweder in zwei Reihen, die sich dann paarweise an der Spitze berühren, oder formen Sie ein Zelt.

Wenn die Erde erwärmt ist, können Sie direkt aussäen. Die Samen von Feuerbohnen brauchen 12 °C, um zu keimen.

2 AUSSAAT IM FREIEN

Feuerbohnen sind empfindliche Pflanzen, direkt ins Freie kann man erst säen, wenn die Spätfrostgefahr vorüber ist. Vor der Aussaat müssen Sie den Boden für die vorgesehene Fläche im Frühling gut vorbereiten. Heben Sie einen Graben oder einen Ring (für ein Wigwam) aus, arbeiten Sie gut verrottetes organisches Material wie Kompost oder Stallmist ein. Stecken Sie Stangen und drücken Sie daneben in 5 cm Tiefe zwei Samen ein. Bedecken Sie die Aussaat mit Erde und gießen Sie. Die Keimung kann bis zwei Wochen dauern. Belassen Sie pro Stange nur den kräftigsten Sämling. Schützen Sie mit Schafwollpellets vor Schneckenfraß.

3 AUSSAAT IM HAUS

In kühleren Regionen keimen Feuerbohnen unter Schutz früher und zuverlässiger. Stecken Sie jeweils einen Samen in kleine Töpfe oder Paperpots, die mit Aussaaterde gefüllt sind. Gießen Sie gut. Die Weiterkultur verläuft für ein paar Wochen an einem hellen Platz im Haus. Ausgepflanzt wird, wenn keine Spätfröste mehr drohen.

Legen Sie die Samen 5 cm tief ein, gießen Sie gut. Säen Sie mehr, als Sie brauchen, denn nicht alle Samen gehen auf.

Härten Sie Jungpflanzen ab, indem Sie sie für etwa zwei Wochen tagsüber ins Freie stellen, nachts aber ins Haus holen.

Pflanzen Sie an den Fuß von Stangen, die als Stütze dienen. Gießen Sie gut an und schlingen Sie den Stängel um die Stange.

Mulchen Sie mit reichlich verrottetem Stallmist oder Kompost. Dadurch bleibt der Wurzelraum besser feucht, der Ertrag erreicht das Maximum.

Die Wurzeln von Feuerbohnen dringen tief in den Boden ein. Gießen Sie durchdringend, damit das Wasser so weit hinunter einsickert.

4 MULCHEN

Feuerbohnen brauchen reichlich Wasser und Nährstoffe. Mulchen trägt dazu bei, Feuchtigkeit im Boden zu halten. Organischer Mulch wie Kompost verbessert die Verfügbarkeit von Nährstoffen. Mulchen lohnt sich bei Kulturen in Pflanzgefäßen besonders.

5 PFLEGE

Sobald sich Blüten zeigen und sich Früchte entwickeln, müssen Sie erst recht gut gießen. Trockene Phasen führen zum Welken von Blüten oder Hülsen, die abfallen können. Zwicken Sie die Triebspitze aus, sobald die Pflanzen die Stangenspitze erreicht haben.

6 ERNTE

Nehmen Sie die »Schoten« ab, sobald sie groß genug sind, kontrollieren Sie alle zwei oder drei Tage. Regelmäßiges Abernten führt zu einer längeren Ernte. Zu alte Hülsen werden zäh, ernten Sie Bohnen jung und zart, frieren Sie Ernte-Überschüsse ein.

Für eigenes Saatgut belassen Sie gegen Sommerende ein paar Hülsen, die dann voll ausreifen.

TIPP Wenn Sie im Sommer verreisen, bitten Sie Nachbarn, die Bohnen zu ernten.

SCHRITT FÜR SCHRITT

GARTENBOHNEN

Stangen- und Buschbohnen sind einfache Kulturen für Anfänger, entweder bereitet man die ganze Hülse zu oder nur die Samenkörner. Auf kleinen Flächen bringen Stangenbohnen den Vorteil, dass man sie platzsparend an Stangenzelten oder Rankgerüsten aufleiten kann, kompakte Buschbohnen gedeihen auch in Töpfen. In einem beheizten Gewächshaus können Sie einen Satz Bohnen für eine zeitige Ernte im Frühjahr ziehen.

	FRÜHLING	SOMMER	HERBST	WINTER
AUSSAAT				
ERNTE				
KULTURDAUER: 12–16 WOCHEN				

GEEIGNET FÜR: BEET UND PFLANZGEFÄSS

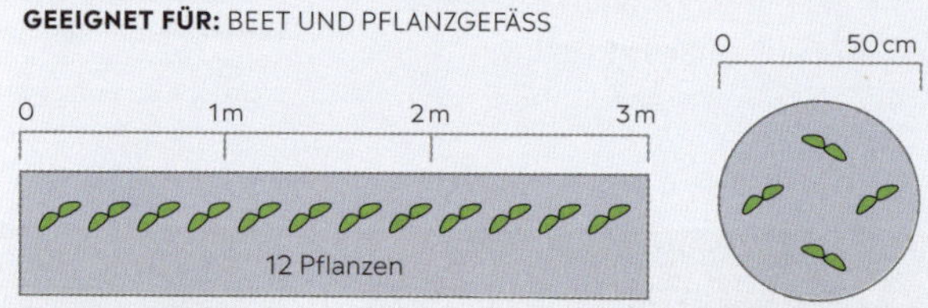

3 M LANGE REIHE
Direktaussaat oder in 25 cm Abstand pflanzen

TOPF
je 4 Pflanzen

1 AUSSAAT IM FREIEN

Am einfachsten ist es, Gartenbohnen im Spätfrühling direkt zu säen. Mischen Sie bei der Bodenvorbereitung gut verrottetes organisches Material wie Kompost unter (das kann schon im Herbst geschehen) und entfernen Sie Unkraut. Hacken und rechen Sie. Stecken Sie für Stangenbohnen in 25 cm Abstand die Stangen, säen Sie daneben jeweils zwei Samenkörner in 5 cm Tiefe. Vereinzeln Sie nach der Keimung.

Gartenbohnen brauchen viel Nährstoffe und feuchte Erde mit hohem Humusanteil.

Säen Sie dann an Ort und Stelle, wenn sich der Boden erwärmt hat. Hauben sind dabei hilfreich.

2 AUSSAAT IM HAUS

Wollen Sie früh in kühleren Regionen aussäen, müssen Sie dies unter Glas tun. Jeweils zwei Samen stecken Sie 3 cm tief in Töpfe oder Module mit Aussaaterde. Feucht gehalten, dauert es bis zum Keimen bei 15–18 °C eine Woche.

Röhren aus Papier sind leicht selbst hergestellt. Sie kommen den langen Bohnenwurzeln entgegen.

Die Sämlinge wachsen schnell. Säen Sie daher nicht zu früh, es sei denn, Sie kultivieren im Haus.

3 WEITERE ANZUCHT

Die Weiterkultur erfolgt an einem hellen Platz im Haus so lange, bis die Spätfrostgefahr vorbei ist. Im Zuge des Wachstums dünnen Sie aus: Lassen Sie pro Gefäß nur den kräftigsten Sämling stehen. Sind die Pflanzen 8 cm hoch, werden sie abgehärtet: Tagsüber stehen sie im Freien, nachts kommen sie ins Haus. Aussaaten im Freiland müssen Sie gut gießen und vor Schnecken schützen. Hauben fördern ein zügiges Wachstum.

Die Sämlinge strecken sich zu sehr, falls man nicht frühzeitig ausdünnt.

4 AUSPFLANZEN

Setzen Sie im Haus ausgesäte Stangenbohnen an den Fuß der Stangen, gießen Sie gut und winden Sie vorsichtig die Stängel um die Stangen. Buschbohnen können Sie in große Pflanzgefäße oder Tröge setzen, die für jede Pflanze einen Abstand von mindestens 25 cm ermöglichen.

Heben Sie bei im Topf angezogenen Pflanzen vorsichtig den Wurzelballen heraus. Kompostierbare Töpfe werden mitgepflanzt, sie verrotten.

Setzen Sie die Bohnenpflanzen genauso tief ein, wie sie im Topf standen, und winden Sie den Stängel um die Stange.

Stellen Sie Stangen auf, eine pro Pflanze. Für Stangenbohnen müssen sie mindestens 2,5 m hoch sein und 30 cm tief im Boden stecken.

Unkräuter konkurrieren um Wasser und Nährstoffe. Jäten Sie zwischen den Pflanzen von Hand oder hacken Sie vorsichtig.

5 STÜTZEN

Stangenbohnen ranken sich von selbst um ihre Stützen, man braucht sie nicht aufleiten. Nur junge oder widerspenstige Triebe muss man manchmal anbinden. Buschbohnen wachsen gedrungen, sie kommen ohne Stützen oder zusätzliches Anbinden aus.

6 PFLEGE

Sobald Blüten erscheinen, achten Sie auf ausreichende Wassergaben und düngen Sie ausgeglichen. Bei Trockenheit können Blüten und sich entwickelnde Hülsen abfallen. Schützen Sie junge Pflanzen vor Schnecken, indem Sie ringsum Schafwollpellets streuen.

7 ERNTE

Zarte Hülsen können Sie ernten, sobald sie groß genug sind. Pflücken Sie die Pflanzen alle paar Tage durch, um das ideale Reifestadium zu erwischen und einen neuen Fruchtansatz zu fördern. Wollen Sie die Samen ernten, lassen Sie die Hülsen vollständig an den Pflanzen reifen.

TIPP Lassen Sie gegen Sommerende für eigenes Saatgut einige Hülsen völlig ausreifen.

Zwicken Sie die Hülsen mit den Fingern von den Stielen ab, bevor sie alt und zäh werden.

GARTENBOHNEN

1 'Selma Zebra' Die traditionelle Stangenbohnen-Sorte reift früh und trägt grüne, stark gemaserte Hülsen. Beim Kochen entsteht eine charakteristische violette Färbung.

2 'Borlotto' Die Buschbohne hat flache, intensiv rot gemaserte Hülsen. Die Samen bereitet man frisch oder getrocknet zu. Stützen verhindern den Kontakt der Hülsen mit der Erde.

3 'Rocquencourt' Die Buschbohne trägt reich an lebhaft gelb gefärbten Hülsen. Sie verträgt kühlere Temperaturen und reift schnell. Sie ist ideal für frühe oder späte Aussaaten.

4 'Stanley' Die ertragreiche Buschbohne trägt gerade, grüne Hülsen von etwa 14 cm Länge. Man sät sie entweder zeitig oder spät in der Wachstumszeit.

5 'The Prince' Die weitverbreitete Buschbohne bringt hohen Ertrag. Die gleichmäßig grünen Hülsen bilden sich über eine lange Zeit hinweg, ungewöhnlich für eine Buschbohne.

6 'Speedy' Die Hülsen dieser Buschbohne reifen schnell, gewöhnlich innerhalb von 60 Tagen. Die grünen Hülsen empfehlen sich für einen frühen oder späten Anbau.

7 'Cobra' Die Stangenbohne liefert über lange Zeit hinweg fadenlose, grüne Hülsen. Sie trägt zudem hübsche violette Blüten und eignet sich damit sogar für Schmuckbeete.

8 'Amethyst' Diese Buschbohne bleibt besonders kompakt und eignet sich dadurch für Töpfe. Die schlanken, fadenlosen Hülsen reifen während einer ausgedehnten Erntezeit.

9 'Delinel' Die beliebte Buschbohne bringt zarte, völlig fadenlose Hülsen mit ausgezeichnetem Geschmack. Wird sie gut gegossen, gedeiht sie sogar in Pflanzgefäßen.

WEITERE SORTEN

'Cornetti Meraviglia di Venezia'
'Yin Yang'
'Borlotto Lingua di Fuoco'
'Cannellino'
'Neckargold'

1

2

3

6

4

5

7

8

9

SCHRITT FÜR SCHRITT

DICKE BOHNEN

Die kleinen zarten Bohnen gehören zum Pflichtprogramm, schließlich kommt gekaufte Ware an Frischgepflücktes bei Weitem nicht heran. Dicke bzw. Puffbohnen zählen zu den ersten Gemüse-Arten, die man im Frühling erntet. Daher eignen sie sich gut für kleine Flächen, weil man danach Folgekulturen anbauen kann. Bei sehr beschränktem Platz gedeihen sie sogar in Töpfen. Neben den reifen Samen sind auch die Triebspitzen und die Hülsen essbar.

	FRÜHLING	SOMMER	HERBST	WINTER
AUSSAAT				
ERNTE				
KULTURDAUER: 14–28 WOCHEN				

GEEIGNET FÜR: BEET UND PFLANZGEFÄSS

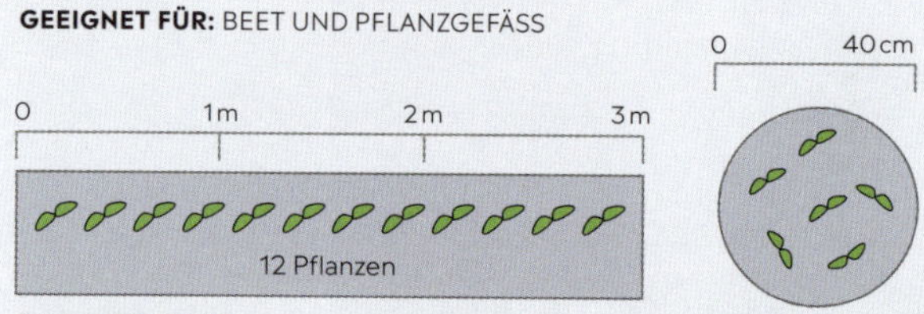

3 M LANGE REIHE
Direktsaat oder in 25 cm Abstand pflanzen

TOPF
je 6 Pflanzen

1 KULTURBEGINN

Im Allgemeinen werden Dicke Bohnen ausgesät, auch wenn Sie im Frühjahr Jungpflanzen kaufen könnten. Sie wachsen in allen Böden. Da sie Frost bis -8 °C vertragen, können sie in den meisten Lagen schon Anfang März gesät werden, zum Beispiel als Vorkultur für Tomaten, die später aufs Beet kommen.

'The Sutton' fruchtet früh an kräftigen, gedrungenen Pflanzen. Sehr frühe Aussaat.

'Super Aquadulce' liefert früh schmackhafte Bohnen. Sehr frühe Aussaat möglich.

'Stereo' bietet die Wahl zwischen der Ernte ganzer Hülsen oder ausgereiften Samen.

'De Monica' gehört zu den Sorten von Dicken Bohnen, die im Frühling als erste reifen.

2 AUSSAAT IM HAUS

In kühlen Regionen kann die Kultur unter Schutz im Frühling früher beginnen, um später auszupflanzen. Dicke Bohnen haben lange Pfahlwurzeln, säen Sie daher in hohe Töpfe oder Papierröhren aus. Die Sämlinge, die nach einer Woche erscheinen, kommen an einen kühlen, hellen, frostfreien Platz.

TIPP Pflanzen in Gruppen stützen sich gegenseitig.

Hohe Papierröhren können Sie selbst basteln. Sie sind ideal für die Aussaat von Dicken Bohnen.

3 AUSSAAT IM FREIEN

Dicke Bohnen können Sie im zeitigen Frühling, in milden Regionen sogar im Herbst säen. Rechen Sie Unkraut und Erdklumpen weg, geben Sie Kompost dazu. Legen Sie Samen in Rillen ab oder in einem Gitternetzmuster mit je 25 cm Abstand.

Dicke Bohnen nehmen Luftstickstoff auf und führen ihn dem Boden zu. Sie brauchen keine Düngung.

Säen Sie die Samen 5 cm tief direkt ins Beet oder in Töpfe aus. Nach dem Zudecken gießen Sie gut.

4 AUSPFLANZEN

Im Haus ausgesäte Pflanzen müssen eine oder zwei Wochen lang abgehärtet werden, damit sie sich an die Außentemperaturen gewöhnen. Graben Sie die Fläche sorgfältig um, entfernen Sie Unkraut, brechen Sie Erdklumpen auf. Dann setzen Sie die Pflanzen in 25 cm Abstand. Gruppen von Pflanzen kommen ohne zusätzliche Stütze aus.

Härten Sie Jungpflanzen ab, bevor sie aufs Beet im Freiland kommen. Tagsüber stehen sie dafür im Freien, nachts im Haus.

Sämlinge in Papierröhren werden mit ihrer Hülle eingepflanzt. Die Wurzeln wachsen hindurch, das Papier verrottet.

Vlies schützt die Sämlinge, wenn nach dem Auspflanzen starker Frost droht. Direktaussaaten brauchen keinen Schutz.

Junge Pflanzen sollten Sie anfangs gut gießen, später entwickeln sie eine Pfahlwurzel. Auf leichten Böden bewahrt Mulch die Feuchtigkeit.

Auszwicken der Triebspitzen (Pinzieren) regt die Bildung von Hülsen an. Die Blätter kann man essen, sie schmecken gedünstet köstlich.

5 PFLEGE

Dicke Bohnen brauchen wenig Pflege, wenn sie kräftig wachsen, nur im Sommer brauchen sie zur Blütezeit Wasser. Bis die Pflanzen gut eingewachsen sind, sollten Sie jäten. Entlang von Reihen spannt man zum Stützen der Pflanzen Schnüre.

6 PINZIEREN

Sobald die ersten Blüten Früchte ansetzen, zwicken Sie die weiche Triebspitze jeder Pflanze aus. Dadurch setzt die Pflanze ihre Energie für die Entwicklung von Hülsen anstelle von krautigem Wuchs ein. Dies wehrt außerdem Schwarze Bohnenläuse (siehe S. 242) ab.

7 ERNTE

Dicke Bohnen erntet man am besten jung, noch bevor durch die wachsenden Samen Schwellungen auf den Hülsen zu sehen sind. Frieren Sie alles ein, was Sie nicht gleich verwerten können. Schneiden Sie die Pflanzen nach der Ernte unten ab. Die Wurzeln verbleiben aber im Boden, wo sie verrotten. Dadurch wird der in ihnen eingelagerte Stickstoff für die nächste Kultur freigesetzt.

Dicke Bohnen genießt man am besten frisch, doch sie halten sich gekühlt ein paar Tage.

PROBLEME

HÜLSENFRÜCHTE

Robustere Erbsen und Dicke Bohnen wachsen zeitig im Frühling. Sobald es wärmer wird, folgen ihnen Busch-, Stangen- und Feuerbohnen. Wüchsige Schlinger nutzen den vertikalen Raum und für kleine Gärten stehen kompakt wachsende Sorten zur Verfügung. Düngen Sie eingewachsene Pflanzen und pflücken Sie regelmäßig ab, damit sich immer weitere Hülsen entwickeln.

Hummeln nagen an den Blüten der Dicken Bohnen. Was kann man tun?
Hummeln mit ihren kurzen Rüsseln fressen ein Loch am Blütengrund, damit sie leichter an den Nektar herankommen. Dieser Weg des Nektarraubes umgeht die Staubblätter, sodass die Blüten nicht bestäubt werden. Aber machen Sie sich keine Sorgen – es sollten genügend langrüsselige Bienen die Blüten bestäuben, damit sich ausreichend viele Hülsen bilden.

Die Erbsensämlinge, die ich ausgepflanzt hatte, sind nahezu über Nacht verschwunden. Was ist mit ihnen passiert?
Erbsensämlinge schmecken ebenso gut wie die Samen, deshalb haben sich wohl Schnecken, Mäuse oder Vögel an den Jungpflanzen gütlich getan. Schnecken hinterlassen eine silbrige Schleimspur – ausgestreute Schafwollpellets werden sie in Zukunft abhalten. Setzen Sie größere, robustere Pflanzen, sie halten mehr aus. Mäuse knabbern Sämlinge am Grund ab, mithilfe von Lebendfallen kann man sie aufspüren (gute Köder sind Rosinen und Schokolade). Vögel wie Tauben können schnell eine ganze Reihe vernichten, vielleicht bemerken Sie zerrissenes Blattwerk, falls dies die Übeltäter waren. Eine Netzabdeckung wird sie fernhalten.

Nach der ersten guten Ernte hören die Erbsen auf zu fruchten. Warum?
Wie viele andere Hülsenfrüchte regulieren Erbsen die Zahl der ausgebildeten Blüten. Große und gesunde Pflanzen setzen eine großzügige Menge an Hülsen an. Pflücken Sie diese ab, bevor sie reifen. Mit den jungen Erbsen erhalten Sie die zarteste Ernte überhaupt und die Pflanzen werden dadurch dazu angeregt, mehr Blüten zu bilden. Samen, die an der Pflanze reifen können, entziehen enorme Mengen an Reserven und veranlassen die Pflanze dazu, die Blütenbildung einzustellen.

Ich sehe in den Gärten oft groß gewachsene Bohnenpflanzen. Könnte ich sie auf der Terrasse auch in einem Kübel ziehen?
Kletterbohnen erreichen eine stattliche Größe, doch es gibt etliche zwergig und kompakt wachsende Sorten. Zu den zwergigen Feuerbohnen zählen 'Millionaire' und 'Hestia', sie werden nur 30–50 cm hoch. Kompakte Sorten von Dicken Bohnen sind 'The Sutton' und 'Robin Hood', sie erreichen eine Höhe von nur 40–50 cm. Unter den vielen zwergigen Gartenbohnen finden sich Sorten wie 'Amethyst' mit violetten, 'Golddukat' mit gelben und 'Safari' mit grünen Hülsen. 'Little Marvel' und 'Half Pint' sind hervorragende zwergige Erbsensorten.

KRANKHEITEN UND SCHÄDLINGE

Einmal eingewachsen, halten Hülsenfrüchte ein gutes Maß an Schädigung aus. Achten Sie auf Folgendes:

- Schnecken (siehe S. 242) können Sämlinge oder ausgepflanzte Jungpflanzen vernichten.
- Sämlinge brechen zusammen (siehe S. 248), falls sie zu viel gegossen wurden oder Kälte erlitten haben.
- Passen Sie auf, ob Schwarze Bohnenläuse in Kolonien an Triebspitzen sitzen (siehe S. 242).
- Falls Maden des Erbsenwicklers (siehe S. 240) in den Erbsenhülsen leben, sollten Sie im nächsten Jahr früher säen.
- Kleine, halbkreisförmige Löcher am Rand der Blätter von Erbsen und Dicken Bohnen stammen vom Erbsenblattrandkäfer (siehe S. 242).
- Echter Mehltau (siehe S. 246) bewirkt einen weißen Belag an Erbsenblättern. Wählen Sie resistente Sorten.
- Bei Kletterbohnen scheuern und vertrocknen an windigen Standorten die Blätter (siehe S. 246)
- Rost (siehe S. 244) beeinträchtigt Dicke Bohnen und Feuerbohnen, an Dicken Bohnen schädigt die Schokoladenfleckenkrankheit (siehe S. 248), obwohl ausgewachsene Pflanzen weiterhin fruchten.

SCHRITT FÜR SCHRITT

GURKEN

Diese Zutaten für Sommersalate gedeihen in jedem Garten, allerdings tragen manche Sorten erst im Gewächshaus reich. Sorten mit gefurchter Schale (Schälgurken) entwickeln sich im Freien gut. Man kann die Ranken am Boden entlangleiten, bei beschränktem Platz erzieht man sie an festen Stäben oder Rankgittern nach oben. Mini- oder Vespergurken fruchten besonders gut. Sie haben eine komfortable Größe und passen dadurch perfekt in ein Brotzeitpaket.

	FRÜHLING	SOMMER	HERBST	WINTER
AUSSAAT				
ERNTE				
KULTURDAUER: 9–20 WOCHEN				

GEEIGNET FÜR: BEET UND PFLANZGEFÄSS – UNTER BEDECKUNG UND IM FREIEN

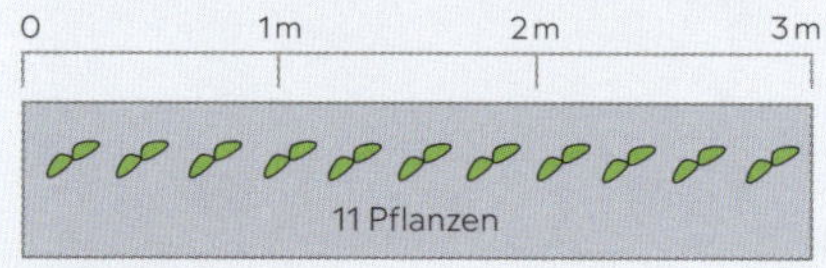

3 M LANGE REIHE
Pflanzabstand 30 cm

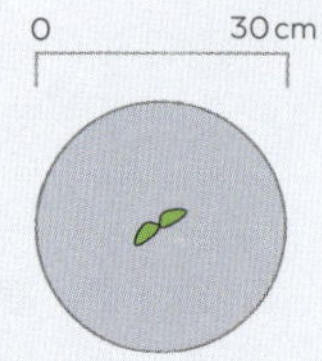

TOPF
je 1 Pflanze

1 KULTURBEGINN

Eine Anzucht aus Samen bietet sich an, wenn Sie viel ernten wollen. Jungpflanzen können Sie im Frühjahr kaufen, falls Sie nur ein paar Exemplare brauchen. Gurken tragen gut, was auch von der Sorte abhängt. Zwei oder drei Pflanzen genügen den meisten Familien, damit sie den ganzen Sommer über versorgt sind.

'Mini Munch' ist eine sehr ertragreiche Snackgurke. Man erntet die kleinen Früchte.

'Passandra' wächst im Gewächshaus und liefert viele kleine Früchte.

'Marketmore' wächst verlässlich und zeigt sich krankheitsfest. Sie eignet sich fürs Freiland.

'Crystal Apple' bringt reichlich runde, saftige Früchte. Die Sorte gedeiht im Freien.

Gurkensaatgut kostet einiges. Legen Sie ein Korn pro Topf, den Sie warm, bei 22–25 °C aufstellen, um die Keimung zu fördern.

Prüfen Sie immer wieder, wann die Keimung einsetzt. Es dauert ein oder zwei Wochen, dann holen Sie die Töpfe aus dem Vermehrungskasten.

2 AUSSAAT

Weil die Pflanzen so eine lange Wachstumszeit benötigen, beginnt die Kultur mit einer Aussaat im Haus. Hybrid-Saatgut kostet vielleicht etwas mehr, doch es bringt vermutlich kräftigere, ertragreiche Pflanzen hervor. Füllen Sie in 10-cm-Töpfe Aussaaterde ein, wässern Sie gut, lassen Sie überschüssiges Wasser ablaufen. Legen Sie ein Samenkorn pro Topf in 2 cm Tiefe, gießen Sie und stellen Sie den Topf in einen beheizten Vermehrungskasten.

TIPP Gurken brauchen gleichmäßig hohe Temperaturen. Säen Sie nicht zu früh.

3 AUSPFLANZEN

Sobald sie groß genug sind, kommen Gurkenpflanzen ab Mitte Mai ins Freie. Verbessern Sie zuvor den Boden gründlich. Einlegegurken können Sie im Freien an einen sonnigen Platz setzen, ihre Ranken breiten sich auf der Beetoberfläche aus oder man leitet sie an Stäben hoch. Gewächshaus-Sorten gedeihen auch in 30-cm-Töpfen.

Pflanzen fürs Freiland werden ein paar Wochen lang abgehärtet, um sie an die Außenbedingungen zu gewöhnen.

Stecken Sie Stäbe, um Gurken daran hochzuleiten, wenn es an Platz mangelt. Die Früchte bleiben dadurch obendrein sauber.

Töpfe sind ideal für Gewächshäuser, doch ebenso fürs Freiland. Die Erde sollte sich vor dem Bepflanzen erwärmen.

4 BESTÄUBEN

Sorten fürs Freiland haben männliche und weibliche Blüten. Sie bilden Früchte nur nach Bestäubung. Neuere Gewächshaussorten blühen rein weiblich und dürfen nicht bestäubt werden, sonst entstehen bitter schmeckende Früchte. Achten Sie auf Abstand zu Pflanzen mit männlichen Blüten.

Weibliche Blüten haben einen Fruchtknoten unterhalb der Blütenblätter. Nur rein weiblich blühende Pflanzen brauchen keine Bestäubung.

5 PFLEGE

Gießen Sie immer gut und geben Sie Tomatendünger in der angegebenen Konzentration. Pflanzen im Gewächshaus wollen feuchte Luft, befeuchten Sie daher die Erde um die Pflanzen herum. Dies drängt außerdem Spinnmilben und Echten Mehltau zurück (siehe S. 242 und S. 246).

Wachsende Gurken erreichen ein enormes Gewicht. Befestigen Sie die Triebe an Stützen, vor allem wenn sie mehrere Früchte tragen.

6 ERNTE

Schneiden Sie Früchte ab, sobald sie groß genug sind. Gurken wachsen schnell, ihre Qualität sinkt, wenn sie zu lang an der Pflanze hängen. Kontrollieren Sie die Pflanzen täglich und ernten Sie frühzeitig. Früchte können im Kühlschrank notfalls bis zum Verbrauch lagern. Falls Sie befürchten, eine Schwemme wird über Sie hereinbrechen, können Sie junge, kleine Gurken sauer einlegen.

Manche Gurken haben eine glatte Haut, andere tragen Borsten, doch sie schmecken alle gleich.

SCHRITT FÜR SCHRITT

ZUCCHINI

Die Zucchini oder Gemüsekürbisse sind berüchtigt für ihre hohe Ertragsleistung. Zwei oder drei Pflanzen versorgen Sie locker den ganzen Sommer über. Die Pflanzen brauchen nährstoffreichen Boden und gedeihen problemlos, im Beet wie in Töpfen. Die vielen Sorten liefern grüne oder gelbe Früchte, die länglich sind oder rund wie jene vom Typ Rondini. Große reife Früchte passen perfekt in herbstliche Eintöpfe.

	FRÜHLING	SOMMER	HERBST	WINTER
AUSSAAT				
ERNTE				
KULTURDAUER: 14 WOCHEN				

GEEIGNET FÜR: BEET UND PFLANZGEFÄSS, UNTER BEDECKUNG UND IM FREIEN

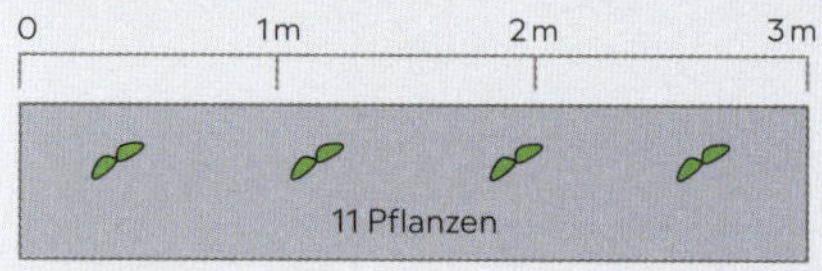

3 M LANGE REIHE
Pflanzabstand 75–90 cm

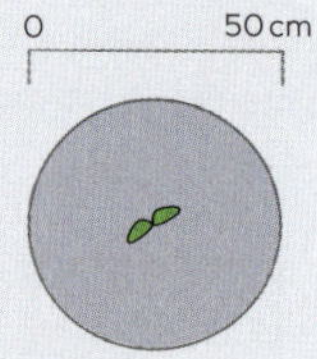

TOPF
je 1 Pflanze

1 KULTURBEGINN

Zucchini können Sie leicht aus Samen anziehen. Das bietet sich an, wenn Sie eine bestimmte Sorte haben wollen. Junge Pflanzen werden im Frühjahr überall angeboten. Zucchini wachsen sehr schnell. Sorten mit gelben Früchten sind im Vorteil, denn man erkennt sie zwischen dem üppigen Laub besser.

'Partenon' braucht keine Bestäubung, die Pflanzen fruchten überall früh und zuverlässig.

'Defender' ist resistent gegen das Gurkenmosaikvirus (siehe S. 244) und trägt überreich.

'Jemmer' entwickelt gelbe Früchte, die sich von dem üppigen Laub gut abheben.

'Shooting Star' eignet sich für beschränkten Raum. Die rankende Sorte fruchtet gelb.

Legen Sie Samen in 10-cm-Töpfe ab, die nicht ganz mit Universalerde befüllt sind. Bedecken Sie die Samen mit etwas Erde und gießen Sie die Aussaat gründlich an.

Direkt aufs Beet säen Sie in 90 cm Abstand jeweils zwei Samen. Gießen Sie gut und stülpen Sie kleine Hauben darüber. Wenn man die Sämlinge handhaben kann, vereinzeln Sie auf eine Pflanze.

2 AUSSAAT

Zucchini sind empfindliche Pflanzen, man sät sie daher im Haus aus. Legen Sie ein Samenkorn 2,5 cm tief in einen Topf, den Sie bis zur Keimung in einen beheizten Vermehrungskasten bei 20 °C stellen. Sie können Mitte Mai auch ins Freie säen. Das bringt eine zweite Ernte im Anschluss an die im Haus vorgezogene Kultur. Wählen Sie einen sonnigen, geschützten Platz und verbessern Sie den Boden vor der Aussaat mit organischem Material.

TIPP Männliche Blüten, die keine Früchte bringen, kann man in der Küche verwerten.

3 WEITERKULTUR

Ziehen Sie die Pflanzen im Haus bei 18 °C. Gießen Sie gut und geben Sie alle zwei Wochen eine universelle Düngerlösung. Die schnell wachsenden Pflanzen müssen Sie umtopfen, sobald Wurzeln an der Topfunterseite erscheinen. Nach dem Abhärten können Sie in Beete auspflanzen oder je eine Pflanze kommt in einen 50-cm-Topf.

Früh gesäte Sämlinge müssen Sie mehrfach umtopfen, wenn sie aus dem Topf herauswachsen und es draußen kalt ist.

Zur Frühlingsmitte ausgesäte Pflanzen werden tagsüber abgehärtet, sobald die Gefahr von Spätfrösten vorbei ist.

Nach dem Auspflanzen der abgehärteten Jungpflanzen unterstützt eine Haubenabdeckung sie beim Anwachsen.

4 GIESSEN

Die zügig wachsenden und fruchtenden Zucchini müssen Sie den ganzen Sommer über gut gießen. Damit dies leichter geht, formen Sie einen Erdwall um die Pflanze. Sie können auch einen Trichter oder das umgedrehte obere Stück einer durchgeschnittenen Plastikflasche in die Erde stecken.

Zucchini-Pflanzen brauchen während ihres Wachstums regelmäßige Wassergaben, damit sie üppiges Blattwerk und beständig eine große Menge Früchte liefern.

5 PFLEGE

Jäten Sie rund um junge Pflanzen, später unterdrückt das viele Laub unerwünschten Aufwuchs. Die meisten Zucchini-Pflanzen bilden einen Blattquirl, doch manche neue Sorten ranken und man kann sie an Stützstäben aufleiten. Entfernen Sie gelbe Blätter von älteren Pflanzen.

Echter Mehltau (siehe S. 246) kann sich auf den Blättern entwickeln und die Pflanzen schwächen. Entfernen Sie krankes Laub und gießen Sie mehr.

6 ERNTE

Mit einem scharfen Messer nehmen Sie Zucchini ab, wenn sie eine Länge von 8–15 cm erreicht haben, rundfrüchtige Sorten ernten Sie bei einem Durchmesser von 7–12 cm. Kontrollieren Sie die Pflanzen im Sommer täglich. Wenn sich die Früchte an ein oder zwei Pflanzen voll entwickeln können, haben Sie im Herbst eine bescheidenere Ernte von dickschaligen Gemüsekürbissen.

Ernten Sie die Zucchini jung. Wenn sie groß werden, kommen weniger Früchte nach.

SCHRITT FÜR SCHRITT

SOMMERKÜRBIS

Die Kultur dieses nahen Verwandten der Zucchini gelingt leicht. Manche Sorten kann man aufwärts leiten, sodass sie sich für kleinere Flächen eignen. Es gibt Sommer- oder Speisekürbisse in vielen Formen und Größen, etwa die Squash-Typen (Patissons) mit bogenförmigem Rand oder Sorten mit langem Schwanenhals, alle fruchten bereitwillig. Die Früchte isst man entweder jung und dünnschalig im Ganzen oder man füllt und überbäckt große Exemplare.

	FRÜHLING	SOMMER	HERBST	WINTER
AUSSAAT				
ERNTE				
KULTURDAUER: 14–20 WOCHEN				

GEEIGNET FÜR: BEET UND PFLANZGEFÄSS

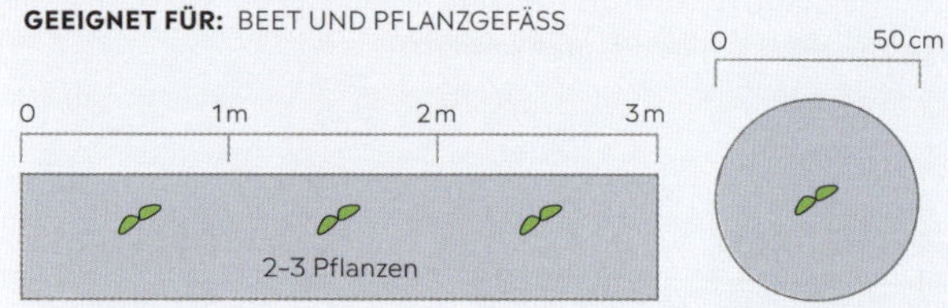

3 M LANGE REIHE
Pflanzabstand 1–1,5 m, abhängig von der Sorte

TOPF
je 1 Pflanze

1 KULTURBEGINN

Nur wenige Sorten werden als Jungpflanzen zum Kauf angeboten, daher lohnt sich die eigene Anzucht aus Samen. Von den ertragreichen Pflanzen genügen zwei oder drei zur Versorgung. Ziehen Sie nicht mehr, als Sie brauchen. Die Kürbisse werden jung geerntet, um den Fruchtansatz in Gang zu halten.

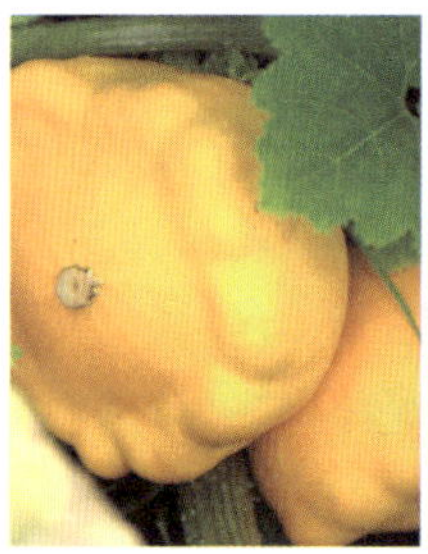

Patty Pan ist eher ein Typ, keine Sorte. Auslesen haben weiße, grüne oder gelbe Früchte.

'Sunburst' kann man jung ernten oder ausreifen lassen. Häufige Ernte bringt viel Ertrag.

'Tromboncino' nimmt man besser bei 30 cm Länge ab, doch kann die Frucht 1 m lang werden.

'Rolet' liefert reichlich runde Früchte, etwas größer als Tennisbälle, die süß schmecken.

Legen Sie Samen 2 cm tief in 10-cm-Töpfe, bedecken Sie sie mit Erde. Nach dem Angießen kommen die Töpfe in den Vermehrungskasten.

Für eine Direktsaat müssen Sie das Saatbett erst herrichten und dann Samen in 90 cm Abstand 2 cm tief legen. Seitlich gesteckte Samen faulen weniger.

2 AUSSAAT

Einen frühen Start ermöglichen Sie, wenn Sie im Haus aussäen für eine Keimung im beheizten Vermehrungskasten mit 20 °C. Die Sämlinge kultivieren Sie an einem hellen Platz weiter bei 18 °C. Nach etwa zwei Wochen beginnen Sie mit flüssigen Düngergaben. Samen können Sie im Spätfrühling auch direkt ins Freiland säen. Legen Sie immer zwei Samen, gießen Sie und bedecken Sie sie mit einer Haube. Sobald die Sämlinge erscheinen, vereinzeln Sie jedes Paar auf nur eine Pflanze.

TIPP Führen Sie für Sommerkürbisse dem Boden reichlich Kompost zu.

3 WEITERE ANZUCHT

Kultivieren Sie die Pflanzen im Haus, bis die Gefahr von Spätfrösten vorbei ist. Sie müssen abgehärtet werden, bevor sie in 1–1,5 m Abstand ins Freie gesetzt werden. Gießen Sie gut. Damit Wasser an die Wurzeln gelangt, graben Sie neben jeder Pflanze einen Topf in die Erde, der wie ein Trichter wirkt. Kürbisse wachsen auch in einem 50-cm-Topf.

Härten Sie Jungpflanzen vor dem Auspflanzen ein paar Wochen lang ab. Sie stehen tagsüber im Freien und kommen für die Nacht ins Haus.

Rankende Sorten können Sie unter hoch wachsende Kulturen wie Zuckermais und Tomaten setzen oder neben Reihen von Stangenbohnen.

4 PFLEGE

Sommerkürbisse wachsen kräftig, sie brauchen häufige Wassergaben und regelmäßige Düngung mit Tomatendünger. Eine dicke Mulchschicht aus organischem Material wie Kompost rund um die Pflanzen bewahrt die Bodenfeuchtigkeit. Das verrottende Material setzt Nährstoffe frei.

Mulchen hält den Boden feucht. Wenn die Pflanzen austrocknen oder unregelmäßig Wasser erhalten, werden Früchte abgestoßen.

5 ERZIEHUNG

Die meisten Sorten ranken, die Triebe können am Boden entlangwachsen. Die Ernte gestaltet sich einfacher, wenn mit der Zeit die umgebenden Blätter entfernt werden, um die Früchte besser zu erreichen. Bei wenig Platz können Sie die Triebe am Boden spiralig aufrollen oder an Stäben aufleiten.

Leiten Sie die Ranken entlang von Beetkanten oder Wegen, damit Sie an die Früchte herankommen. Außerdem wird dadurch Beetfläche frei.

6 ERNTE

Sommerkürbisse bilden weibliche und männliche Blüten an ein und derselben Pflanze, aber nur die weiblichen fruchten. Bestäubte Blüten welken rasch und die Fruchtbildung setzt ein. Junge, zarte Kürbisse können Sie nach vier bis sieben Tagen ernten. Bleiben sie an der Pflanze, bilden sich größere Früchte, die sich zum Füllen und Überbacken vorzüglich eignen.

Länger halten sich Kürbisse, wenn sie vor der Ernte eine dicke Schale ausbilden konnten.

SCHRITT FÜR SCHRITT

WINTERKÜRBIS

Von Winterkürbissen gibt es unzählige Formen und Farben; sie schmecken köstlich im Herbst und im Winter, besonders in Suppen oder gratiniert. Die Kultur ist einfach, die am Boden wachsenden Triebe nutzen den Platz zwischen anderen Kulturen gut. Die Pflanzen gedeihen auch im großen Topf, wobei an aufgeleiteten Pflanzen die Früchte dekorativ wirken. Wenn Sie Platz zum Lagern haben, werden sich die Früchte bis in den Winter hinein gut halten.

	FRÜHLING	SOMMER	HERBST	WINTER
AUSSAAT				
ERNTE				
KULTURDAUER: 18–20 WOCHEN				

GEEIGNET FÜR: BEET UND PFLANZGEFÄSS

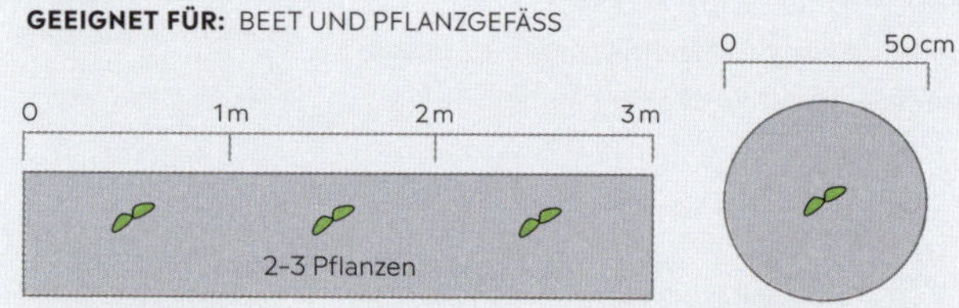

3 M LANGE REIHE
Direktsaat oder Pflanzabstand 1–1,5 m

TOPF
je 1 Pflanze

1 AUSSAAT IM HAUS

Die empfindlichen Winterkürbisse zieht man im Haus an, um sie nach den Eisheiligen auszupflanzen. Befüllen Sie 10-cm-Töpfe mit Aussaaterde, gießen Sie gut. Legen Sie pro Topf ein Samenkorn in 3 cm Tiefe ein. Stellen Sie sie für ein bis zwei Wochen in einen beheizten Vermehrungskasten bei 20 °C. Sobald die Keimung erfolgt, kommt der Topf an einen warmen, hellen Platz.

Legen Sie die Samen einzeln in 3 cm Tiefe ab. Bedecken Sie sie mit ein wenig Erde und stellen Sie die Töpfe für 2 Wochen warm auf.

Die Sämlinge wachsen schnell, doch erst wenn die Spätfrostgefahr vorbei ist, können sie ins Freie. Säen Sie nicht zu früh und topfen Sie mehrfach um.

Direkt säen können Sie neben einer stabilen Stütze, um daran die Kürbispflanze aufzuleiten, oder Sie stecken Samen unter hoch wachsenden Kulturen.

Beim Vereinzeln bleibt nur der kräftigste Sämling stehen. Falls sich Lücken auftun, versetzen Sie überzählige Pflänzchen behutsam dorthin.

2 AUSSAAT IM FREIEN

Ab Mitte Mai können Sie direkt aussäen. Bereiten Sie den Boden auf, indem Sie reichlich verrotteten Stallmist oder Kompost untermischen, entfernen Sie Unkraut. Dann hacken Sie und rechen das Beet glatt und eben. Eine Haubenabdeckung beschleunigt die Keimung. Säen Sie jeweils zwei Samen 3 cm tief und in 1 m Abstand. Gießen Sie gut, vereinzeln Sie nach der Keimung, schützen Sie vor Schnecken.

TIPP Legen Sie eine Fliese unter die Kürbisse, damit sie nicht bei Nässe faulen.

3 AUSPFLANZEN

Im Haus ausgesäte Pflanzen setzen Sie ab Mitte Mai ins Freie. Zuvor müssen sie abgehärtet werden, um sich an die Freilandbedingungen zu gewöhnen. Zwei Wochen lang kommen sie tagsüber ins Freie und für die Nacht wieder ins Haus. Pflanzen Sie in 1 m Abstand und gießen Sie gut an. Schützen Sie junge Pflanzen vor Schnecken.

Gießen Sie vor dem Auspflanzen gut, damit sich das Wurzelwerk kräftig entwickelt.

Die Pflanzen setzen Sie in derselben Tiefe, wie sie im Topf standen. Drücken Sie sie an.

Gießen Sie gründlich an, halten Sie die Erde immer feucht, bis die Pflanzen gut wachsen.

4 PFLEGE

Während der Sommermonate brauchen die Pflanzen viel Wasser. Das Gießen geht leichter und das Wasser dringt bis zu den Wurzeln vor, wenn sie einen Topf neben jeder Pflanze einsenken. Geben Sie, verdünnt nach Anweisung auf der Packung, regelmäßige Düngerlösungen.

Mulchen Sie mit Kompost, damit Feuchtigkeit im Boden bleibt, vor allem auf leichten Böden. Der verrottende Mulch setzt Nährstoffe frei.

5 ERZIEHUNG

Winterkürbisse wachsen rankend oder buschig. Letztere bilden Quirle von Blättern, während die rankenden Pflanzen lange, sich windende Triebe entwickeln. Sie können spiralig aufgeleitet oder zwischen anderen Pflanzen entlanggeführt werden. Kleinfrüchtige Sorten können am Rankgitter wachsen.

Rankende Triebe können Sie um Stützstäbe im Kreis herum schlingen oder daran hochleiten. So erziehen Sie die Pflanzen in kleineren Gärten.

6 ERNTE

Zur Herbstmitte sterben die Blätter allmählich ab, die Früchte sollten eine schöne Färbung annehmen. Vor dem ersten Frost müssen Sie ernten. Belassen Sie beim Schneiden ein kurzes Stück Stiel als Griff. Die Früchte sollen an einem warmen, trockenen, sonnigen Platz, etwa am Fenster, zwei Wochen lang liegen, damit die Schale erhärtet. Man kann die Kürbisse im Haus lagern.

Bunte Früchte dienen zeitweilig als Dekoration, bevor man sie in der Küche verarbeitet.

WINTERKÜRBIS

1 'Sweet Dumpling' Die rankende Sorte trägt leicht gerippte, weißschalige Früchte mit grünen Längsstreifen. Jede Frucht mit gelbem Fleisch wird 12–15 cm groß.

2 'Uchiki Kuri' Die auch als »Zwiebelkürbis« bezeichnete, rankende Sorte liefert köstliche Früchte mit kräftig orangefarbenem Fleisch. Eine Pflanze bringt fünf oder sechs Früchte.

3 'Queensland Blue' Die traditionelle australische Sorte entwickelt stark gerippte, graublaue Früchte. Sie erreichen 25 cm im Durchmesser und haben nussiges, orangefarbenes Fleisch.

4 'Butternut' Die Kürbisse mit ihrer typischen Form bilden sich an rankenden Pflanzen. Das satt orangefarbene Fleisch mit wenigen Kernen ist ideal zum Rösten und Gratinieren.

5 'Marina di Chioggia' Die traditionelle italienische Sorte bringt bis zu 5 kg schwere Früchte. Sie haben dunkelgelbes Fleisch und lassen sich bis zu sechs Monate lang lagern.

6 Türkenturban Der rankende Typ zeichnet sich durch ungewöhnlich geformte, orangefarbene, 20–25 cm große Früchte mit deutlichen grünen und weißen Streifen aus.

7 'Crown Prince' Die rankende Pflanze bringt runde, gedrungene graublaue, im Durchmesser 20–25 cm große Früchte. Gekocht schmeckt das dunkel-orangefarbene Fleisch nussig.

8 'Harlequin' Die Sorte mit vielfarbiger Frucht empfiehlt sich für begrenzte Platzverhältnisse, wo Pflanzen nach etwas aussehen und außerdem gut fruchten sollen.

9 Spaghetti-Kürbis Beim Kochen formt das Fruchtfleisch Stränge, die aussehen wie Spaghetti. Von einer Pflanze sind drei oder vier große Früchte zu erwarten.

WEITERE SORTEN
'Butterbush'
'Butternut Harrier'
'Celebration'
'Sunshine'

1

2

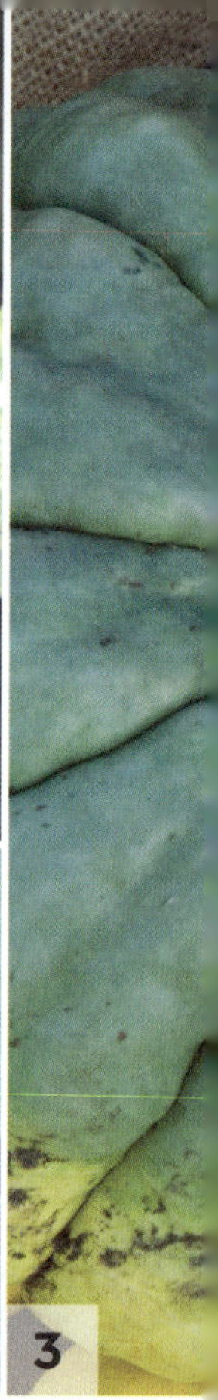
3

6

4

5

7

8

9

SCHRITT FÜR SCHRITT

RIESENKÜRBIS

Gewöhnliche Riesenkürbisse nehmen viel Platz ein, doch gibt es Sorten mit weniger großen Früchten, die sich für kleine Gärten oder sogar für Töpfe eignen. Die Kultur gelingt leicht. Riesenkürbisse brauchen nur reichlich Wasser, nährstoffreiche Erde und einen gewissen Schutz vor Schnecken. Man bringt die Früchte zwar mit dem Schnitzen von Fratzen zu Halloween in Verbindung, doch schmecken sie süßlich und sie lassen sich lange in den Winter hinein lagern.

	FRÜHLING	SOMMER	HERBST	WINTER
AUSSAAT				
ERNTE				
KULTURDAUER: 18–22 WOCHEN				

GEEIGNET FÜR: BEET UND PFLANZGEFÄSS

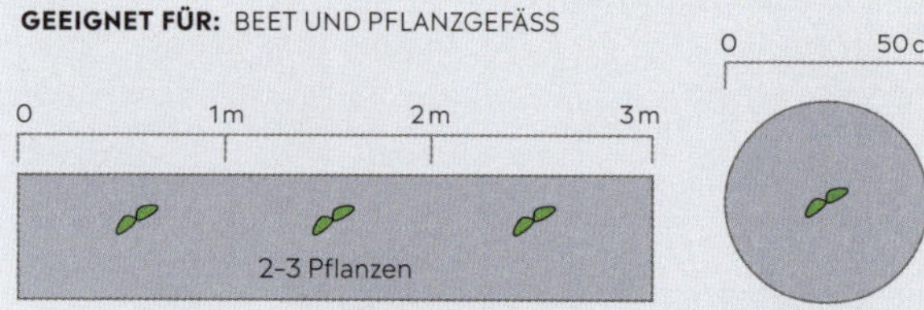

3 M LANGE REIHE
Pflanzabstand 1–1,5 m, abhängig von der Sorte

TOPF
je 1 Pflanze

1 KULTURBEGINN

Jungpflanzen werden im Frühjahr käuflich angeboten, doch die üblichere Anzucht aus Samen bietet eine größere Sortenwahl. Wünschen Sie voluminöse Früchte zum Schnitzen, belassen Sie an der Pflanze einer geeigneten Sorte nur ein oder zwei Früchte. Normal sind vier oder fünf Früchte pro Pflanze.

'Atlantic Giant' bringt mit die größten Früchte. Für den Verzehr sollte man aber früh ernten.

'Jack be Little' trägt kleine, leuchtend gelbe Früchte, die zieren und auch gut schmecken.

'Rouge Vif d'Etampes' hat große Früchte, die sich für die Küche ebenso eignen wie als Schmuck.

'Baby Bear' heißt die kompakte Sorte mit dünnschaligen Früchten in Fußballgröße.

Legen Sie einzelne Samen 2 cm tief in 10-cm-Töpfe, die Sie in den beheizten Vermehrungskasten bei 20–25 °C stellen.

Kontrollieren Sie täglich, ob die Keimung beginnt. Nach diesen ein bis zwei Wochen kultivieren Sie die Sämlinge im Haus weiter.

2 AUSSAAT IM HAUS

Große Riesenkürbisse benötigen eine lange Wachstumszeit, um ihr volles Volumen zu erreichen. Vor allem in kühlen Regionen müssen Sie im Frühjahr bald beginnen und dann die Pflanzen vor dem Auspflanzen Mitte Mai abhärten. Befüllen Sie kleine Töpfe zum Teil mit Anzuchterde, legen Sie ein Samenkorn ein, bedecken es und gießen gut. Stellen Sie den Topf in einen Vermehrungskasten bei 20–25 °C. Nach der Keimung kommen die Sämlinge für ein paar Wochen an einen hellen Platz im Haus.

TIPP Säen Sie kleinfrüchtige Kürbissorten ab Mitte Mai direkt im Freien aus.

3 AUSSAAT IM FREIEN

Ab Mitte Mai können Sie direkt ins Beet säen. Verbessern Sie zuvor den Boden mit verrottetem organischem Material wie Kompost, dann säen Sie 3 cm tief und in 1 m Abstand. Gießen Sie danach gut, und wenn Keimlinge erscheinen, decken Sie sie mit einer Haube ab. Wachsende Pflanzen müssen Sie immer reichlich wässern.

Legen Sie im Freien die Samen in Zweier- oder Dreiergruppen ab. Sie haben dann bei Ausfällen gleich Ersatz. Keimen mehrere, vereinzeln Sie.

Setzen Sie kräftige Sämlinge, die überzählig sind, behutsam in Lücken ein. Eine Pflanzschaufel dient zum Entnehmen aus der Erde.

4 PFLEGE

Riesenkürbis-Pflanzen sind enorm nährstoffbedürftig und brauchen regelmäßige Düngergaben. Zwischen jungen Pflanzen müssen Sie jäten. Früchte bleiben sauber und weg vom Boden, wenn man unter jede ein Holzbrettchen legt.

5 ERZIEHUNG

Die meisten Riesenkürbisse ranken und lassen sich am Boden zwischen anderen Pflanzen entlangleiten. Bei beengten Verhältnissen können Sie die Triebe um im Kreis gesteckte Stäbe wickeln. Kleinfrüchtige Sorten können an stabilen Stützen hochgeleitet werden.

Mulchen Sie mit verrottetem organischem Material wie Kompost. Das hält die Feuchtigkeit im Boden und dient der Nährstoffversorgung.

Bei wenig Platz können Sie die Kürbispflanzen vertikal erziehen und die schwellenden Früchte mit einem Netz abstützen. Binden Sie Triebe an.

6 ERNTE

Ab Spätsommer beginnt die Erntezeit. Schneiden Sie Kürbisse mit einem Stück Stiel ab, der bei vollreifen Früchten hart und trocken ist. Das verhindert Fäulnis am Stielansatz. Falls Sie die Frucht nicht gleich verbrauchen, lassen Sie ihre Schale für eine Woche an einem sonnigen Platz aushärten – oder an einem hellen, geschützten Ort, falls es regnen sollte. Die Frucht hält sich dann monatelang.

Kleine Riesenkürbisse kann man im Ganzen zubereiten, größere müssen Sie zerteilen.

PROBLEME

GURKENGEWÄCHSE

Mit ihrem üppigen Laub wachsen Gurkengewächse in warmer, feuchter Erde schnell heran. Die großen, gelben Blüten locken bestäubende Insekten an und regelmäßige Düngung befriedigt den enormen Nährstoffbedarf. Ausgewachsene Pflanzen halten Schädlingsattacken oft gut aus und Echter Mehltau zeigt sich erst im Anschluss an eine beachtliche Ernte.

Die Kürbisse bilden männliche Blüten, aber keine weiblichen. Woher kommt das?
Diese Erscheinung tritt oft zu Beginn der Wachstumszeit auf. Dann kommt es zu Enttäuschung, weil ja nur die weiblichen Blüten (mit einer winzigen Fruchtanlage darunter) Früchte bilden. Gewöhnlich entwickeln die Pflanzen im Verlauf des Sommers ausgeglichen viele männliche und weibliche Blüten. Eine Überzahl an männlichen Blüten kommt vor, wenn die Pflanzen im Schatten stehen, zu gut mit Stickstoff versorgt sind oder bei gestressten und schwachen Pflanzen.

Wieso faulen die Zucchini, bevor sie eine erntefähige Größe erreicht haben?
Fruchtansätze, die an der Blütenbasis faulen, können anzeigen, dass die Pflanze zu viele Früchte angesetzt hat, deshalb werden einige davon abgestoßen. Häufiges Abernten, bevor die Früchte zu groß werden, kann das Problem verringern. Zu faulenden Fruchtansätzen kommt es auch bei mangelhafter Bestäubung, häufig misslingt die Befruchtung bei windigem oder feuchtem Wetter. Falls das Problem anhält, könnten Sie die Sorte 'Parthenon' pflanzen, die ohne Bestäubung fruchtet.

Weshalb ist eine der Gurken im Gewächshaus gewelkt und zusammengebrochen, obwohl sie voller Früchte hängt?
In der warmen, feuchten Umgebung eines Gewächshauses treten leicht Schwächepilze an den Wurzeln auf (besonders *Fusarium*-Arten). Vielleicht war es der Pflanze einmal zu kalt oder es war übermäßig heiß – beides belastet das Wurzelsystem und die Pflanzen werden empfindlich für pilzliche Krankheiten. Sobald der Haupttrieb angegriffen ist, stirbt die Pflanze schnell ab. Achten Sie an warmen Tagen auf eine gute Belüftung, schließen Sie Öffnungen während kalter Nächte und gießen Sie nicht übermäßig. Passiert dies jedes Jahr, müssen Sie vielleicht die Erde austauschen.

Der Winterkürbis 'Crown Prince' hält sich angeblich gut bis ins Frühjahr. Was muss ich dafür tun?
Der schmackhafte Winterkürbis 'Crown Prince' besitzt hervorragende Lagereigenschaften. Als Grundvoraussetzung muss die Schale gut ausgebildet und unbeschädigt sein. Das erreichen Sie, indem Sie die reifende Frucht möglichst gut dem Sonnenlicht aussetzen. Schneiden Sie von Zeit zu Zeit im Sommer Blätter ab, die Schatten werfen. Legen Sie den Kürbis zum Schutz auf eine Fliese. Im Laufe des Herbstes (vor dem ersten Frost) schneiden Sie intakte Früchte ab und lassen Sie ein kurzes Stück Stiel daran. Lagern Sie den Kürbis an einem hellen, gut belüfteten, vor Frost geschützten Platz bis zur Verarbeitung.

KRANKHEITEN UND SCHÄDLINGE

Dies sind einige der häufigsten Krankheiten und Schädlinge an Gurkengewächsen.

- Schnecken (siehe S. 242) können die Pflanzen beschädigen, sie sind besonders in feuchtwarmen Nächten recht gefräßig. Sämlinge sind am meisten betroffen – achten Sie auf silbrige Schleimspuren.
- Blattläuse (siehe S. 242) treten vermehrt an Wachstumspunkten auf. Sie saugen, und wenn sie in Vielzahl auftreten, schädigen sie junge Pflanzen,
- Winzige kleine und gelbe Flecken auf dem Blattwerk verweisen auf einen Befall mit Spinnmilben (siehe S. 242).
- Aufgehellte Blattadern, verkrüppelte Früchte und Blätter kommen vom Gurkenmosaikvirus (siehe S. 244).
- Ein weißer, pudriger Belag auf der Blattoberfläche zeigt einen Befall mit Echtem Mehltau (siehe S. 246) an, doch am Ende des Sommers toleriert man ihn.
- Bei Störung fliegen Schwärme von Weißen Fliegen (siehe S. 240) bei einem Befall auf.

SCHRITT FÜR SCHRITT

KOPFKOHL

Ob Sie ihn zum klassischen Sonntagsbraten essen oder Speisen wie Wokgerichte zubereiten – Kopfkohl gehört zu den wichtigsten Kulturen im Nutzgarten. Der Anbau ist über lange Zeit möglich. Frühe und späte Sorten versorgen Sie zuverlässig, sofern sie gut gegossen und mit Kulturschutznetzen abgedeckt werden. Nach der Ernte können die Strünke im Boden bleiben, wo sie erneut Blätter austreiben und so mit einer weiteren Ernte der Platz perfekt genutzt wird.

	FRÜHLING	SOMMER	HERBST	WINTER
AUSSAAT				
ERNTE				
KULTURDAUER: 18–24 WOCHEN				

GEEIGNET FÜR: BEET UND PFLANZGEFÄSS

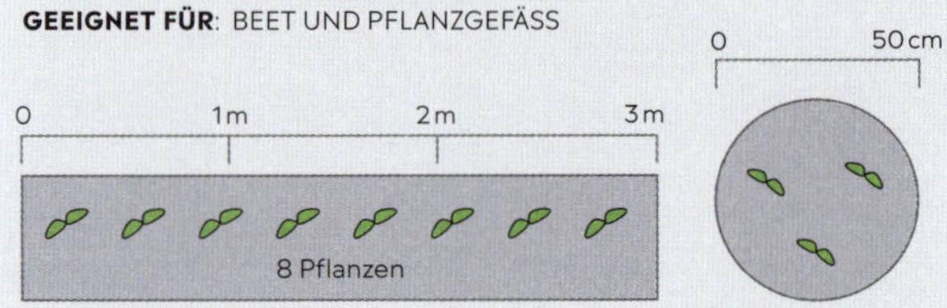

3 M LANGE REIHE
Pflanzabstand 40 cm

TOPF
je 3 Pflanzen

Säen Sie dünn, kontrollieren Sie täglich, ob Sämlinge erscheinen. Sie brauchen keine Heizung.

Dünnen Sie Sämlinge aus. Die größeren können Sie in kleine Töpfe umsetzen.

1 AUSSAAT IM HAUS

Für eine baldige Ernte säen Sie frühe Sorten im Frühjahr. Befüllen Sie Saatschalen oder Anzuchtsysteme mit Aussaaterde, gießen Sie gut, säen Sie 2 cm tief. Von den erscheinenden Sämlingen belassen Sie nur die kräftigsten, die Sie in kleine Töpfe umsetzen. Kultivieren Sie die jungen Pflanzen noch ein paar Wochen lang an einem kühlen, hellen Platz im Haus.

TIPP Kopfkohl ist wie die meisten Kreuzblütler anfällig für Kohlhernie (siehe S. 244).

2 AUSSAAT IM FREIEN

Obwohl man Kopfkohl oft im Haus aussät, kann man ihn auch im Freien direkt säen. Lockern Sie ein paar Wochen vor der Aussaat den Boden, entfernen Sie Unkraut, hacken und verdichten Sie leicht, rechen Sie die Oberfläche eben. Ziehen Sie eine 2 cm tiefe Saatrille und gießen Sie gut. Dann säen Sie dünn ein, bedecken die Saat mit Erde und gießen leicht. Sobald die Sämlinge ein paar Blätter haben, müssen Sie vereinzeln. Gießen Sie regelmäßig und sorgen Sie für Schutz vor Schnecken.

Streuen Sie Samen durch Antippen direkt aus dem Päckchen oder streuen Sie mit den Fingern.

Dünnen Sie die Sämlinge auf ihren Endabstand aus oder setzen Sie 15 cm hohe Pflänzchen um.

3 AUSPFLANZEN

Wenn sie groß genug sind, kommen die Jungpflanzen an ihren endgültigen Platz. Bereiten Sie die Fläche vor, indem Sie umgraben, Unkraut entfernen und stickstoffbetonten Dünger in fester Form geben. Gießen Sie Jungpflanzen gut, bevor Sie sie aufnehmen, und pflanzen Sie in 40 cm Abstand aufs Beet.

Versetzen Sie Jungpflanzen vorsichtig, um Wurzelschwund oder Störungen gering zu halten. Gießen Sie gut.

Junge Pflanzen sind anfällig für unterschiedliche Schädlinge einschließlich Blattläusen (siehe S. 242). Kontrollieren Sie auf Anzeichen von Befall.

4 PFLEGE

Jäten Sie anfangs sorgfältig, später unterdrückt das Laub das Unkrautaufkommen. Gießen Sie regelmäßig, besonders in heißen oder trockenen Perioden, geben Sie für ein kräftiges, vegetatives Wachstum eine ausgewogene Düngerlösung nach Vorschrift.

Wässern Sie gründlich und richten Sie den Strahl auf den Grund. Auf leichten Böden bewahrt eine Mulchschicht die Feuchtigkeit.

5 PFLANZENSCHUTZ

Ein Kragen aus Pappkarton schützt Kohlpflanzen vor Kohlfliegen (siehe S. 242). Decken Sie die Pflanzen mit Kulturschutznetz ab, als Abwehr gegen die Raupen des Kohlweißlings (siehe S. 240) und gegen Tauben. Prüfen Sie das Netz regelmäßig auf Löcher.

Eine Abdeckung mit Kulturschutznetz hält Kohlweißlinge von der Eiablage am Kohl ab. Stäbe halten es auf Abstand zu den Gewächsen.

6 ERNTE

Ab Frühsommer wird geerntet, sobald sich feste Köpfe gebildet haben. Durchschneiden Sie den festen Strunk mit einem Messer oder heben Sie das Wurzelwerk mit einer Grabegabel. Ausgewachsene Pflanzen können für einige Wochen im Boden bleiben, doch sie verrotten allmählich. Verwerfen Sie die äußeren, zähen Blätter, verarbeiten Sie nur das zarte Herz. Köpfe halten sich eine Woche im Kühlschrank.

Ernten Sie jungen Kohl, indem Sie jeden zweiten Kopf entfernen, die anderen dürfen ausreifen.

KOPFKOHL

1 'Greyhound' Die zuverlässige, schnell reifende Sorte formt lockere Köpfe mit wenigen harten Adern. Bei einer Aussaat im Frühjahr ist im Frühsommer die erste Ernte zu erwarten.

2 'Derby Day' Die frühe Sommersorte liefert runde, feste Köpfe aus zarten Blättern. Es ist der erste Kopfkohl, der im Verlauf eines Gartenjahres reift.

3 'Kalibos' Die traditionelle Sorte bringt kleine, zugespitzte feste Köpfe dunkler, rötlicher Blätter. Man kann den Kohl fein geraspelt roh in Salaten verzehren oder man dünstet ihn.

4 'Duncan' Die schnell reifende Sorte entwickelt kleine, zugespitzte Köpfe. Fein geschnitten verzehrt man sie roh oder dünstet.

5 'Red Jewel' Die Sorte entwickelt dichte, runde, feste Köpfe mit dunklen, violetten Blättern, die beim Kochen ihre Farbe gut bewahren. Gut zum Lagern und zum Einschlagen in Erde.

6 'Tinty' Die Köpfe haben die Form und die Farbe von Rotkohl, doch sie besitzen den Geschmack von Weißkohl und die Blätter sind dünner.

7 'Stonehead' Die kompakten Pflanzen mittlerer Größe können nahe beieinander wachsen, was kleine Flächen optimal nutzt. Die Köpfe können bis zum Verbrauch in der Erde bleiben.

8 'Dutchman' Die zugespitzten Köpfe weisen ein herrliches Aroma auf. Die Pflanzen wachsen kompakt und eignen sich gut, wenn wenig Platz vorhanden ist. Geerntet wird von Spätsommer bis Frühherbst.

9 'Hispi' Die Sorte reift sehr schnell, man kann sie in milden Regionen im Herbst für eine Ernte im Frühjahr säen. Die zugespitzten, ebenmäßigen Köpfe liefern schmackhafte Blätter.

WEITERE SORTEN
'Elisa'
'Kilaton'
'Primo'
'Express'
'Granat'
'Golden Acre'

1

2

3

6

4

5

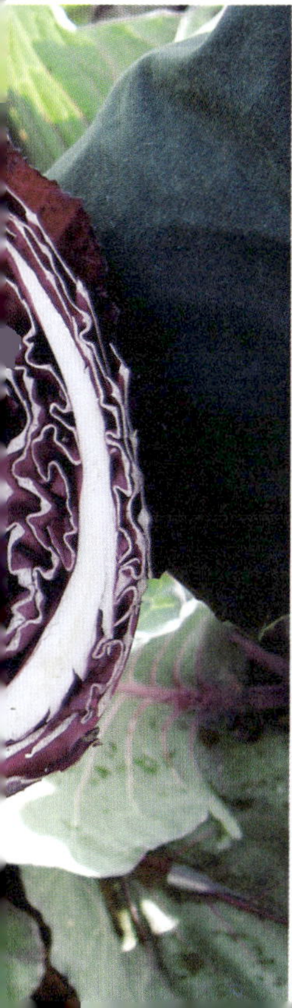

7

8

9

SCHRITT FÜR SCHRITT

WINTERKOHL

Vom dunkelgrünen Wirsing mit runzligem Blatt bis zu den zugespitzten, dichten Auslesen für eine Ernte im Frühjahr - diese Sorten sind für die karge Jahreszeit unentbehrlich. Frostfeste Pflanzen, die im Frühjahr reifen, nutzen in milden Regionen dicht stehend kleine Flächen gut aus. Sie liefern im Frühjahr zudem eine weitere Ernte lockerer Blätter, wenn die verbliebenen Strünke erneut austreiben. Kulturschutznetze wehren Schädlinge wie Raupen und Tauben ab.

	FRÜHLING	SOMMER	HERBST	WINTER
AUSSAAT				
ERNTE				

KULTURDAUER: 26–28 WOCHEN

GEEIGNET FÜR: BEET

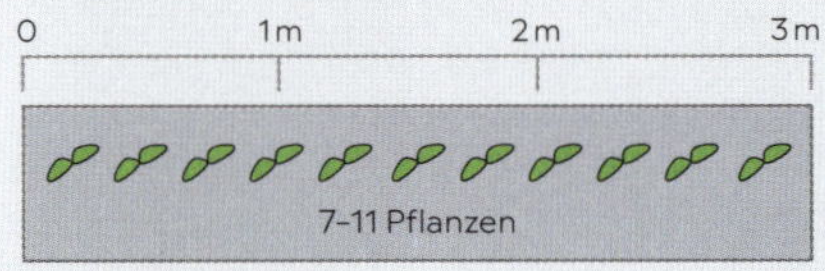

3 M LANGE REIHE
Pflanzabstand 30–50 cm, abhängig von der Sorte

1 KULTURBEGINN

Am besten zieht man Winterkohl selbst aus Samen groß. Säen Sie entweder im April im Haus aus oder im Sommer im Freiland, wenn Sie im Herbst ernten wollen oder wenn die Köpfe überwintern sollen. Falls Sie nur ein paar Pflanzen brauchen, können Sie Jungpflanzen im Sommer kaufen, was die Kultur erleichtert, allerdings mehr kostet.

'Tundra' ist eine Wintersorte, die im Boden wochenlang bis zum Bedarf bleiben kann.

'Traviata' ist ein Wirsing mit runzligen Blättern und prima Aroma. Er widersteht Krankheiten.

'January King' hat im Herbst erntereife junge Köpfe, sie können aber auch noch länger reifen.

'Kilaton' bildet im Herbst dichte, runde Köpfe. Er ist unempfindlich gegen Kohlhernie.

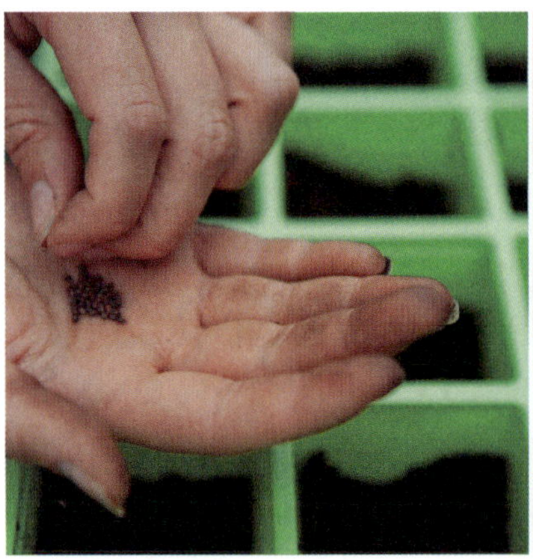

Samen von Kohl keimt zuverlässig und ist leicht zu handhaben. Legen Sie zwei Körner in eine Zelle für den Fall, dass eines taub ist.

Halten Sie die Sämlinge für zwei oder drei Wochen an einem hellen Platz im Haus kühl, aber frostfrei, bis Sie auspflanzen können.

2 AUSSAAT IM HAUS

Die geschützte Anzucht mindert die Schäden, die Kohlhernie hervorrufen kann (siehe S. 244). Füllen Sie in Anzuchtsysteme Substrat ein, gießen Sie gut. Bohren Sie 1 cm tiefe Löcher in jede Zelle und legen Sie jeweils zwei Samenkörner hinein, lassen Sie nach der Keimung nur den kräftigsten Sämling stehen. Ziehen Sie die Pflanzen im Haus, bis sie 15 cm hoch sind. Sie kommen dann zum Abhärten tagsüber ins Freie, nachts stehen sie drinnen.

TIPP Gewöhnen Sie die Jungpflanzen zwei Wochen lang an Freilandbedingungen.

3 AUSSAAT IM FREIEN

Winterkohl kann direkt ins Freiland gesät werden, sobald sich der Boden erwärmt hat. Richten Sie das Saatbett her, indem Sie lockern, Unkraut entfernen und eben rechen. Wässern Sie die 2 cm tiefen Saatreihen gut, dann säen Sie dünn aus. Füllen Sie mit Erde auf, die Sie andrücken, wässern Sie behutsam. Die Keimung dauert gut eine Woche.

Bereiten Sie den Boden vor dem Auspflanzen auf. Untergemischtes verrottetes organisches Material fördert das Blattwachstum.

Ziehen Sie Saatrillen in geeigneter Länge. Damit Feuchtigkeit im Boden bleibt, decken Sie die Erde bis zur Keimung mit Zeitungspapier ab.

4 AUSPFLANZEN

Winterkohl wird im Sommer, Kohl für die Ernte im Frühjahr im Herbst gepflanzt. Richten Sie das Beet her, indem Sie umgraben, jäten und stickstoffbetonten Dünger untermischen. Pflanzen Sie Winterkohl in 50 cm, überwinternde Pflanzen in 30 cm Abstand.

Junge Kohlpflanzen werden bei einer Höhe von 15 cm ausgepflanzt. Kleinere oder größere Pflanzen wachsen womöglich schlecht an.

5 PFLEGE

Gießen Sie regelmäßig, ganz besonders während Trockenperioden. Für ein kräftiges Wachstum bis zum Winter geben Sie stickstoffbetonte Düngerlösung im Spätsommer. Jäten Sie immer wieder und entfernen Sie alle vergilbenden Blätter von den Pflanzen.

Kohl entwickelt viel Blattmasse, gießen Sie daher am Grund, damit Wasser an die Wurzeln kommt. Günstig ist eine Kanne mit langem Hals.

6 ERNTE

Wenn die einzelnen Kohlköpfe groß genug sind zum Verbrauchen, erntet man sie im Winter oder Frühjahr, indem man mit einem scharfen Messer den Strunk durchtrennt. Mehr können Sie ernten, wenn die Strünke von im Frühjahr abgeernteten Pflanzen im Boden bleiben. Wenn Sie die Schnittstelle oben kreuzweise einschneiden, regt dies den Neuaustrieb von lockeren frischen Blättern an.

Locker stehende Blätter bringen nach dem Schnitt der Köpfe im Frühjahr eine weitere Ernte.

SCHRITT FÜR SCHRITT

BLUMENKOHL

Dank der vielen Sorten kann man köstlichen frischen Blumenkohl monatelang ernten. Neben den üblichen weißen Typen gibt es auch Sorten mit überraschenden violetten, orangefarbenen oder grünen Köpfen. Weit genug gepflanzt, erreichen sie ihre volle Größe, dicht in Töpfen gesetzt dagegen bildet sich Miniatur-Blumenkohl. Die Pflanzen können sehr hohe Erträge liefern, sofern sie genug Nährstoffe und Wasser erhalten.

	FRÜHLING	SOMMER	HERBST	WINTER
AUSSAAT				
ERNTE				
KULTURDAUER: 14–20 WOCHEN				

GEEIGNET FÜR: BEET UND PFLANZGEFÄSS

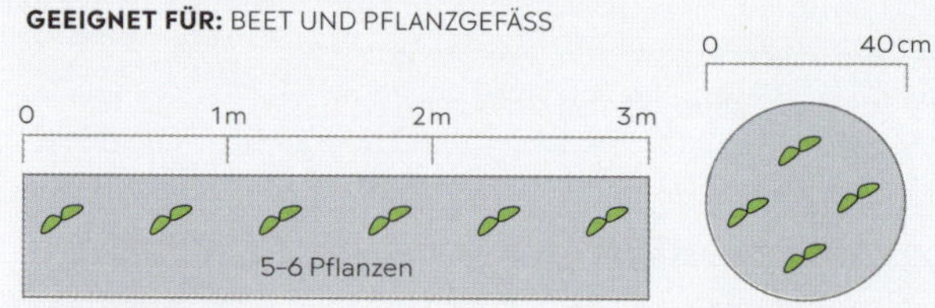

3 M LANGE REIHE
Pflanzabstand 60–70 cm

TOPF
je 4 Pflanzen

1 KULTURBEGINN

Soll Blumenkohl in sehr milden Regionen zwischen Herbst und Frühling reifen, wird im Spätsommer direkt in warmen Boden gesät. Die Keimung verläuft dann erfolgreich. Im Sommer erntereife Sorten dagegen säen Sie zwischen März und Mai im Haus. Am besten zieht man sie in Anzuchtsystemen heran.

'Snowball' wird im Frühjahr für die Herbsternte gesät. Haltbare, mittelgroße Köpfe.

'Violet Queen' bringt violette Köpfe im Sommer, die beim Kochen grün werden.

'Graffiti' bildet auffällige violette Köpfe. Bei viel Licht intensiviert sich die Farbe.

'Romanesco' entwickelt gelbgrüne Köpfe mit hohem Schmuckwert und viel Aroma.

2 AUSSAAT IM HAUS

Füllen Sie in Module oder Töpfe Aussaaterde ein, gießen Sie gut. Bohren Sie ein 1 cm tiefes Loch und legen Sie zwei Samenkörner ein. Drücken Sie Erde darüber und gießen Sie. Von den gekeimten Sämlingen verbleibt nur der stärkere.

Für die Ernte im Sommer oder Herbst säen Sie ab März für eine Keimung im Vermehrungskasten.

Gießen Sie die Sämlinge gut. Blumenkohl braucht in allen Entwicklungsstadien viel Wasser.

3 AUSSAAT IM FREIEN

Für Sommer- und Herbsternte können Sie ab April auch direkt aufs Beet säen. Bereiten Sie den Boden vor durch Lockern und Einarbeiten von viel organischem Material. Ziehen Sie eine kurze, 2 cm tiefe Saatrille. Gießen Sie, legen Sie die Samen aus, die Sie mit Erde bedecken und wieder leicht wässern. Damit sich bodenbürtige Krankheiten und Schädlinge nicht aufschaukeln, wählen Sie Stellen, wo im letzten Jahr kein Kohl stand.

Säen Sie dünn entlang der Saatrille. Bei Bedarf können Sie die Sämlinge ausdünnen.

3 AUSPFLANZEN

Härten Sie Sämlinge aus Anzuchtsystemen ab, sobald sie 15 cm hoch sind. Stellen Sie sie eine Woche lang tagsüber ins Freie und nachts ins Haus. Pflänzchen aus dem Saatbett werden bei dieser Größe gewässert und vorsichtig herausgenommen. Die Pflanzen werden in 60 cm Abstand gesetzt, überwinternde Sätze etwas weiter.

Abgehärteter Blumenkohl sollte schnell gepflanzt werden. Die Pflanzen schießen leicht, wenn die Wurzeln anstoßen.

Pflanzen Sie Sämlinge aus Modulen oder Saatbett in Erde, die mit gekörnter Stickstoffdüngung angereichert wurde.

Drücken Sie die Pflanzen gut an, denn die Köpfe werden schwer und brauchen dann eine gute Stütze.

4 PFLANZENSCHUTZ

Schlämmen Sie neu gesetzte Jungpflanzen ein und bringen Sie um jeden Wurzelhals einen Pappkragen an. Breiten Sie Kulturschutznetz mit einer Maschenweite von 5 mm um die Pflanzen aus, um Kohlweißlinge und Tauben abzuhalten. Hacken Sie, bis größere Pflanzen Unkraut unterdrücken.

5 PFLEGE

Blumenkohl müssen Sie während des Sommers gut wässern, damit stattliche Köpfe heranwachsen. Während ihrer Entwicklungszeit knicken Sie ein paar Blätter darüber. Dies schützt Sommersorten vor Sonnenbrand und bietet späten Kulturen einen gewissen Schutz vor Frost.

Die Netzabdeckung muss bis zum Boden reichen, damit keine Schädlinge hindurchschlüpfen. Graben Sie das Netz am besten am Rand ein.

Das Einhüllen der Köpfe in die Blätter verhindert, dass weiße Sorten in der Sonne gelb werden. Eine Schnur befestigt die Blätter.

6 ERNTE

Köpfe, die groß genug sind, schneiden Sie mit ein paar Blättern ab, dann halten sie sich besser. Blumenkohl isst man am besten frisch, doch kann man ihn im Kühlschrank ein paar Tage lang aufbewahren. Blanchiert können Sie ihn auch einfrieren.

Ernten Sie Blumenkohl zu seiner besten Zeit. Dann sind die Köpfe noch fest und bestehen aus kleinen, festen Knospen.

TIPP In Töpfen kann Mini-Blumenkohl von 6 cm Größe heranwachsen.

SCHRITT FÜR SCHRITT

BROKKOLI

Der Anbau von Brokkoli lohnt, weil selbst angebauter viel zarter und schmackhafter ist als käufliche Ware. Die Pflanzen bilden einen großen Blütenstand in der Mitte und dazu zahlreiche kleine Seitensprosse, die die Erntezeit verlängern. Die Köpfe kann man gut einfrieren, so lassen sich Überschüsse gut aufbewahren. Wenn Sie wenig Platz für die Aussaat als Vorkultur in Töpfen oder Modulen haben, werden sich Direktaussaaten im Freien während des Sommers gut entwickeln.

	FRÜHLING	SOMMER	HERBST	WINTER
AUSSAAT				
ERNTE				
KULTURDAUER: 12–16 WOCHEN				

GEEIGNET FÜR: BEET UND PFLANZGEFÄSS

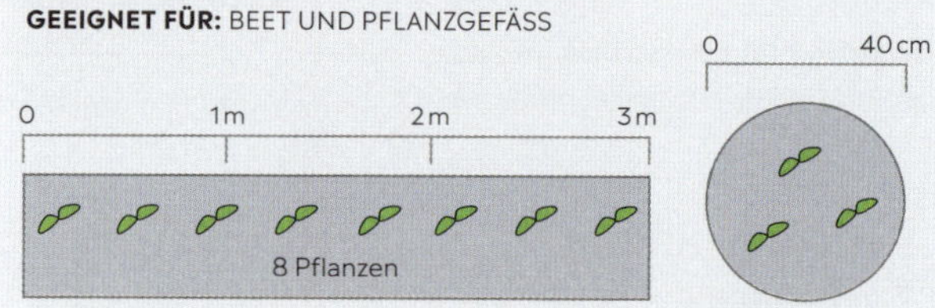

3 M LANGE REIHE
Pflanzabstand 40 cm

TOPF
je 3 Pflanzen

1 KULTURBEGINN

Brokkoli bevorzugt nährstoffreichen, durchlässigen Boden. Graben Sie vor dem Pflanzen reichlich organisches Material unter, etwa verrotteten Stallmist oder Kompost. Es sollte im vorangegangenen Jahr keine andere Kultur aus der Familie der Kreuzblütler auf derselben Fläche gestanden haben. Dies verhindert die Ausbreitung von Krankheiten und Schädlingen.

'Fiesta' entwickelt große, schön abgerundete Köpfe und später viele Seitensprosse.

'Ironman' bringt eine zuverlässige Ernte von gewölbten, blaugrünen feingliedrigen Köpfen.

'Belstar' mit blaugrünen, schmackhaften Köpfen hält sich nach dem Schnitt gut.

'Kabuki' kann man jung abnehmen für eine zweite Ernte. Gut für beschränkten Raum.

Brokkoli kann überwintern in einem frostfreien Gewächshaus, um im Frühjahr zu ernten. Legen Sie zwei oder drei Samen pro Einzeltopf im Spätsommer oder Frühherbst aus.

Nach dem Keimen werden die Sämlinge ausgedünnt auf nur ein Pflänzchen pro Topf oder Zelle. Sobald sie etwa 15 cm hoch sind, kann man sie ins Freie auspflanzen.

2 AUSSAAT

Brokkoli kann man im Haus in Töpfe oder großzellige Anzuchtsysteme säen, um später auszupflanzen. Füllen Sie Aussaaterde ein, die Sie leicht andrücken, und wässern Sie. Bohren Sie 1 cm tiefe Löcher und legen Sie zwei Saatkörner ein, bevor Sie sanft angießen. Nach der Keimung belassen Sie nur den kräftigeren Sämling. Sie können auch direkt ins Freie am endgültigen Standort säen. Ziehen Sie im Saatbett Rillen in 30 cm Abstand und streuen Sie alle 40 cm jeweils drei Samen in 2 cm Tiefe. Lassen Sie nur den kräftigsten Sämling stehen und streuen Sie zum Schutz vor Schnecken organische Pellets.

3 AUSPFLANZEN

Härten Sie im Haus ausgesäte Pflanzen ab, sobald sie 15 cm hoch sind und setzen Sie sie mit 40 cm Abstand in 30 cm voneinander entfernte Reihen. Das Wurzelwachstum soll nicht an der Topfwand stocken, dies könnte zur vorzeitigen Bildung kleiner Köpfe führen. Gießen Sie gut, jäten Sie und bringen Sie einen Pappkragen an.

Teilen Sie die Fläche mit Bambusstäben und Schnüren ein. Der richtige Pflanzabstand gelingt dann leichter und Sie haben eine Stütze für Netze.

Junge Pflanzen sollten Sie im Frühling möglichst bald abhärten und auspflanzen. Sie vertragen den Wechsel besser, wenn es nicht so warm ist.

4 PFLEGE

Sobald sich die Blütenstände entwickeln, häufeln Sie Erde um die Basis an zum Stützen der Pflanzen. Zu diesem Zeitpunkt regt eine stickstoffbetonte Flüssigdüngung die Bildung großer Köpfe an. Sie unterstützt auch die spätere Entwicklung von Seitentrieben für eine nachfolgende Ernte.

Hohe Sorten brauchen eine Stütze, falls das Anhäufeln nicht ausreicht. Binden Sie Pflanzen bei Bedarf an einen stabilen Bambusstab an.

5 PFLANZENSCHUTZ

Ein mit feinem Netz bespannter Rahmen hält Kohlweißlinge und Vögel – vor allem Tauben – ab. Die Maschenweite darf höchstens 1 cm betragen, damit die Schmetterlinge nicht eindringen. Halten Sie das Netz gespannt, damit sich Vögel nicht darin verfangen können.

Die Mehlige Kohlblattlaus schädigt Kohlpflanzen. Oft tritt sie in Massen auf und lässt die Blätter verkrüppeln. Schützen Sie frühzeitig.

6 ERNTE

Der erste Schnitt ist drei bis vier Monate nach der Aussaat möglich, das schwankt je nach Sorte und Jahreszeit. Schneiden Sie zuerst die mittlere Blume, danach erscheinen Seitentriebe, die Sie wieder ernten. Junge Blätter sind ebenso essbar.

Die festen Sprosse werden geschnitten, bevor sich die winzigen Blütenknospen öffnen. Dies regt die Bildung weiterer Sprosse an.

TIPP Stehen Brokkoli-Pflanzen eng (in 15 cm Abstand), liefern sie viele kleine Köpfe.

SCHRITT FÜR SCHRITT

SPROSSENKOHL

Die Ernte dieser robusten Kultur, auch Spargelkohl oder Winterbrokkoli genannt, wird sehnsüchtig erwartet im Frühling. Die Pflanzen tragen eine Fülle zarter Stängel, an deren Spitze schmackhafte weiße oder violette Blütenstände stehen. Althergebrachte Sorten bringen große, langsam reifende Pflanzen hervor, sie passen eher in große Gärten. Wenn Sie Brokkoli mögen, aber nicht bis zum Herbst warten wollen, wählen Sie neuere Sommersorten, die viel schneller heranreifen.

	FRÜHLING	SOMMER	HERBST	WINTER
AUSSAAT				
ERNTE				

KULTURDAUER: 20–36 WOCHEN

GEEIGNET FÜR: BEET

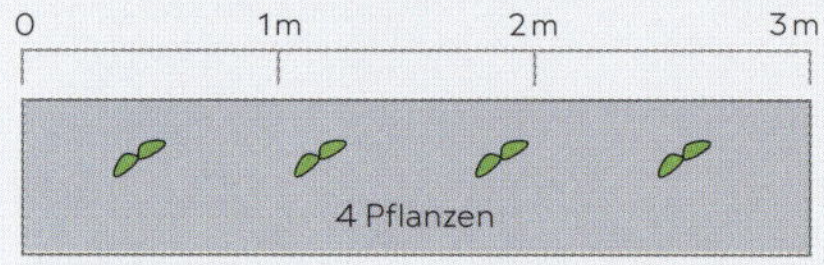

3 M LANGE REIHE
Pflanzabstand 80 cm

1 KULTURBEGINN

Üblicherweise lässt sich Brokkoli leicht aus Samen ziehen, man kann im Frühling aber auch Jungpflanzen im Topf oder Anzuchtsystem kaufen. Sorten, die im Sommer reifen, werden nicht so oft angeboten, man sät sie besser selbst. Säen Sie in Sätzen von März bis Mai aus, dann können Sie bereits von Juli bis Oktober ernten.

'Claret' liefert zuverlässig im Frühjahr fleischige Sprosse.

'Purple Sprouting' verträgt Frost und trägt im zeitigen Frühjahr viele dunkle Sprosse.

'White Star' bringt im Frühjahr ansehnliche weiße Blütenstände, man kann sie roh essen.

'Summer Purple' ist eine frostfeste Sorte, die im Sommer viele violette Köpfe bringt.

Eine Aussaat in Anzuchtsystemen hat den Vorteil, dass sich das Pikieren erübrigt, die Wurzeln bleiben ungestört.

Vereinzeln Sie und lassen Sie nur den kräftigsten Sämling pro Zelle stehen. Gibt es Lücken, können Sie vorsichtig überzählige Pflänzchen einsetzen.

2 AUSSAAT IM HAUS

Sprossenkohl verträgt etwas Frost, die meisten Sorten brauchen eine lange Kulturzeit. Einen guten Start verschafft neuen Sommersorten des Spargelkohls geschützte Aussaat im Frühling. Befüllen Sie Multitöpfe mit Aussaaterde, gießen Sie gut. Bohren Sie in jede Zelle ein 2 cm tiefes Loch, legen Sie jeweils zwei Samen ein. Bedecken Sie sie mit Erde, wässern Sie leicht. Die Samen brauchen keine zusätzliche Wärme, sondern keimen nach einer Woche.

TIPP Wachsen die Pflanzen im Haus heran, sinkt das Risiko für Kohlhernie (siehe S. 244).

3 AUSSAAT IM FREIEN

Aussäen können Sie in ein Saatbett, um später umzupflanzen, oder gleich an Ort und Stelle. Für ein Saatbett lockern Sie den Boden und rechen die Oberfläche ebenmäßig und fein. Dann ziehen Sie 2 cm tiefe Saatreihen. Sie können auch Horste in 80 cm Abstand legen und später auf das jeweils kräftigste Pflänzchen auslichten.

Bei längeren Reihen streuen Sie die Samen vorsichtig aus dem Päckchen. Tippen Sie oben auf die Packung, dann fallen die Körner gleichmäßig.

Bei Horstsaaten müssen Sie die Sämlinge später nicht verpflanzen, die Wurzeln der Kulturen bleiben ungestört.

4 AUSPFLANZEN

Härten Sie im Haus angezogene Pflanzen vor dem Auspflanzen ab und wässern Sie das Saatbett gut, dann lassen sich die Jungpflanzen leicht entnehmen. Geben Sie stickstoffbetonten Dünger in vorgeschriebener Dosierung. Setzen Sie Jungpflanzen in 80 cm Abstand und gießen Sie gut.

Passen Sie einen Kragen aus Pappe um den Wurzelhals jeder Pflanze an. So können Kohlfliegen ihre Eier nicht unten am Stängel ablegen.

5 PFLEGE

Gießen und jäten Sie regelmäßig, um ein kontinuierliches Wachstum zu gewährleisten. Sobald die Pflanzen höher werden, häufeln Sie um den Stängelgrund an für eine bessere Standfestigkeit. In eher windigen Lagen müssen Sie vielleicht zur Stütze neben jeder Pflanze einen stabilen Stab einstecken.

Breiten Sie Netze aus, um Kohlweißlinge und Tauben abzuwehren. Halten Sie das Netz gespannt, damit Vögel sich nicht darin verfangen.

6 ERNTE

Sobald die überwinterten Pflanzen im Frühling ihre Blütenstände entwickeln, pflücken Sie täglich durch, damit Sie die Köpfchen wirklich noch fest und geschlossen ernten. Lassen Sie immer auch ein etwa 10 cm langes Stück Stiel daran. Der Stiel schmeckt genauso zart wie die Blätter, beide eignen sich für den Verzehr. Bei häufiger Ernte kommen Sprosse nach. Man verzehrt sie bald oder friert sie ein.

Die zarten Sprosse werden geschnitten, bevor sich die winzigen Blütenknospen öffnen. Schneiden Sie unten mit einem scharfen Messer.

SCHRITT FÜR SCHRITT

ROSENKOHL

Ein winterlicher Nutzgarten wäre ohne Rosenkohl unvollständig. Wählen Sie unter den zahlreichen Sorten, die von der Herbstmitte bis tief in den Winter hinein tragen. Einzelne Knospen entwickeln sich über lange Zeit, dadurch können zwei oder drei Pflanzen Sie den Winter hindurch versorgen. Zusätzlich zu den Knospen können Sie den Blattschopf an der Spitze der Pflanzen ernten. Dieses köstlich und mild schmeckende Gemüse birgt hohe Qualität in kleinen Mengen.

	FRÜHLING	SOMMER	HERBST	WINTER
AUSSAAT				
ERNTE				
KULTURDAUER: 20–36 WOCHEN				

GEEIGNET FÜR: BEET

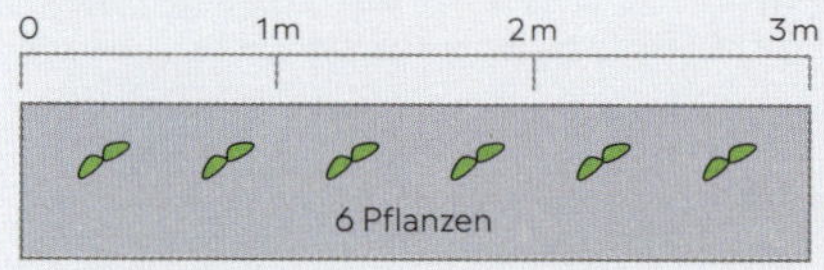

3 M LANGE REIHE
Ausdünnen oder Pflanzen auf 60 cm Abstand

1 KULTURBEGINN

Es lohnt sich, reich tragenden Rosenkohl aus Samen zu ziehen, obwohl Jungpflanzen im Frühjahr erhältlich sind. Bereiten Sie das Beet vor, indem Sie in der Wachstumszeit zuvor reichlich organisches Material einarbeiten. Rosenkohl gedeiht bei einem pH-Wert über 6,7 am besten, kalken Sie, falls bei Ihnen die Bodenverhältnisse darunter liegen.

'Bosworth' bringt feste, gleichmäßige milde Röschen, die man im frühen Winter erntet.

'Kalette' bildet von Oktober bis März ungewöhnlich aussehende, milde, nussige Röschen.

'Trafalgar' trägt verlässlich im Winter eine reiche Ernte fester, aromatischer Röschen.

'Maximus' liefert einen hohen Ertrag süßlicher, grüner Knospen über eine lange Zeit hinweg.

Streuen Sie die Samen entlang einer kurzen Saatrille, um später die Sämlinge umzusetzen. Das empfiehlt sich, wenn der Platz begrenzt ist.

Bei der Aussaat im Haus legen Sie die Samen im Abstand von 5 cm ab. Sobald man sie gut fassen kann, pikiert man die Sämlinge.

2 AUSSAAT

Für die Direktsaat lockern Sie den Boden und entfernen alles Unkraut. Dem Hacken folgt das Einebnen mit dem Rechen. Entweder säen Sie in eine 2 cm tiefe, kurze Rille, dann müssen Sie die Jungpflanzen an ihren endgültigen Standplatz umsetzen. Oder Sie säen Horste in 60 × 60 cm Abstand. Dann können Sie auf den jeweils kräftigsten Sämling vereinzeln, die Wurzeln bleiben ungestört. Sie können außerdem im Haus in Anzuchtsysteme aussäen. In die mit Aussaaterde gefüllten Zellen legen Sie je zwei Samenkörner 2 cm tief. Nach der Keimung belassen Sie pro Zelle nur einen, den kräftigeren Sämling.

3 AUSPFLANZEN

Sobald im Haus angezogene Sämlinge 10–12 cm groß sind, werden sie für die Freilandbedingungen abgehärtet. Jungpflanzen im Saatbett gießen Sie für eine leichtere Entnahme gründlich an. Richten Sie das Beet für die Kultur her und setzen Sie dann die Pflänzchen im Abstand von 60 × 60 cm. Gießen Sie gut an.

Setzen Sie die gesündesten Sämlinge um, sobald sie 10–12 cm hoch sind und vier oder fünf echte Blätter haben.

Pflanzen Sie im Abstand von 60 cm, sodass Luft ungehindert dazwischen durchstreift. Drücken Sie den Ballen gut an.

Pappkrägen halten Kohlfliegen ab. Der verbreitete Schädling kann Jungpflanzen zum Absterben bringen.

4 PFLANZENSCHUTZ

Bringen Sie Pappkrägen rund um die Wurzelhälse der Sämlinge an, um die Eiablage von Kohlfliegen zu unterbinden (siehe S. 242). Stellen Sie einen mit Netz bespannten Rahmen auf, um Tauben und Kohlweißlinge fernzuhalten. Bedenken Sie dabei, dass Rosenkohl 80 cm hoch werden kann.

Vogelschutznetze müssen straff gespannt sein, damit sich Vögel nicht darin verfangen. Kontrollieren Sie regelmäßig auf Lücken.

5 PFLEGE

Sorgen Sie für einen festen Stand der kopflastigen Pflanzen, indem Sie anhäufeln oder stäben. Die unteren Blätter vergilben mit der Zeit. Sie werden abgenommen, damit die Luft um die Knospen leicht vorbeistreifen kann. Gießen Sie gut und geben Sie stickstoffbetonten Dünger in Lösung.

Ältere Blätter an der Basis vergilben von Natur aus und bedeuten kein Gesundheitsproblem. Sie lassen sich leicht abknicken.

6 ERNTE

Sind die Knospen groß genug zum Ernten, drehen Sie sie ab. Ältere Sorten reifen vom Grund an aufwärts. Neueres Hybridsaatgut reift gleichmäßiger, sodass man den ganzen Stängel schneiden und bis zum Verbrauch im Haus in Wasser stellen kann.

TIPP Ernten Sie die köstliche beblätterte Triebspitze noch vor den Knospen.

Die Röschen schmecken im Lauf des Winters betont mild, wenn sie ein paarmal dem Frost ausgesetzt waren.

SCHRITT FÜR SCHRITT

GRÜNKOHL

Der frostverträgliche Grünkohl liefert reichlich Vitamine. Er behauptet sich den Winter über hervorragend auf dem Beet und liefert eine reiche Ernte zu einer Zeit, in der es sonst karg zugeht. Die dekorativen Pflanzen erweisen sich als wenig anfällig für die üblichen Krankheiten und Schädlinge an Kohlpflanzen. Die Blätter sollten Sie klein und öfter abnehmen, damit sie zart bleiben und mehr nachwächst. Zwei oder drei Pflanzen bringen, wiederholt beerntet, reichen Ertrag.

	FRÜHLING	SOMMER	HERBST	WINTER
AUSSAAT	■			
ERNTE			■	■
KULTURDAUER: 24–28 WOCHEN				

GEEIGNET FÜR: BEET

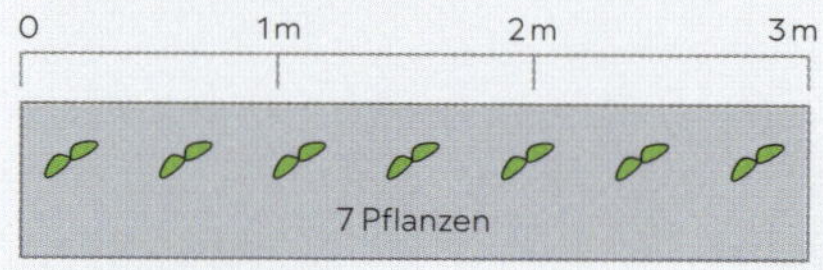

3 M LANGE REIHE
Pflanzabstand 50 cm

1 KULTURBEGINN

Grünkohl will nährstoffreichen, wasserdurchlässigen, strukturstabilen Boden und braucht ausreichend Platz zur Entwicklung. Es stehen etliche gute Sorten zur Auswahl: Es gibt gekräuselte und runzlige Typen, zwergige Auslesen, und manche haben auffällige violette Stängel oder Blätter. Alle wirken ungemein dekorativ, sowohl im Nutzgarten als auch in der Rabatte.

'Cavolo Nero' mit dunkelgrünen, runzligen, aromatischen Blättern schmeckt gekocht zart.

'Midnight Sun' besitzt auffällig pinkfarbene Adern. Die Blätter isst man jung oder reif.

'Redbor' macht sich gut in Rabatten dank der gekräuselten Blätter an violetten Stielen.

'Starbor' hat stark gekräuselte Blätter, die man am besten jung und zart abnimmt.

Sie können in Töpfe säen. Mit einem Pikierstab oder einem Bleistift bohren Sie Löcher in die Erde. Dahinein kommen zwei oder drei Samen.

Legen Sie Horste von zwei oder drei Samen in einem Gittermuster ab. Es verbleibt später nur der kräftigste Sämling. Streuen Sie Schafwollpellets.

2 AUSSAAT

Im April können Sie im Haus aussäen. Füllen Sie in Anzuchtsysteme Aussaaterde ein, gießen Sie gut. Legen Sie in 1 cm tiefe Löcher in jeder Zelle zwei Samenkörner, die Sie mit Erde bedecken. Gießen Sie leicht an. Beim Vereinzeln bleibt nur der kräftigste Sämling stehen. Grünkohl können Sie auch direkt ins Freie säen. Lockern Sie die Erde im Saatbett, entfernen Sie alles Unkraut und arbeiten Sie stickstoffbetonten Dünger ein. Rechen Sie die Oberfläche eben. Entweder säen Sie in eine kurze Rille und pflanzen später um, oder Sie legen zwei oder drei Körner als Horste im Abstand von 50 × 50 cm ab.

3 AUSPFLANZEN

Pflanzen Sie Grünkohl ab Ende Mai im Abstand von 50 × 50 cm. Gießen Sie gut an, bringen Sie zum Schutz vor Kohlfliegen einen Pappkragen um den Wurzelhals jeder Pflanze an. Er hält die weiblichen Fliegen von der Eiablage am Stängelgrund ab (siehe S. 242). Hacken Sie zwischen den Pflanzen, um Unkraut zu beseitigen.

Sobald die Wurzeln des Sämlings die Zelle oder den Topf ausfüllen, beginnen Sie mit dem Abhärten für das Auspflanzen.

Die Jungpflanzen drücken Sie beim Einpflanzen gut an. Die Pflanzen können schwer werden und haben dann eine Stütze.

Grünkohl kann sich stattlich entwickeln, daher setzt man ihn in einem weiten Pflanzabstand von etwa 50 × 50 cm.

4 PFLANZENSCHUTZ

Düngen und gießen Sie gut, damit die Pflanzen alle Angriffe von Kohlerdflöhen abwehren und keine Wachstumsstockungen erleiden. Entstehen Probleme durch Kohlweißlinge (siehe S. 240) oder Tauben, spannen Sie über die Pflanzen auf Stäben ein straffes Netz mit einer Maschenweite von 5 mm.

Jäten Sie umsichtig, vor allem junge Pflanzen leiden unter Konkurrenz. Ziehen Sie das Unkraut von Hand aus der Erde oder hacken Sie.

5 PFLEGE

Wachsende Pflanzen können im Lauf der Zeit schwer und kopflastig werden, manche Sorten erreichen bis zu 1 m Höhe. Stützen Sie einzelne Pflanzen mit einem stabilen Stab aus Bambus oder Holz. Ältere Blätter am Grund der Pflanzen, die vergilben, sollten entfernt und kompostiert werden.

Kohlweißlinge (siehe S. 240) legen winzige gelbe Eier an der Blattunterseite ab. Kulturschutznetz schützt vor solchen Attacken.

6 ERNTE

Die inneren Blätter der Rosetten sind zarter, während die äußeren etwas zäher sind. Ernten Sie die Blätter, wenn sie groß genug sind, doch das Entfernen aller jungen Blätter schwächt die Pflanzen. Wenn Sie alle paar Tage Blätter abnehmen, wächst immer genug nach.

TIPP Sobald die Pflanzen zu blühen beginnen, werden sie kompostiert.

Grünkohl entwickelt eine Blattrosette, manchmal dazu noch kleine Rosetten an Seitentrieben.

PROBLEME

KOHLGEWÄCHSE

Das Blattgemüse versorgt uns mit Köpfen und Knospen, doch eine reiche Ernte verlangt nach einer guten Nährstoffversorgung. Krankheiten und Schädlinge, die das Blattwerk schwächen oder vernichten, können Verdruss bringen. Schreiten Sie frühzeitig dagegen ein. Die Liste der möglichen Probleme sieht lang aus, doch ein Kulturschutznetz schützt vor vielen Angreifern.

Die Blätter am Winterkohl sind schmal und fast bis zu den Adern ausgefranst. Was ist die Ursache?
Tauben ziehen fleischiges Blattwerk ab, lassen aber die Mittelrippe und Blattadern stehen. Sehen die Pflanzen innerhalb kurzer Zeit derart zerzaust aus, sind sie als Übeltäter ertappt. Kohlweißlingsraupen rufen ähnliche Schäden hervor, aber über langen Zeitraum – Sie finden dann gelbe, schwarze oder erbsengrüne Raupen auf den Blättern. Kulturschutznetze halten sie alle ab. Molybdänmangel führt mit der Zeit zu schmalen Blättern. In sauren Böden schwindet die Verfügbarkeit dieses Spurenelementes, kalken Sie zum Ausgleich.

Woran erkenne ich, ob Blumenkohl oder Brokkoli reif zum Ernten ist?
Am besten erkennt man den Reifegrad an der Größe und am Aussehen des Kopfes (der »Blume«, wie sie beim Blumenkohl heißt). Ein Kopf von 20 cm Durchmesser Größe hat sein Erntestadium erreicht, aber oft sind die Köpfe kleiner, je nach Zustand der Pflanze und abhängig von der Sorte. Jeder Kopf setzt sich aus hunderten von winzigen Knospen zusammen. Wenn sich diese aufblähen, zeigt das Überreife an und Sie sollten rasch ernten. Einen großen Ernteüberschuss können Sie zum Glück nach dem Blanchieren gut einfrieren.

Warum sehen die Rosenkohlröschen locker aus und nicht rund und fest?
Aufgeblähte, lockere Röschen treten bevorzugt am Grund der Pflanzen auf. Man führt die Erscheinung oft zurück auf frisch umgegrabene, wenig gesetzte Erde beim Einpflanzen. Lockere Röschen gibt es aber auch, wenn die Pflanzen gut angedrückt wurden. Offen bestäubte Sorten sind wohl anfälliger, daher könnten Sie auf F1-Hybriden umsteigen wie 'Maximus' und 'Trafalgar'. Die Röschen sind weiterhin essbar. Die Sorte 'Petit Posy' wurde als Kohlröschen gezielt so gezüchtet.

Kann man stattliche Kohlgewächse im kleinen Garten oder sogar im Topf ziehen?
Es ist zwar nicht üblich, große Kohlpflanzen wie Sprossenkohl oder Rosenkohl im Topf zu ziehen, doch Kulturen wie Blumenkohl und Brokkoli wachsen darin heran. Wegen ihres umfangreichen Wurzelsystems brauchen sie einen großen Kübel, keinen kleinen Topf. Füllen Sie Erde mit Tonanteil ein, um die Nährstoffversorgung und eine gute Struktur zu gewährleisten. Erwarten Sie keine hohen Erträge – es werden sich nur Köpfe von beschränkter Größe entwickeln. Das kann aber von Vorteil sein, wenn nur wenige Esser am Tisch sitzen.

KRANKHEITEN UND SCHÄDLINGE

Die große Gruppe von Nutzpflanzen bringt es auf eine lange Liste möglicher Gefährdungen:

- Schnecken (siehe S. 242) schädigen oft an den Sämlingen – achten Sie auf silbrige Schleimspuren.
- Kohlerdflöhe (siehe S. 240) verursachen kleine schwarze Löcher auf Blättern von Sämlingen.
- Tauben und Kohlweißlingsraupen (siehe S. 240) können die Pflanzen schnell entblättern. Schutz bieten Kulturschutznetze oder ein Vogelgitter.
- Wenn selbst gut gegossene Pflanzen welken, kann dies ein Warnzeichen sein für Kohlhernie (siehe S. 244) oder für Larven der Kohlfliege (siehe S. 242).
- Verdrehtes, aufgeblasenes Laub ist typisch für einen Befall durch die Mehlige Kohlblattlaus (siehe S. 240).
- Weiße Fliegen (siehe S. 240) schwärmen bei Störung in Wolken auf.
- Gelbe Flecken auf der Blattoberseite und graue pulvrige Flecken auf der Unterseite können ein Hinweis auf Falschen Mehltau (siehe S. 244) sein.
- Gelbbraune Flecken auf dem Blatt rühren von verschiedenen Pilz- oder Bakterienkrankheiten (siehe S. 244).

SCHRITT FÜR SCHRITT

SALAT

Weil er so schnell wächst und gut aussieht, eignet sich Salat bestens für Töpfe, Kübel oder Fensterkästen, falls es an Anbaufläche mangelt. Es stehen verschiedene Sorten zur Verfügung: entweder kopfbildende Typen oder Auslesen mit offenen Rosetten krauser Blätter, geeignet als Pflück- oder Schnittsalat (siehe S. 118–119). Falls sie voll auswachsen, werden sie im Ganzen geerntet. Salat muss nie ausgehen, denn im Haus können Sie auch im Winter ernten.

	FRÜHLING	SOMMER	HERBST	WINTER
AUSSAAT				
ERNTE				

KULTURDAUER: 6–8 WOCHEN

GEEIGNET FÜR: BEET UND PFLANZGEFÄSS

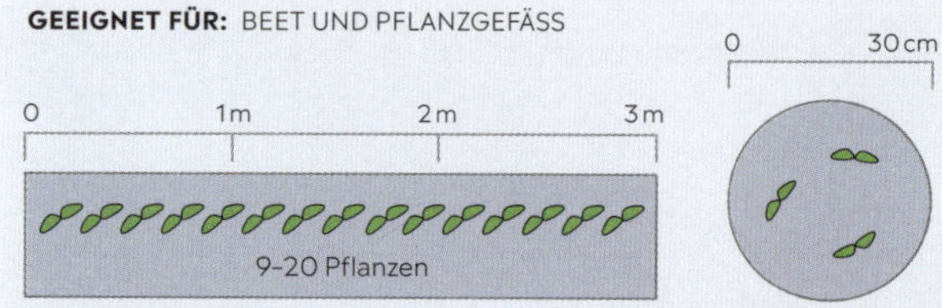

3 M LANGE REIHE
Pflanzabstand 15–35 cm

TOPF
je 3 Pflanzen

1 AUSSAAT IM HAUS

Frühe Aussaaten im Haus bieten sich zwischen Spätwinter und zeitigem Frühjahr an. Ausgepflanzt wird, wenn sich die Witterung dafür anbietet. Füllen Sie Aussaaterde in Anzuchtsysteme oder Aussaatschalen ein, die Sie behutsam andrücken und gut angießen. In ein 1 cm tiefes Loch pro Zelle oder Topf legen Sie zwei Samenkörner ab oder Sie säen in größere Schalen. Bedecken Sie die Samen mit Erde, gießen Sie leicht an. Warm bei 12 °C und hell platzieren.

Legen Sie zwei oder drei Samen pro kleinen Topf oder Zelle, vereinzeln Sie nach der Keimung. Nur der kräftigste Sämling wird weiterkultiviert.

Säen Sie dünn in größere Aussaatschalen aus. Pikieren Sie die Sämlinge. Pflanzen Sie Jungpflanzen in Einzeltöpfe oder Module für die Weiterkultur.

Im Freiland kann die Keimung zögerlich sein. Säen Sie alle 10 cm in Horsten entlang der Saatrille für den Fall, dass das Saatgut nicht aufgeht.

Nach dem Auflaufen lassen Sie nur noch den kräftigsten Sämling pro Horst stehen. Später lichten Sie auf 30 cm Abstand aus.

2 AUSSAAT IM FREIEN

Ab dem zeitigen Frühling bis zur Sommermitte können Sie Sommersorten direkt ins Freie säen. Winterharten Salat säen Sie im Spätsommer. Lockern Sie den Boden, entfernen Sie dabei Unkraut, rechen Sie die Oberfläche eben. Ziehen Sie 2 cm tiefe Rillen in 30 cm Abstand. Legen Sie in Horsten alle 15 cm vier oder fünf Samenkörner ab, die Sie mit Erde bedecken. Sorgen Sie für Schutz vor Schnecken.

TIPP Lassen Sie abgeschnittene Strünke im Boden, daran treiben kleine Blätter aus.

3 AUSPFLANZEN

Sobald sich Sämlinge im Haus gut handhaben lassen, werden sie an die Außenbedingungen allmählich angepasst. Für sieben bis zehn Tage kommen sie tagsüber ins Freie, nachts ins Haus. Lockern und jäten Sie das Beet. Pflanzen Sie die Jungpflanzen in 15–35 cm Abstand und decken Sie bei kühler Witterung mit einer Haube ab.

Sämlinge aus Anzuchtsystemen sind bereit fürs Auspflanzen, wenn sie ihre Zellen durchwurzelt haben. Gießen Sie zuvor gut.

Drücken Sie die Erde um die Ballen herum gut an. Salat braucht ausreichend Raum, er soll in 30 cm Abstand innerhalb der Reihen stehen.

4 PFLEGE

Gießen Sie bei warmer Witterung gut, dann legen die Pflanzen schnell an Masse zu. In den letzten Wochen vor der Ernte sollte Salat nicht austrocknen, sonst neigt er zum Schießen. Das regelmäßige Jäten zwischen den Reihen verhindert Konkurrenz um Licht, Nährstoffe und Feuchtigkeit.

Jäten Sie regelmäßig um Schnitt- oder Pflücksalat herum, damit keine Blätter unerwünschter Kräuter ins Erntegut kommen.

5 PFLANZENSCHUTZ

Schnecken (siehe S. 242) bereiten am häufigsten Probleme, besonders bei feucht-warmer Witterung. Stellen Sie Bierfallen auf, streuen Sie eine Barriere aus Schafwollpellets, Sand oder Splitt rund um die Pflanzen. Blattläuse können ebenso schädigen, kontrollieren Sie Salat öfter nach Anzeichen dafür.

Ein Ring aus Sand oder Splitt um die Pflanzen hält Schnecken fern. Kontrollieren Sie öfter, ob der Wall nirgendwo untergebrochen ist.

6 ERNTE

Pflücken Sie von Typen mit offener Blattrosette immer wieder oder ernten Sie die Blätter auf einmal. Sorten mit dichtem Kopf schneiden Sie bei der Reife ganz ab. Säen Sie wenig, doch öfter für kontinuierliche Versorgung mit frischem Blatt. Obwohl sich die Reifezeiten unterscheiden, lautet eine gängige Faustregel, dass man einen neuen Satz sät, wenn der vorige bereit zum Auspflanzen ist.

Ernten Sie Salat, sobald er seine Größe erreicht hat, oder pflücken Sie Blätter einzeln ab.

SALAT

1 ‘Amaze’ Dieser verbesserte rote Romana-Salat wächst einheitlich und bringt innerhalb von nur wenigen Wochen eine gute Ernte im Beet wie im Topf.

2 ‘Tom Thumb’ Der Kopfsalat entwickelt zarte grüne Blätter, die nur leicht bitter schmecken. Die kompakte Sorte ist wertvoll für die Kultur in Balkonkästen und Pflanzgefäßen.

3 ‘Freckles’ Bei diesem Romana-Salat sind die sattgrünen Blätter weinrot gesprenkelt. Die aufrechten Pflanzen wachsen gedrungen und schießen nicht so schnell.

4 ‘Winter Density’ Die verbreitete Sorte für feste Salatherzen erweist sich als recht frostverträglich. Sie kommt auch mit Hitze zurecht und eignet sich für eine frühe oder späte Kultur.

5 ‘Sioux’ Bei dem Eissalat sind die knackigen grünen Blätter zur Reifezeit rötlich überzogen, besonders an sonnigen Plätzen. Er ist widerstandsfähig gegen Echten Mehltau.

6 ‘Lollo Rossa’ Die bekannte, offen wachsende Sorte hat rötlich überzogene, krause Blätter, die man bei Bedarf abnehmen kann – oder man schneidet den ganzen Kopf.

7 ‘Catalogna’ Der offen wachsende Eichblattsalat macht sich gut in Salatgerichten. Man kann ihn als Schnitt- und Pflücksalat ernten oder man schneidet den reifen Kopf.

8 ‘Little Gem’ Der bekannte Mini-Romana-Salat liefert kleine, dichte Salatherzen. Er bietet sich für Pflanzgefäße an, verträgt Kälte und schießt im Sommer nicht so schnell.

9 ‘Mazur’ Die offen wachsende Frisée-Endivie hat ein mild schmeckendes, festes Blatt. Die Sorte schießt nicht, ist widerstandsfähig gegen Echten Mehltau und hält sich gut.

WEITERE SORTEN
‘Arctic King’
‘Red Salad Bowl’
‘Cocarde’
‘Lobjoits Green’
‘Marvel of Four Seasons’

1

3

2

6

4

5

7

8

9

SCHRITT FÜR SCHRITT

SCHNITT- UND PFLÜCKSALAT

Es handelt sich um eine Kulturmethode, Salatblätter zu ziehen, es geht also nicht um eine bestimmte Gemüse-Art. Extrem schnell lässt sich eine ansehnliche Menge anziehen. Ideal passt dies für Pflanzgefäße, und auf kleinen Grundstücken lassen sich frei gewordene Stellen für kurze Zeit nutzen. Häufig ist Saatgut in Mischungen erhältlich, etwa als scharfe, würzige Mischung oder für Zubereitungen im Wok. Sie können jedoch nach eigenem Geschmack Mischungen erstellen.

	FRÜHLING	SOMMER	HERBST	WINTER
AUSSAAT	■■	■■	■	
ERNTE	■	■■	■■	■
KULTURDAUER: 4–6 WOCHEN				

GEEIGNET FÜR: BEET UND PFLANZGEFÄSS – UNTER BEDECKUNG UND IM FREIEN

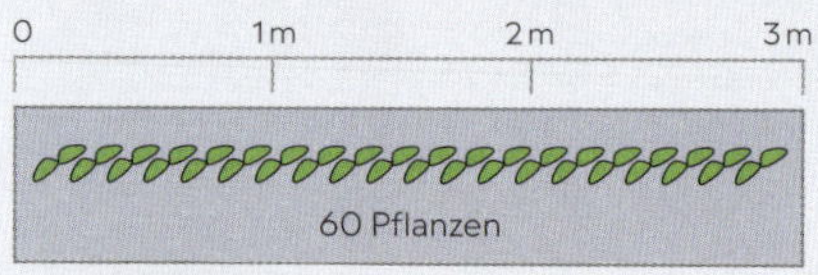

3 M LANGE REIHE
Aussaat und Ausdünnen auf 5cm

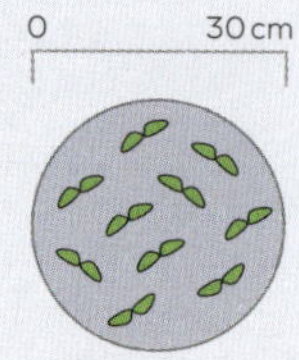

TOPF
je 20 Pflanzen

1 KULTURBEGINN

Die Pflänzchen werden gesät. Das kann satzweise bis weit in den Herbst geschehen. Üblicherweise verwendet man Salatsamen, doch eignen sich die meisten Gemüse-Arten für diese Art von Kultur. In der Regel wird im Sommer im Freien kultiviert, doch es funktioniert im Herbst oder Frühling auch im Haus.

Feldsalat ist wertvoll für den Anbau im Winter. Er verträgt Frost und wächst zuverlässig.

Salat liefert bewährtermaßen junge Blätter. Es stehen viele gute Sorten zur Auswahl.

Gartenkresse schmeckt würzig. Sie bietet sich für eine Kultur im Haus an, um früh schon zu ernten.

Rucola schmeckt pfeffrig und passt gut zu milderem Grün wie Salatblätter.

Säen Sie in der Dichte wie auf dem Päckchen angegeben aus. Die Sorten werden unterschiedlich tief und dicht ausgebracht.

Zupfen Sie Blätter einzeln ab, sobald sie groß genug für den Verbrauch sind. Die Pflanzen entwickeln sich danach weiter.

Ein Schnitt beeinträchtigt das Wachstum, die Erholung dauert ein oder zwei Wochen. Gutes Gießen regt den Neuaustrieb an.

2 GESCHÜTZTE KULTUR

Falls im Freiland kein Platz ist – oder für eine frühe bzw. späte Kultur können Sie Pflanzen im Haus ziehen. Dafür eignen sich Tröge, Töpfe oder Aussaatschalen, die mit Substrat gefüllt sind. Gießen Sie gut, bevor Sie säen und die Samen mit Erde abdecken. Halten Sie bis zur Keimung nach etwa einer Woche alles feucht. Ernten Sie die Blätter in geeigneter Größe. Lassen Sie den Wachstumspunkt stehen. Rechnen Sie mit zwei oder drei Ernten.

TIPP Versorgen Sie Kulturen im Haus mit Düngerlösung für einen Neuaustrieb.

Säen Sie in Rillen, dadurch unterscheiden Sie das Unkraut leichter. Bei beschränktem Platz können Sie direkt in Töpfe oder Tröge säen.

3 AUSSAAT IM FREIEN

Um mehr zu ernten, säen Sie im Sommer direkt aufs Beet. Lockern Sie den Boden, entfernen Sie Unkraut, hacken und rechen Sie. Ziehen Sie 1–2 cm tiefe Saatrillen, die Sie wässern. Die ausgebrachten Samen bedecken Sie mit Erde und gießen noch einmal. Bei warmer Witterung bedecken Sie die Erde zeitweilig mit Zeitungspapier.

4 PFLEGE

Sämlinge erscheinen nach ein paar Tagen. (Eine Abdeckung aus Zeitungspapier müssen Sie dann entfernen. Kontrollieren Sie deswegen täglich.) Jäten Sie die Saatreihen und gießen Sie für ein zügiges Wachstum. Streuen Sie zum Schutz der Pflanzen vor Schnecken Schafwollpellets ringsherum.

Kulturen in Töpfen trocknen schneller aus als jene in gewachsenem Boden. Man muss sie öfter gießen.

5 ERNTE

Im Hochsommer sind die Salatpflänzchen schon nach etwa drei Wochen reif für die Ernte. Sie können entweder einzelne Blätter abpflücken, sobald sie groß genug sind, oder Sie schneiden ganze Reihen ab. Verarbeiten Sie die Blätter frisch oder beuteln Sie einen Teil ein, er hält sich im Kühlschrank ein paar Tage.

Werden einzelne Blätter abgenommen, leben die Pflanzen länger als bei einem Schnitt bis zum Grund und wachsen weiter.

WEITERKULTUR

Abgeschnittene Salatpflanzen treiben nach einer Erholungsphase wieder aus. Gießen Sie gut und geben Sie flüssigen Dünger in die Gießkanne. Nach etwa zwei Wochen können Sie erneut ernten. Nach einigen Erntegängen wachsen die Pflanzen aus. Säen Sie zum Schutz vor Krankheiten die folgenden Sätze an einer anderen Stelle aus, damit beständig neue Blätter nachwachsen.

SCHRITT FÜR SCHRITT

KEIMPFLANZEN

Die schmackhafte und trendige Kultur wird in Nobelrestaurants in Szene gesetzt, ihr Anbau gelingt leicht. Die Sämlinge sind innerhalb von gut einer Woche erntereif. Sie brauchen dafür keinen Garten oder Platz im Freien: Keimpflanzen wachsen gut in Töpfen am Fenster, man kann sie auf angefeuchtetes Vlies säen. Dutzende von Gemüse-Kulturen und Kräuter lassen sich auf diese Art ziehen. Wenn Sie verschiedene gemeinsam säen, kombinieren Sie die Aromen.

	FRÜHLING	SOMMER	HERBST	WINTER
AUSSAAT				
ERNTE				
KULTURDAUER: 7–10 TAGE				

GEEIGNET FÜR: BEET UND PFLANZGEFÄSS – UNTER BEDECKUNG UND IM FREIEN

1 M LANGE REIHE
Aussaat und Ausdünnen auf 1 cm

TOPF
je 300 Pflanzen

1 KULTURBEGINN

Für die aus Samen gezogenen Keimpflanzen gibt es viele Möglichkeiten. Es sind fertige Mischungen erhältlich, Sie können aber auch selbst mischen. Meist handelt es sich um dieselben Typen wie für den gewöhnlichen Anbau, nur werden die Sämlinge geerntet und nicht die ausgewachsene Pflanze. Immer wenn Saatgut von den normalen Aussaaten Ihrer Kulturen übrig bleibt, ist es sinnvoller, diesen Rest als schnell angezogene Keimpflanzen zu säen, als ihn fürs nächste Jahr aufzusparen.

Basilikum Wie bei vielen Küchenkräutern schmecken die Sämlinge sehr intensiv.

Rote Bete Bei dem Wurzelgemüse schmecken auch die Blätter aromatisch.

Grünkohl Alle Sämlinge von Kohlgewächsen sind essbar und schmecken würzig.

Koriander Ältere Pflanzen schießen leicht, verbrauchen Sie die Sämlinge.

Amarant Die fein aromatischen Blätter bringen Farbe in Gerichte.

Sellerie Das ganze Jahr über steht der arttypische Geschmack zur Verfügung.

Senf Die aufsehenerregenden Keimpflanzen haben einen kräftigen scharfen Geschmack.

Pak Choi Die wertvolle Kultur kann man in nahezu jedem Stadium ernten.

Schnittlauch Die zarten Blätter schmecken ausgesprochen mild. Gut zur Dekoration.

Erbsensprossen Hier klingt das Erbsenaroma an. Sie passen zu Salaten und Wokgerichten.

2 AUSSAAT IM HAUS

Füllen Sie feuchte Aussaaterde in Aussaatschalen und säen Sie darauf aus. Bedecken Sie die Samen leicht mit Erde und gießen Sie sanft. Die Samen keimen innerhalb weniger Tage, sie sollten an einem hellen Platz weiterwachsen. Manches Saatgut können Sie auch unbedeckt auf Schalen mit feuchtem Küchenpapier oder Watte auslegen.

Eine dichte Aussaat ermöglicht eine gute Ernte. Säen Sie alle paar Tage für ständigen Nachschub, griffbereit am Küchenfenster.

3 AUSSAAT IM FREIEN

Keimpflanzen eignen sich bestens für die Kultur auf knappem Raum, doch müssen Sie die Fläche gut jäten, eben und fein rechen. Gießen Sie und säen Sie in 5 mm Tiefe in Horsten oder Reihen, bedecken Sie die Samen leicht und gießen Sie noch einmal.

4 PFLEGE

Kulturen im Haus brauchen wenig Pflege, man muss sie bis zur Ernte höchstens ein- oder zweimal gießen. Im Freien müssen Sie Unkrautsämlinge zwischen den Keimpflanzen zupfen. Machen Sie das frühzeitig, damit sie nicht unter die Ernte kommen.

Direkt in die Erde können Sie im Freien säen, allerdings werden kleine Mengen öfter in Pflanzgefäßen, Schalen oder Balkonkästen gesät.

Können Sie Unkraut schlecht von den Sämlingen unterscheiden, säen Sie besser in Reihen, um es leichter ausfindig zu machen.

5 ERNTE

Je nach Temperatur und Lichtangebot sind die Sämlinge vielleicht schon nach einer Woche erntereif. Gießen Sie in dieser Zeit ausreichend. Zwicken Sie einzelne Blätter mit den Fingern ab oder ernten Sie Büschel von Sämlingen mit der Schere.

TIPP Verwerten Sie die Sämlinge innerhalb einer Stunde, bevor sie welken.

Ernten Sie Keimpflanzen, sobald die Sämlinge ihr erstes Paar echter Blätter entwickeln.

SCHRITT FÜR SCHRITT

ASIA-SALATE

Beim größten Teil dieser Kulturen handelt es sich um Kohlgewächse, von denen die meisten hervorragend in Salate oder Wokgerichte passen. Es steht eine Riesenfülle von Sorten zur Verfügung, allein vom Pak Choi kennt man große, hohe Formen, die man wegen der knackigen Stiele zieht, und ebenso gedrungene Typen mit rundlichen Blättern. Asia-Salate eignen sich zum Füllen von Beetlücken im Sommer, denn sie wachsen, ausgesät im Hoch- oder Spätsommer, schnell.

	FRÜHLING	SOMMER	HERBST	WINTER
AUSSAAT				
ERNTE				
KULTURDAUER: 6–8 WOCHEN				

GEEIGNET FÜR: BEET UND PFLANZGEFÄSS, ERDSACK

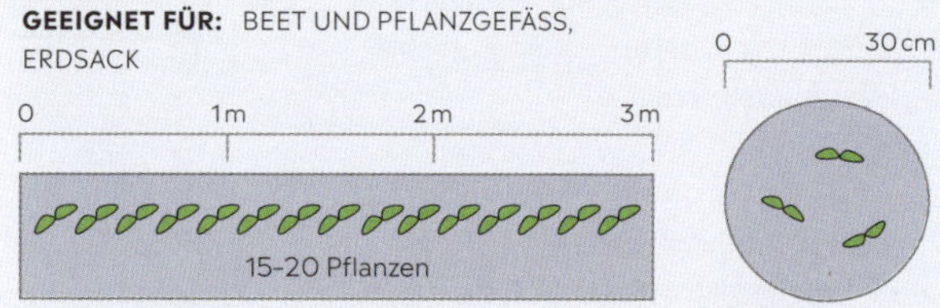

3 M LANGE REIHE
Pflanzabstand 10–20 cm

TOPF
je 3 Pflanzen

1 KULTURBEGINN

Säen Sie Asia-Salate nicht zu früh im Jahr. Niedrige Temperaturen und die zunehmende Tageslänge machen sie nämlich anfällig fürs Schießen. Warten Sie daher bis zur Frühjahrsmitte, um dieses Problem zu vermeiden. Bedenken Sie aber, dass Hitze und Trockenheit weiterhin zur Blüten- und Samenbildung führen können.

Pak Choi hat große, rundliche Blätter. Roh oder gekocht schmeckt er gut.

Amchoi 'Red Giant' mit rotem Blatt bringt mild pfeffriges Aroma in Salate.

Mizuna liefert mild aromatische, ausgezackte Blätter, die sehr dekorativ wirken.

Peking-Kohl hat fest gepackte, krause Blätter, die in Salate und Wokgerichte passen.

2 AUSSAAT DRINNEN

Säen Sie satzweise ab Frühjahrsmitte. Füllen Sie in Saatschalen oder Anzuchtsysteme Aussaaterde ein, die Sie leicht andrücken und wässern. Verteilen Sie Samen dünn über die Oberfläche, streuen Sie 1 cm hoch Erde darüber. Drücken Sie an und gießen Sie leicht. Halten Sie die Saat bei 15 °C, die Samen werden nach etwa einer Woche keimen. Wenn sie groß genug sind, härten Sie die Gewächse vor dem Auspflanzen ins Freie ab.

Staffeln Sie die Aussaaten, damit Sie nicht überschwemmt werden. Säen Sie alle zwei Wochen.

3 AUSSAAT IM FREIEN

Asia-Salate entwickeln sich bei Direktsaat gut. Lockern Sie den Boden, entfernen Sie alles Unkraut, führen Sie stickstoffreichen Dünger zu. Auf der eben gerechten Fläche ziehen Sie 1 cm tiefe Rillen in 15–30 cm Abstand, je nach Kultur.

Wässern Sie die Saatrille, legen Sie Samen in 2 cm Abstand. Drücken Sie mit umgedrehtem Rechen an.

Die Sämlinge müssen ausgedünnt werden. Verziehen Sie sie vorsichtig auf 10–20 cm Abstand.

4 AUSPFLANZEN

Bereiten Sie den Boden gut vor: Lockern Sie und entfernen Sie alles Unkraut, bringen Sie stickstoffreichen Dünger aus. Sind Jungpflanzen aus der Anzucht im Haus handlich genug, werden sie zwei Wochen lang abgehärtet: Sie kommen tagsüber ins Freie, während der Nacht stehen sie im Haus. Pflanzen Sie weit genug.

In Lücken, die durch abgeerntetes Gemüse entstehen, können Sie diese schnell wachsenden Kulturen einsetzen und so den Platz gut nutzen.

5 PFLEGE

Asia-Salate sind anfällig für typische Schädlinge an Kohlpflanzen wie Kohlfliegen (siehe S. 242) und Kohlerdfloh. Bedecken Sie die Reihen daher mit einem Insektenschutznetz. Halten Sie die Kulturen unkrautfrei und gießen Sie oft, damit sie schnell wachsen. Dies schützt auch vor schnellem Schießen.

6 FRÜHES ABPFLÜCKEN

Blätter, die groß genug sind, oder Sprosse können Sie einzeln abnehmen oder die ganze Pflanze abräumen. Asia-Salate wachsen schnell, säen Sie im Sommer öfter kleine Sätze hintereinander. Aussaaten alle zwei Wochen versorgen Sie laufend, was mehr bringt als eine große Ernte.

Asia-Salate brauchen viel Wasser. Sie leiden bei Konkurrenz durch Unkräuter. Zupfen Sie daher alle unerwünschten Sämlinge aus.

Ideal sind diese Kulturen zum Abpflücken oder Abschneiden, weil sie wieder nachtreiben. Ernten kann man wochenlang.

7 ERNTE

Die Pflanzen können ausreifen, wenn Sie Sämlinge oder Jungpflanzen auslichten. Einzelne Köpfe, die eine ansehnliche Größe erreicht haben, schneiden Sie am Grund ab, bei Typen, die wie Brokkoli sprossen, nehmen Sie Triebe öfter ab.

TIPP Säen Sie an heißen Stellen etwas tiefer und halten Sie die Erde immer feucht.

Ganze Pflanzen wie Pak Choi können Sie am Grund kappen, wenn der Kopf reif ist.

SCHRITT FÜR SCHRITT

SPINAT

Jung geerntet, schmeckt Spinat köstlich in Salaten, oder man dünstet reifes Laub. Die unkomplizierte Kultur bringt in kurzer Zeit Arme voller großer, zarter Blätter. Wenn Sie wenig, aber öfter in kurzen Reihen aussäen und gut gießen, können Sie den ganzen Sommer hindurch ernten. Pflegen und gießen Sie die Pflanzen gut. Spinat reift schnell, dadurch eignet er sich für kleinere Flächen, wo er Platz macht für andere Kulturen. Spinat nutzt auch Lücken und zeitweise freien Platz.

	FRÜHLING	SOMMER	HERBST	WINTER
AUSSAAT				
ERNTE				

KULTURDAUER: 6–12 WOCHEN

GEEIGNET FÜR: BEET UND PFLANZGEFÄSS

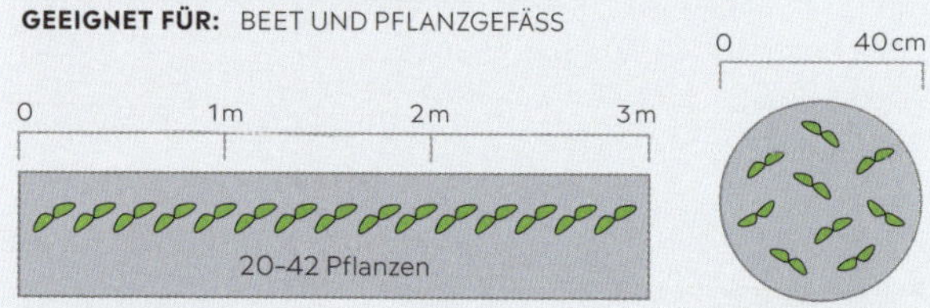

3 M LANGE REIHE
Pflanzabstand 7–15 cm

TOPF
7–9 Pflanzen

1 KULTURBEGINN

Die vielseitige und einfache Kultur verträgt kühle Witterung und einen halbschattigen Platz. Sogar eine kleine Parzelle mit Spinat erweist sich als ausgesprochen ertragreich, die Kultur gedeiht sogar in Töpfen. Spinat braucht nährstoffreichen, gut dränierten Boden. Mischen Sie daher in der vorangehenden Wachstumszeit organisches Material wie Kompost unter.

'Bordeaux' mit dunkelgrünem Blatt und rotem Stiel sieht gut aus und schmeckt.

'Medania' liefert ansehnliche Mengen großer, fleischiger Blätter und schießt kaum.

'Toscane' trägt sehr reich seine dicken, zarten Blätter. Die Sorte ist schossfest.

'Perpetual' ist wüchsig und leicht zu ziehen. Nach jedem Pflücken kommen neue Blätter.

Direkt ins Freie säen Sie beginnend ab der Frühjahrsmitte. Den letzten Satz mit Spinat können Sie Ende September unter Hauben ausbringen.

Sobald sich die Sämlinge gut handhaben lassen, lichten Sie sie aus. Alle 7–15 cm innerhalb jeder Reihe verbleibt nur die jeweils kräftigste Pflanze.

2 AUSSAAT IM FREIEN

Spinat wird direkt gesät, entweder ins Beet oder in Töpfe bzw. Balkonkästen, dadurch erübrigt sich eine Vorkultur. Direkt gesäte Pflanzen schießen auch nicht so leicht, was ein Problem darstellen kann. Lockern und krümeln Sie den Boden, rechen Sie eben. Ziehen Sie in 20 cm Abstand 2 cm tiefe Saatrillen, die Sie gut wässern. Streuen Sie Samen grob im Abstand von 1 cm die Rille entlang, drücken Sie Erde darüber leicht an und gießen Sie.

TIPP Säen Sie für eine ständige Versorgung alle paar Wochen einen neuen Satz.

3 GIESSEN

Spinat ist eine durstige, schnell wachsende Kultur. Gießen Sie großzügig und häufig, bei heißer, trockener Witterung kann das sogar täglich notwendig sein. Regelmäßiges Jäten erweist sich als wichtig, um den Bestand sauber zu halten, denn dadurch wird die Konkurrenz um Feuchtigkeit, Licht und Platz zum Wachsen beseitigt.

Gießen Sie immer gut, denn als einjährige Pflanze neigt Spinat zum Schießen, wenn es irgendwelche Wachstumsstörungen gibt.

Zupfen Sie Unkraut nahe bei den Pflanzen von Hand aus, um Verletzungen zu vermeiden. Zwischen den Reihen können Sie hacken.

4 PFLEGE

Netze schützen vor Vogelfraß. Falscher Mehltau kann auftreten, doch gibt es widerstandsfähige Sorten. Nach reichlichen Kompostgaben vor der Aussaat erübrigt sich weiteres Düngen. Sonst reagiert die Kultur gut auf zusätzliche ausgewogene Düngung.

Vögel können junge Pflanzen schädigen. Breiten Sie vorbeugend Netze über die Reihen. Streuen Sie Schafwollpellets gegen Schnecken.

5 BLÄTTER FÜR SALAT

Junge Spinatblätter können Sie für Salate schneiden. Nehmen Sie sie einzeln von den Pflanzen ab, sobald sie groß genug sind. Gedünstet schmecken diese zarteren Blätter überdies milder als jene, die man von reifen Pflanzen erntet.

Mit einer Schere ernten Sie junge, zarte Blätter – zuerst die äußeren, dann die inneren. Die Pflanzen treiben wieder nach.

6 ERNTE

Falls Sie größere Pflanzen anstreben, schneiden Sie erst zehn bis zwölf Wochen nach der Aussaat alle Blätter 2,5 cm über dem Grund ab und entfernen alles gelbe Laub. Wenn Sie die abgeerntete Reihe gießen und düngen, können Sie innerhalb von zwei Wochen erneut eine kleinere Ernte entnehmen. Dann sollten Sie die Pflanzen verwerfen. Alternativ dazu ziehen Sie Pflanzen heraus und streifen die Blätter ab.

Schneiden Sie Blätter so bald wie möglich und verarbeiten Sie sie unverzüglich. Die Blätter welken und verderben schnell.

SCHRITT FÜR SCHRITT

MANGOLD

Obwohl es sich im Vergleich zu Spinat um ein größeres Gemüse handelt, bietet Mangold ähnliche Qualitäten. Man kann ihn ebenfalls die meiste Zeit des Jahres abnehmen, er lässt sich noch im Herbst beernten. Die Kultur eignet sich gut für Gartenanfänger, sie erweist sich als wertvoll für kleine Gärten, weil die Pflanze zusätzlich als Zierde in Beeten und Pflanzgefäßen gedeihen kann. Junges Laub passt für Salate, ältere Blätter und die Stiele werden gedünstet.

	FRÜHLING	SOMMER	HERBST	WINTER
AUSSAAT				
ERNTE				

KULTURDAUER: 8–16 WOCHEN

GEEIGNET FÜR: BEET UND PFLANZGEFÄSS

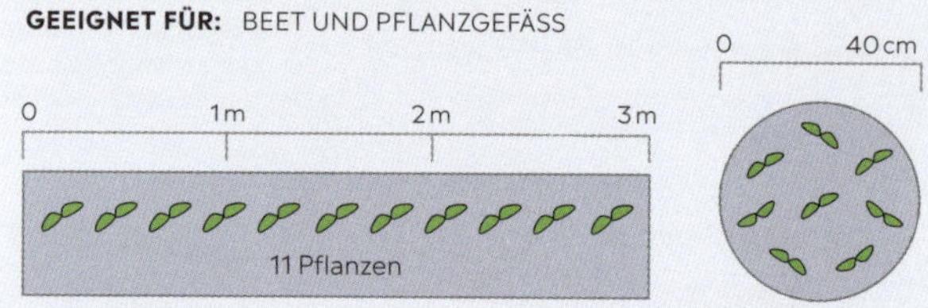

3 M LANGE REIHE
Ausdünnen auf 30 cm

TOPF
je 8 Pflanzen

1 KULTURBEGINN

Jungpflanzen werden im Frühling angeboten, manchmal auch als überwinternde Beetpflanze. Allerdings kann man Mangold leicht aus Samen ziehen. Die Aussaat empfiehlt sich ganz besonders, wenn Sie mehrere Pflanzen oder Babygemüse ziehen wollen. Es wird allgemein zwischen Blatt- und Stielmangold unterschieden.

'Bright Lights' heißt eine Mischung rot- und gelbstieliger Sorten. Geeignet für Töpfe.

'Bright Yellow' wird als Babyleaf geerntet, oder man lässt die gelben Stiele reifen.

'Lucullus' entwickelt dicke weiße Stiele, die leicht gedünstet hervorragend schmecken.

'Rhubarb Chard' hat purpurrot überzogene Blätter und dunkelrote Stiele.

Die großen Samen von Mangold sind einfach zu handhaben. Die Aussaat in Anzuchtsystemen anstelle von Schalen erspart das spätere Pikieren, die Sämlinge werden weniger gestört.

Setzen Sie Jungpflanzen in 30 cm Abstand in gut vorbereitete Erde und gießen Sie gut. Legen Sie zum Schutz vor Schnecken einen Ring aus Schafwollpellets aus.

2 AUSSAAT IM HAUS

Obwohl Mangold Frost verträgt, ermöglicht eine geschützte Aussaat eine frühere Ernte. Füllen Sie in Anzuchtsysteme Aussaaterde ein, die Sie leicht festdrücken und gut gießen. Mit einem Pikierstab oder Bleistift bohren Sie 2,5 cm tiefe Löcher in jede Zelle und legen ein oder zwei Samenkörner ein. Darüber kommt Erde, gießen Sie gut. Die Aussaaten brauchen keine Wärme, sie keimen nach ein oder zwei Wochen. Vereinzeln Sie später auf einen Sämling pro Zelle, den Sie im Haus an einem hellen, frostfreien Platz für ein paar Wochen kultivieren. Ins Freie ausgepflanzt wird in 30 cm Abstand.

3 AUSSAAT IM FREIEN

Eine Aussaat an Ort und Stelle ist ebenfalls möglich, sie erlaubt eine spätere Ernte. Bereiten Sie den Boden vor, indem Sie lockern und gut verrotteten Kompost untermischen. Rechen Sie die Erde krümelig und ziehen Sie 2,5 cm tiefe Saatrillen in 30 cm Abstand. Gießen Sie gut und legen Sie Samen in 5 cm Tiefe ab.

Legen Sie die Samen sorgfältig aus, um nicht mehr auszubringen, als Sie brauchen. Bewahren Sie Saatgut an einem kühlen, trockenen Platz auf.

4 AUSDÜNNEN

Direktaussaaten vereinzeln Sie zunächst auf 10 cm Abstand, die größeren Pflanzen lichten Sie auf 30 cm aus. Die herausgezogenen Pflänzchen dienen als frühe Salatzutat. Wässern Sie nach dem Auslichten die Reihen, damit sich die Erde wieder setzt.

5 PFLEGE

Gießen Sie gut. Nach reichlicher Kompostgabe vor der Aussaat braucht die Kultur keine zusätzliche Düngung, bei Bedarf düngen Sie ausgewogen. Jäten Sie sorgfältig. In milden Gebieten ist eine Ernte neuer Blätter im Winter unter einer Abdeckung möglich.

Warten Sie mit dem Ausdünnen nicht zu lange. Ältere Sämlinge lassen sich weniger leicht herausziehen und das Wurzelwerk wird mehr gestört.

Mangold sollte es immer feucht haben. Bringen Sie auf leichten Böden im Sommer verrottetes organisches Material um die Pflanzen aus.

6 ERNTE

Sobald die Pflanzen 10 cm groß sind, kann man sie für Salate ernten. Entweder pflücken Sie Blätter einzeln oder Sie schneiden ganze Pflanzen am Grund ab (sie treiben wieder aus). Blätter, die Sie wie Spinat dünsten wollen, lassen Sie auswachsen.

TIPP Die Sorten mit weißen Stielen sind die robustesten für die Überwinterung.

Beim Schneiden von Blättern für Salat lassen Sie die Basis stehen. Es folgt ein Neuaustrieb.

SCHRITT FÜR SCHRITT

CHICORÉE UND ENDIVIE

Dieses robuste Blattgemüse-Paar passt an jeden Platz: Beide sind überaus dekorativ und nehmen relativ wenig Platz ein. Sie wachsen sogar im Topf. Die Sorten kann man dünsten oder roh essen. Alle sind einfach in der Kultur und meist ziemlich frostfest. Sie schmecken leicht, doch angenehm bitter, was sich durch Blanchieren abmildern lässt. Sorten von Treib-Chicorée bilden im Winter die bekannten Pfeifen mit dicht gepackten fleischigen, mild schmeckenden Blättern.

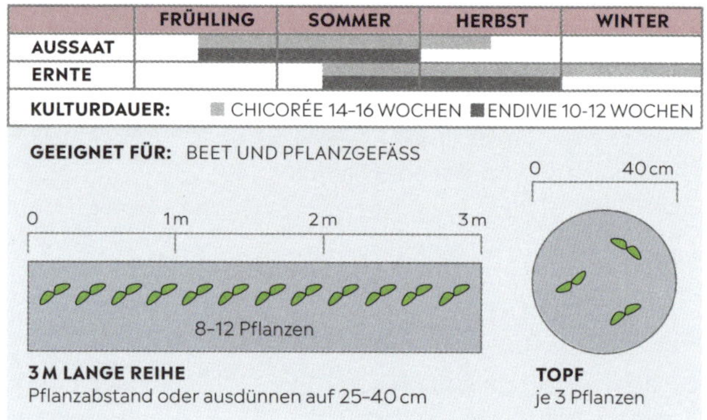

1 KULTURBEGINN

Es werden drei Typen unterschieden: zuerst die Sorten von Treib-Chicorée mit langer Pfahlwurzel und grünem Kopf, die man als lange, helle »Pfeifen« treiben kann, im Gegensatz zu Radicchio, der wie ein Kopfsalat einen festen Kopf entwickelt, schließlich das Fleischkraut ('Zuckerhut'), das einen lockeren Kopf aus grünen Blättern ausbildet.

'Treviso Precoce Mesola' ist ein Radicchio mit weiß geädertem, rotem Blatt.

'Palla Rossa' hat bitter schmeckende, rote Blätter. Der Radicchio passt gut in Salate.

'Pan di Zucchero' Die Fleischkraut-Sorte eignet sich gut als Schnitt- oder Pflücksalat

Endivie 'Frenzy' bringt dichte Köpfe mit sehr feinen Blättern. Selbstbleichend.

Sie können in Aussaatschalen säen, doch dann müssen Sie pikieren, sobald sich die Sämlinge gut anfassen lassen.

Wässern Sie mit einem feinen Brauseaufsatz, damit die Samenkörner nicht an den Rändern zusammengespült werden.

Pikieren Sie Sämlinge, sobald sie zwei echte Laubblätter ausgebildet haben. Jeder kommt in eine Zelle oder in einen Topf.

2 AUSSAAT

Eine sehr frühe Aussaat kann im Haus erfolgen. Das gilt auch für die Aussaat im Herbst, um Schnittsalat zu ziehen oder um Kulturen zu bekommen, die im Frühjahr reifen. Befüllen Sie Saatschalen oder Anzuchtsysteme mit Aussaaterde, gießen Sie gut. Bohren Sie in jede Zelle 1 cm tiefe Löcher für jeweils ein Samenkorn oder legen Sie in 5 cm Abstand jeweils ein Korn ab. Bedecken Sie mit Erde und gießen Sie. Die Keimrate ist in der Regel sehr hoch.

TIPP Ein Teller über einer Endivie bleicht das Herz und der Geschmack wird milder.

3 SÄEN UND PFLANZEN

Für eine Direktsaat lockern Sie den Boden und entfernen alles Unkraut. Ziehen Sie 1 cm tiefe Saatrillen, gießen Sie gut und legen Sie Samenkörner dünn aus. Sie werden mit Erde bedeckt und eingeschlämmt. Jungpflanzen aus dem Haus können Sie auspflanzen, sobald die Wurzeln ihre Zelle ausfüllen. Pflanzen Sie in 25–40 cm Abstand.

Direktsaaten entwickeln sich gut, sofern sich die Erde genügend erwärmt hat. Zu frühe Aussaaten neigen zum Schießen.

Dünnen Sie Sämlinge aus. Nur das kräftigste Pflänzchen im Abstand von 25–40 cm bleibt. Die Blätter gezogener Pflänzchen kommen in Salate.

4 PFLEGE

Gießen Sie während des Wachstums gut und jäten Sie. Die Pflanzen haben keine hohen Nährstoffansprüche, aber Kulturen auf sandigen Böden oder Pflanzen in Töpfen entwickeln sich besser, wenn sie alle zwei Wochen ausgeglichen gedüngt werden.

Regelmäßige Wassergaben senken das Risiko des Schießens. Gießen Sie während Trockenperioden durchdringend, damit das Wasser wirklich die Wurzeln erreicht.

5 ERNTE

Ernten Sie Chicorée, wenn die Pflanzen groß genug sind. In die Schnittstelle am verbliebenen Strunk schneiden Sie ein Kreuz und entfernen alle verbliebenen Blätter. Es kommt zu Neuaustrieb. Bei Endivie schneidet man auch nur die Blätter, der Strunk treibt erneut.

Für die Ernte nehmen Sie entweder den ganzen Kopf auf (wie im Bild gezeigt) oder Sie pflücken Blätter einzeln ab, so wie man es gewöhnlich bei Pflücksalaten macht.

TREIBEREI

Chicorée können Sie im Winter antreiben. Holen Sie reife Wurzeln im November aus dem Boden, entfernen Sie die Blätter, setzen Sie die Wurzeln in tiefe, mit Substrat gefüllte Töpfe. Gießen Sie gut, stülpen Sie einen Eimer darüber, um Licht fernzuhalten. An einem warmen Platz bilden sich Pfeifen nach etwa drei Wochen.

SCHRITT FÜR SCHRITT

BRUNNENKRESSE

Brunnenkresse hat sich zum bedeutenden Lebensmittel entwickelt, weil sie knackigen Biss und frischen, scharfen Geschmack für Salate und belegte Brote beisteuert. Man kann sie auch allein genießen oder in sommerlichen Gerichten verzehren. Obwohl sie im Allgemeinen in Bächen oder in fließendem Wasser wächst, kann man sie in Pflanzgefäßen halten, vorausgesetzt, es wird gut gegossen. Brunnenkresse wächst schnell. Falls Sie oft ernten, genügen Ihnen ein paar Töpfe.

	FRÜHLING	SOMMER	HERBST	WINTER
AUSSAAT				
ERNTE				

KULTURDAUER: 8–18 WOCHEN

GEEIGNET FÜR: PFLANZGEFÄSS

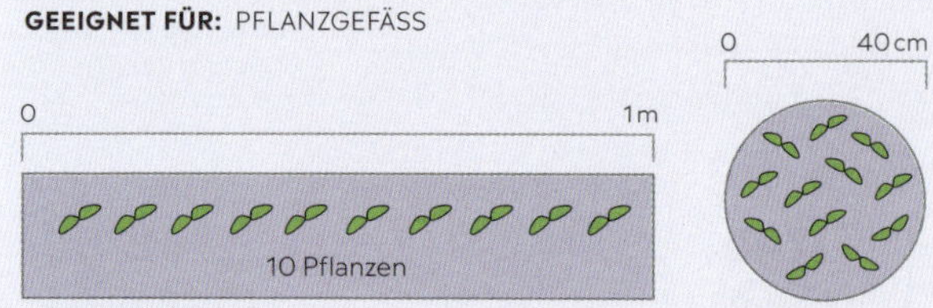

PFLANZGEFÄSS Pflanzabstand oder ausdünnen auf 10 cm

TOPF je 16 Pflanzen

1 AUSSAAT IM HAUS

Brunnenkresse ist zwar winterhart, doch kann die Kultur unter Glas beginnen. Befüllen Sie Töpfe mit Aussaaterde, die Sie leicht andrücken und gut gießen. Säen Sie dünn auf der Oberfläche, streuen Sie 5 mm hoch Erde darüber, gießen Sie leicht. Stellen Sie die Töpfe an ein helles Fenster oder in einem warmen Gewächshaus in 2–5 cm hohe, mit Wasser gefüllte Schalen. Vereinzeln Sie auf die kräftigsten Sämlinge, topfen Sie in 30 cm große Container um.

Säen Sie in kleine Töpfe. Danach lichten Sie für eine kleine Ernte aus oder topfen um.

Halten Sie das Substrat immer feucht. Für die Keimung müssen Sie nicht heizen.

Die Sämlinge wachsen schnell heran. Sie brauchen einen hellen Platz im Haus.

Ideal ist ein ausgedientes Spülbecken. Verteilen Sie Samen auf der Oberfläche oder säen Sie in schmale Reihen. Mit Erde abdecken, gießen.

Lichten Sie die wachsenden Sämlinge aus, wässern Sie immer gut. Schützen Sie die Pflänzchen vor Schnecken mit Schafwollpellets.

2 AUSSAAT IM FREIEN

Sobald die Gefahr von Spätfrösten vorüber ist, befüllen Sie mindestens 30 cm große Container mit Universalerde. Legen Sie Samen 5 mm tief aus, gießen Sie. Stellen Sie die Gefäße ins Freie an einen sonnigen Platz in Schalen mit konstant 2 cm hohem Wasserstand. Die Samen keimen nach etwa einer Woche. Vereinzeln Sie, belassen Sie alle 10 cm den kräftigsten Sämling.

TIPP Die ausgedünnten Sämlinge dienen als frühe Ernte im Sinne von Keimpflanzen.

Stellen Sie die Stecklinge an einen hellen Platz, wechseln Sie alle paar Tage das Wasser. Entfernen Sie gelbe Blätter und Stängel.

3 STECKLINGE

Sie können Pflanzen auch ganz einfach aus Schnittlingen heranziehen. Kaufen Sie frische Brunnenkresse im Supermarkt, stellen Sie ein paar Stängel in Wasser auf ein Fensterbrett. Nach 10–14 Tagen entwickeln sich Wurzeln, pflanzen Sie in eine flache Schale mit feuchtem Substrat um. Ernten können Sie bald.

4 PFLEGE

Stickstoffbetonte Flüssigdüngung begünstigt einen hohen Ertrag. Jäten Sie sorgfältig, damit Sie nicht aus Versehen Unkraut miternten. Nachdem sie ein paarmal beerntet wurden, altern die Pflanzen und sollten ersetzt werden. Säen Sie dafür einen neuen Satz aus.

Brunnenkresse wächst schnell, doch nach ein paar Ernten müssen Sie die Pflanzen ersetzen. Säen Sie alle paar Wochen einen neuen Satz.

5 ERNTE

Sobald die Pflanzen 10–15 cm hoch gewachsen sind, kann die Ernte beginnen. Entnehmen Sie zuerst den Haupttrieb, damit sich Seitentriebe bilden. Sorgen Sie dafür, dass die Pflanzen nicht langbeinig werden. Entnehmen Sie von jeder Pflanze nur wenig.

Ernten Sie alle paar Tage junge Triebe. Entnehmen Sie von jeder Pflanze nur wenige Sprosse und lassen Sie Zeit zum Nachwachsen.

GARTENKRESSE

Eine Alternative zur Brunnenkresse stellt die Breitblättrige Gartenkresse mit ähnlichem Geschmack dar. Ihr Anbau gelingt einfacher, weil sie keine derart nassen Bedingungen erfordert. Man kann sie direkt auf ein Beet oder in einen großen Topf säen. In milden Gegenden kann man die winterharte Kresse sogar im Winter ernten.

PROBLEME

SALAT UND BLATTGEMÜSE

Blattgemüse reift oft schnell heran und weil es Schatten ganz gut toleriert, kann man damit kleine Flächen auf dem Grundstück ausfüllen. Reichlich Feuchtigkeit braucht es für eine schnelle Entwicklung von zartem Laub - ansonsten gehen die Pflanzen zum Blühen über, sie »schießen«. Dadurch werden sie bitter und ungenießbar. Gute Hygiene hält die Pflanzen gesund.

Ich mühe mich ab, ebenmäßige Reihen für winzige Samen zu ziehen. Gibt es einen Trick?
Manche Samen wie von Brunnenkresse, Rucola und Senf sind winzig. Bei einer Direktsaat mischen Sie sie gründlich mit etwas trockenem Sand und streuen gleichmäßig entlang der Saatrille. Es gibt auch Saatbänder zu kaufen, bei denen Samen gleichmäßig in abbaubares Papier eingebettet sind. Das Band brauchen Sie nur eingraben und danach gießen. Viele Salate wie Feldsalat, Kopfsalat und Brunnenkresse kann man in Aussaatsystemen aussäen und später auspflanzen.

Ich habe Mangold sowie einjährigen und mehrjährigen Spinat im Frühling gesät, doch die Hälfte ist durchgeschossen. Weshalb?
Mit Schießen bezeichnet man vorzeitiges Blühen. Bei Blattgemüse ist es unerwünscht, weil die großen Blütenstände die Pflanzen zäh und schwer verdaulich machen, es bilden sich weniger und kleinere Blätter. Die ein- oder zweijährigen Arten bilden von Natur aus Samen am Ende ihres Lebenszyklus. Durch Stress erfolgt dies vorzeitig, vielleicht weil die Kultur zu trocken gestanden ist oder weil zu eng gepflanzt wurde und die Wurzeln zu dicht stehen. Auch Wechsel zwischen hohen und tiefen Temperaturen kann Schießen auslösen.

Wie verhindere ich, dass die Sämlinge der Herbstaussaaten von Salat im Gewächshaus schimmeln?
Die meisten Arten von Blattgemüse sind erstaunlich robust und im Schutz eines Gewächshauses entwickelt sich üppiges Blattwerk. Im Herbst können aber fallende Temperaturen zu Grauschimmel und Umfallkrankheiten führen. Eine geringere Gefahr besteht in einem beheizten Vermehrungskasten (es genügen 10–15°C). Säen Sie dünner als gewöhnlich, damit Luft gut streifen kann und halten Sie alles weniger feucht. Unter Umständen müssen Sie die Erde im Haus auswechseln.

Jedes Jahr vernichten Schnecken bei warmem Wetter den Salat. Soll ich die Kultur überhaupt noch einmal versuchen?
Schnecken sind der größte Feind von Blattgemüse, wobei die Sämlinge am empfindlichsten sind. Schnecken fressen bevorzugt nachts, besonders wenn es warm und feucht ist. Sie können Schafwollpellets oder Schneckenkorn auf der Basis von Eisen-III-Phosphat streuen. Bei nächtlichen Kontrollen mit der Taschenlampe können Sie Schädlinge absammeln. Sie können auch parasitäre Nematoden ausbringen oder Sie legen einen Teich an für Amphibien, die Schnecken fressen.

KRANKHEITEN UND SCHÄDLINGE
Die Arten haben unterschiedlichen Ursprung, somit können etliche Misslichkeiten auftreten:

- In größerer Zahl gesät, sind Salatsämlinge anfällig für die Umfallkrankheit (siehe S. 248). Sie welken plötzlich und brechen zusammen.
- Blattläuse (siehe S. 242) können rasend schnell große Kolonien auf Blättern und Trieben bilden.
- Aufgrund von Wurzelläusen (siehe S. 242) können Sämlinge welken, man macht die weiß bestäubten Kolonien an den Wurzeln aus.
- Plötzlich, wie abgeschnitten zusammengebrochene Sämlinge gehen auf Erdraupen (siehe S. 242) zurück.
- Schnecken (siehe S. 242) fressen ausgefranste Löcher in die Blätter und hinterlassen Schleimspuren. (Sämlingsreihen werden über Nacht vernichtet.)
- Grauschimmel (siehe S. 246) bewirkt grauen, pelzigen Pilzbelag auf kühl oder eng stehenden Pflanzen.
- Weißgelbe Flecken auf den Blättern weisen auf Falschen Mehltau (siehe S. 244) hin.
- Viele kleine Löcher auf den Blättern zeigen Schäden durch Kohlerdflöhe (siehe S. 240) an.

SCHRITT FÜR SCHRITT

RADIESCHEN

Radieschen wachsen so schnell, dass man sie im Hochsommer schon nach vier Wochen erntet. Sie können damit Lücken auf kleinen Flächen ausfüllen. Die Sorten besitzen Knollen in verschiedenen Farben, Größen und unterschiedlichen Formen. Dadurch bereichern Radieschen Salat durch ihre Optik. Blätter und Schoten mancher Sorten sind ebenso essbar. Bei sehr beschränktem Platz ist es möglich, Radieschen direkt in Töpfe oder Balkonkästen zu säen.

	FRÜHLING	SOMMER	HERBST	WINTER
AUSSAAT				
ERNTE				
KULTURDAUER: 4–8 WOCHEN				

GEEIGNET FÜR: BEET UND PFLANZGEFÄSS

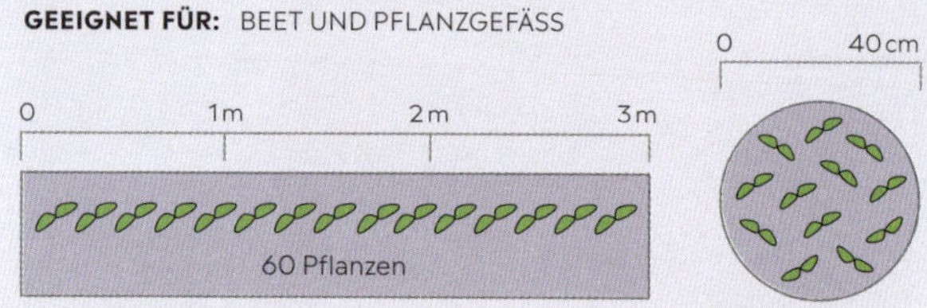

3 M LANGE REIHE
Aussaat oder ausdünnen auf 5 cm

TOPF
je 32 Pflanzen

1 KULTURBEGINN

Radieschen gedeihen fast überall, sogar im Halbschatten. Weil sie so schnell reifen, sollte man immer nur wenig und dafür öfter aussäen, wenn Sie eine regelmäßige Versorgung ohne Ernteschwemme anstreben. Säen Sie den nächsten Satz, wenn die vorige Kultur 8 cm Höhe erreicht hat.

'Cherry Belle' wächst schnell. Die runden, kirschroten Knollen passen ideal in Salate.

'French Breakfast' Die verlängerte Knolle mit weißer Spitze schmeckt mild.

'Scarlet Globe' entwickelt runde, leuchtend rote Knollen. Der Anbau gelingt leicht.

'Sora' ist eine zuverlässige Sorte. Die runden, würzigen Knollen bleiben lange fest und zart.

Wenn Sie in größere Schalen säen, können Sie leicht mit den Fingern 1 cm tiefe Löcher in die Erde drücken und die Samen hineinfallen lassen.

Sind die Horste zu dicht oder die Kammern überbesetzt, lichten Sie aus und lassen pro Zelle nur fünf oder sechs Pflanzen stehen.

2 AUSSAAT IM HAUS

Radieschen vertragen zwar etwas Frost, doch man kann sie im zeitigen Frühjahr unter Glas aussäen, damit sie einen schnelleren Start haben. Füllen Sie Aussaaterde in Anzuchtsysteme ein, lassen Sie oben einen Abstand von 1 cm frei, drücken Sie leicht an, gießen Sie. Säen Sie dünn und in kleinen Horsten aus, die Sie mit Erde bedecken. Die Samen keimen ohne Heizung innerhalb weniger Tage. Anfang Mai abhärten und nach den Eisheiligen auspflanzen.

TIPP Ziehen Sie Radieschen neben langsam reifenden Kulturen wie Pastinaken.

3 AUSSAAT IM FREIEN

Direkt ausgesät, wachsen Radieschen schnell. Damit kann man die Sämlinge später direkt aus der Reihe ernten. Bereiten Sie vor der Aussaat die Fläche vor, indem Sie lockern und Unkraut entfernen. Drücken Sie vorsichtig an und rechen Sie krümelig. Säen Sie nach Möglichkeit nicht dort, wo vor Kurzem erst Kreuzblütler standen.

Ziehen Sie Rillen von etwa 2 cm Tiefe. Weil Radieschen relativ kleine Pflanze sind, genügt ein Reihenabstand von gerade einmal 10 cm.

Wässern Sie jede Reihe, dann säen Sie in 1 cm Abstand. Die Erde drücken Sie mit umgedrehtem Rechen leicht an. Gießen Sie erneut.

4 PFLEGE

Lichten Sie wachsende Sämlinge sorgfältig aus und gießen Sie gut. Radieschen wachsen so schnell, dass Unkraut sie kaum beeinträchtigt. Jedoch können Wildkräuter Krankheiten und Schädlinge übertragen. Das regelmäßige Jäten ist daher wichtig.

Die herangewachsenen Sämlinge müssen Sie auf 5 cm Abstand auslichten. Die entnommenen Pflänzchen liefern würzige Blätter für Salate.

5 PFLANZENSCHUTZ

Radieschen werden leicht zum Opfer von Schnecken und sind anfällig für Kohlerdflöhe, besonders bei warmer, trockener Witterung. Bedecken Sie die Kultur mit Kulturschutznetz, das auch Kohlfliegen (siehe S. 242) abhält. Gießen Sie gut, um Schäden zu vermeiden.

Kohlerdflöhe fressen Löcher in die Blätter und können Sämlinge abtöten. Am besten wehrt sie eine Bedeckung mit feinem Netz ab.

6 ERNTE

Ziehen Sie Radieschen, sobald sie eine ansehnliche, erntefähige Größe erreicht haben. Prüfen Sie die Reihen von Radieschen täglich und ziehen Sie jeweils die größten Knollen heraus. Den besten Geschmack haben junge und zarte Knollen. Lassen Sie Radieschen nicht zu lang im Boden, denn überreif werden sie leicht scharf und pelzig. Die Pflanzen neigen dann außerdem zum Schießen.

Ziehen Sie Radieschen nach und nach vorsichtig aus der Erde. Ernten Sie nach Bedarf.

SCHRITT FÜR SCHRITT

ROTE BETE

Rote Bete gehört zu den beliebtesten Gemüse-Arten für den Anbau. Sie liefern hohen Ertrag, bereiten keine Probleme und eignen sich für kleine Gärten, weil sie sogar in Töpfen gedeihen. Die vielseitige Kultur kann man als Babygemüse wenige Wochen nach der Aussaat ernten. Bei voller Größe lassen sich die Knollen gut lagern. Rote Beten werden längst nicht mehr nur in Essig eingelegt. Moderne Köche gratinieren, pürieren, raspeln sie in Salate oder backen Kuchen damit.

	FRÜHLING	SOMMER	HERBST	WINTER
AUSSAAT				
ERNTE				
KULTURDAUER: 12–16 WOCHEN				

GEEIGNET FÜR: BEET UND PFLANZGEFÄSS

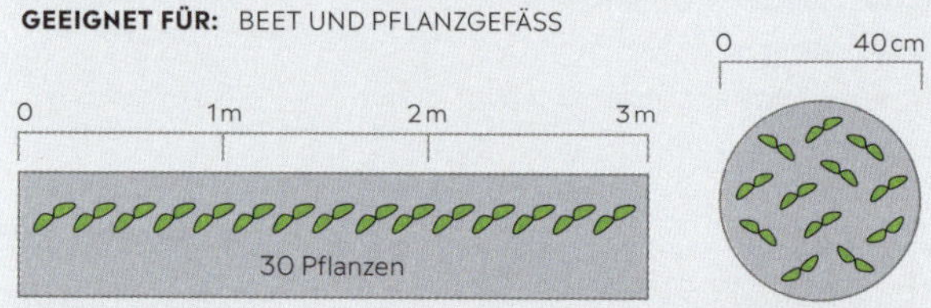

3 M LANGE REIHE
Aussaat auf 4 cm, ausdünnen auf 10 cm

TOPF
je 12 Pflanzen

1 KULTURBEGINN

Jungpflanzen kann man im Frühling für einen schnellen Start kaufen, doch gelingt die Anzucht aus Samen leicht. Die meisten Körner enthalten drei oder vier Samen, die als Horst keimen. Man muss sie vereinzeln. Die Ausnahme stellt »monogermes« Saatgut dar, das jeweils einen Sämling hervorbringt.

'Red Ace' entwickelt lange, dunkelrote Knollen. Der Anbau ist leicht. Gut zum Lagern.

'Chioggia Pink' hat rotschalige Knollen mit pinkfarbenem und weißem, süßem Fleisch.

'Boltardy' mit festen, runden Knollen ist sehr verbreitet und erweist sich als schossfest.

'Forono' ergibt eine zuverlässige Kultur von Babygemüse. Die Sorte eignet sich für Töpfe.

Die großen Samen sind handlich, Sie können einen pro Zelle auslegen. Halten Sie das Substrat danach feucht.

Dünnen Sie Sämlinge aus, pro Zelle bleibt nur der kräftigste. Monogermes Saatgut, einzeln gesät, braucht kein Ausdünnen.

Setzen Sie die Jungpflanzen so bald wie möglich, sie sollen sich in der Erde voll entwickeln. Vermeiden Sie Wurzelstörungen.

2 AUSSAAT IM HAUS

Für einen guten Start können Sie Rote Bete unter Schutz aussäen. Füllen Sie in Multitöpfe Aussaaterde ein, die Sie andrücken und gut gießen. Bohren Sie mit dem Pikierstab oder einem Bleistift ein 2 cm tiefes Loch, legen Sie in jedes ein Samenkorn ein. Drücken Sie Erde an, gießen Sie leicht und stellen Sie die Platte in einen Vermehrungskasten. Sobald Wurzeln unten aus der Zelle herausspitzen, härten Sie die Sämlinge ab und pflanzen mit 10 cm Abstand.

TIPP In warmem Wasser für 30 Minuten gequollene Samen keimen besser.

3 AUSSAAT IM FREIEN

Rote Bete können Sie an Ort und Stelle säen, sofern es warm genug ist. Lockern Sie den Boden, entfernen Sie alles Unkraut, rechen Sie krümelig. Ziehen Sie mit der Rechenkante 2,5 cm tiefe Rillen entlang einer gespannten Schnur. Wässern Sie und legen Sie mit etwa 4 cm Abstand Samen aus. Mit Erde bedecken und nochmals leicht gießen.

Legen Sie die Samen von Hand in gleichmäßigem Abstand. Die Erde sollte mindestens 8 °C warm sein, sonst erfolgt die Keimung zögerlich.

Vereinzeln Sie die Sämlinge auf 10 cm Abstand. Ziehen Sie sie heraus oder zwicken Sie sie ganz ab. Die Pflänzchen kommen in Salate.

4 JÄTEN

Rote Beten bleiben nahezu völlig unbehelligt von Krankheiten und Schädlingen. Doch sollten Sie rund um die Pflanzen regelmäßig Unkraut entfernen, das sonst eine Konkurrenz um Nährstoffe und Feuchtigkeit darstellt und das Wachstum verlangsamen kann.

Jäten Sie sorgfältig von Hand in der Nähe der Pflanzen, denn mit einer Hacke wird die schwellende Knolle leicht verletzt.

5 PFLEGE

Jungpflanzen sollten Sie regelmäßig gießen. Ältere Pflanzen sind einigermaßen trockenheitsverträglich, doch die Knollen bleiben in feuchter Erde zarter. Gießen Sie auch nicht übermäßig, denn dann entwickelt sich zu viel Laub, was zulasten der Knolle geht.

Wässern Sie den Boden, benetzen Sie möglichst nicht die Blätter, auf denen sich sonst Krankheiten entwickeln können.

6 ERNTE

Sobald die Knollen eine brauchbare Größe erreicht haben, kann man sie ernten. Nach Wunsch dürfen sie länger im Boden bleiben und sich größer entwickeln. Ziehen Sie Rote Bete vorsichtig aus dem Boden, entfernen Sie Erde, drehen Sie Blätter ab. Unbeschädigte Knollen können Sie in Holzsteigen an einem kühlen Ort lagern: Breiten Sie Zeitungspapier darin aus. Füllen Sie dann lagenweise Sand und Knollen ein.

Junge Knollen schmecken frisch am besten. Ernten Sie jeweils nur so viel, wie Sie brauchen.

SCHRITT FÜR SCHRITT

MÖHREN

Das immer aktuelle Wurzelgemüse wächst im gewachsenen Boden wie in Töpfen, dort sogar besser, sofern Ihre Erde ein wenig steinig ist. Möhren kann man nahezu jahrrund genießen – Babygemüse wird im Frühling gezogen, die im Sommer geerntete Kultur lässt sich bis in den Winter hinein lagern. Wegen des hohen Zuckergehalts und weil sie so knackig sind, lieben Kinder Möhren. Sie sind außerdem reich an Provitamin A. Dieser Nährstoff ist unentbehrlich für eine gute Gesundheit.

	FRÜHLING	SOMMER	HERBST	WINTER
AUSSAAT				
ERNTE				
KULTURDAUER: 12–20 WOCHEN				

GEEIGNET FÜR: BEET UND PFLANZGEFÄSS

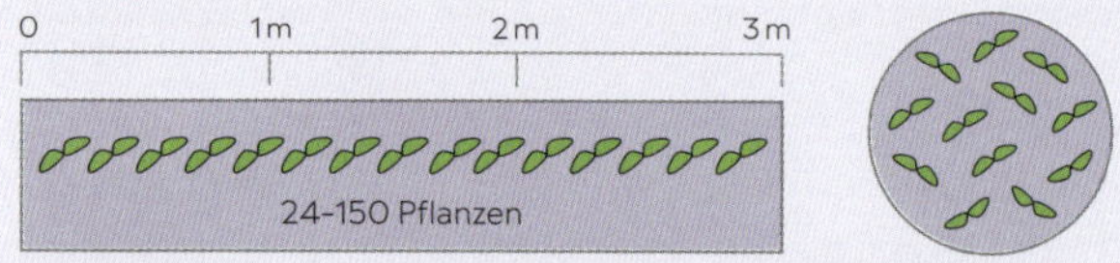

3 M LANGE REIHE
Abhängig von der Sorte 2–12 cm Abstand

TOPF
je 50 Pflanzen

1 KULTURBEGINN

Möhrensorten entwickeln eine Bandbreite von Formen und Größen, es gibt sogar verschiedene Farben. Möhren werden aus Samen gezogen. Innerhalb weniger Wochen sind sie jung erntefähig. Für die Kultur im Topf oder auch in flachgründigem, steinigem Boden sind runde Sorten die beste Wahl.

'Resistafly' widersteht der Möhrenfliege gut. Die walzenförmigen Wurzeln schmecken süß.

'Parmex' liefert kleine runde, süß schmeckende Möhren. Ideal für die Topfkultur.

'Purple Haze' Früh schon sind die Wurzeln mit kontrastierender violetter Schale erntereif.

'Sugarsnax' entwickelt lange, besonders süße Wurzeln mit hohem Gehalt an Betacarotin.

2 AUSSAAT

Vor einer Direktsaat lockern Sie den Boden, entfernen Sie Unkraut und rechen das Beet eben. Ziehen Sie mit der Hacke Rillen, die Sie wässern. Bedecken Sie die eingelegten Samen mit Erde, gießen Sie danach an.

Ziehen Sie 2 cm tiefe Saatrillen in 10–20 cm Abstand (je nach Sorte und Angabe auf der Saatgutpackung).

Säen Sie die feinen Samen dünn, etwa in 5 mm Abstand. Tippen Sie das Tütchen an oder streuen Sie der Reihe entlang aus der Hand.

3 WEITERKULTUR

Haben Sie Geduld, denn Möhren sind berüchtigt für ihre lange Keimzeit. Während Sie abwarten, halten Sie die Erde gut feucht, bis sich die Keimlinge zeigen. Zeitige Aussaaten im Frühling können Sie mit Vlies vor Kälte schützen. Wenn dafür Platz vorhanden ist, können Sie Aussaaten in Töpfen bis zur Keimung im Haus aufstellen, für die Weiterkultur kommen sie ins Freie. Bei fehlendem Platz breiten Sie zum Schutz draußen Vlies über dem Topf aus.

Entfernen Sie das Vlies an warmen Tagen, damit Sonnenlicht einfällt.

4 AUSDÜNNEN

Dünnen Sie die Sämlinge auf den für die Sorte empfohlenen Abstand aus. In der Regel brauchen Sommerkulturen mehr Platz als frühe Sätze. Sehr junge Pflänzchen können Sie herausziehen. Jene, die schon eine Pfahlwurzel entwickeln, zwicken Sie ab, um Löcher in der Erde zu vermeiden, an denen die Möhrenfliege gern Eier ablegt.

Prüfen Sie die Angaben auf der Samentüte, bevor Sie ausdünnen. Der Platzbedarf unterscheidet sich von Sorte zu Sorte.

5 PFLEGE

Wässern Sie in Trockenperioden, doch übertreiben Sie damit nicht. Denn sonst entwickelt sich ein üppiges Blattwerk zulasten der Wurzeln. Jäten Sie von Hand bis nahe an die Pflanzen, am besten in der Dämmerung, wenn die Schädlinge weniger aktiv sind.

Jäten Sie regelmäßig, denn beim Entfernen ausgewachsener Pflanzen stören Sie die Kultur. Später unterdrückt das Möhrenlaub Wildwuchs.

6 PFLANZENSCHUTZ

Die Larven der Möhrenfliege (siehe S. 240) können besonders bei Aussaaten im Spätfrühling Probleme bereiten. Um die niedrig fliegenden Weibchen von der Eiablage abzuhalten, errichten Sie eine mindestens 60 cm hohe Barriere aus Kulturschutznetz.

Breiten Sie ein Kulturschutznetz über Bambusstäben aus, graben Sie die Ränder 5 cm tief ein, damit die Möhrenfliege nicht durchschlüpft.

7 ERNTE

Sobald sie die gewünschte Größe erreicht haben, können Sie Möhren ernten. Frühe Aussaaten zieht man heraus, wenn sie in etwa fingerdick sind. Sommersätze ernten Sie bei einem Durchmesser von etwa 4 cm. Heben Sie die Wurzeln mit der Grabegabel hoch.

TIPP Verzehren Sie frühe Sätze frisch, Sommerkulturen können Sie einlagern.

Heben Sie Möhren mit der Grabegabel, stören Sie benachbarte Pflanzen möglichst nicht.

SCHRITT FÜR SCHRITT

SPEISERÜBCHEN

Küchenchefs wie Gärtner haben die Qualitäten dieser milden, zarten Knollen wiederentdeckt. Babygemüse ist nach gerade einmal sechs Wochen erntereif, andererseits können Pflanzen im Boden bleiben, damit sie ganz ausreifen. Bei Stielmus oder Rübstiel schneidet man die stark gefiederten Blätter. Mehrere Schnitte sind möglich, sodass man öfter das grüne, schmackhafte Kraut abnehmen kann, und das während der ansonsten kargen Zeiten.

	FRÜHLING	SOMMER	HERBST	WINTER
AUSSAAT				
ERNTE				
KULTURDAUER: 6–10 WOCHEN				

GEEIGNET FÜR: BEET UND PFLANZGEFÄSS

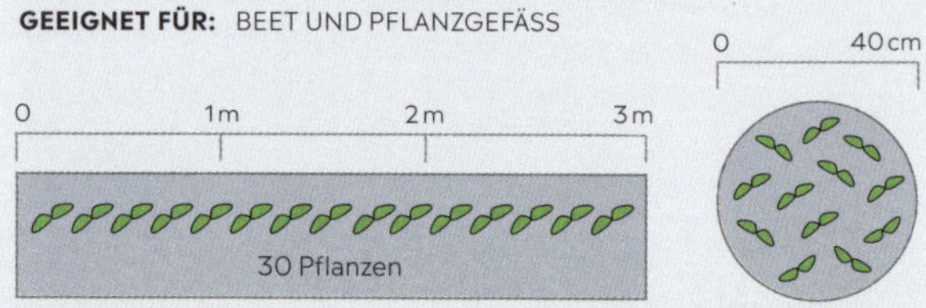

3 M LANGE REIHE
Pflanzabstand 10 cm

TOPF
12–20 Pflanzen

1 KULTURBEGINN

Die Rübchen wollen feuchten, nährstoffreichen, durchlässigen Boden, der reichlich Stickstoff bereitstellt. Mischen Sie daher in der vorherigen Wachstumsperiode viel organisches Material, etwa Kompost, unter. Babygemüse können Sie neben langsam wachsenden Kulturen wie Pastinaken oder Zuckermais ziehen.

'Purple Top Milan' sollten Sie bald, bei einer Größe von 5 cm, ziehen. Sie schmecken süßlich.

'Snowball' hat reinweiße, süße und zarte Knollen. Ernten Sie nach sechs Wochen.

'Primera' bringt süßliche, zarte Knollen mit violettroten Schultern. Am besten jung ernten.

'Atlantic' entwickelt violette und weiße Knollen, die man jung oder ausgewachsen erntet.

Frostverträgliche Sorten können Sie vom Spätwinter an im Haus aussäen. Ertrag haben Sie dadurch viele Monate im Jahr.

Härten Sie Jungpflanzen ab und pflanzen Sie sie, sobald die Wurzeln die Zellen ausfüllen. Der Abstand in der Reihe beträgt 10 cm, zwischen den Reihen 30 cm.

2 AUSSAAT IM HAUS

Füllen Sie Aussaaterde in Anzuchtsysteme, die Sie leicht andrücken und wässern. Formen Sie ein 2 cm tiefes Loch in jede Zelle. Legen Sie je zwei Samenkörner ein, die Sie mit Erde bedecken und angießen. Härten Sie die Jungpflanzen ab und setzen Sie sie gekräftigt ins Freie. Sie können Erde auch in Container einfüllen und 2 cm tiefe Rillen ziehen. Säen Sie dünn aus oder legen Sie alle 10 cm ein Häuflein Samen ab. Vereinzeln Sie die Sämlinge auf einen pro Zelle oder einen alle 10 cm.

TIPP Für eine gleichmäßige Versorgung säen Sie wenig, dafür öfter aus.

3 AUSSAAT IM FREIEN

Zwischen Frühjahrsmitte und Spätsommer können Sie direkt aufs Beet säen. Lockern Sie die Fläche für das Saatbett, entfernen Sie alles Unkraut und mischen Sie stickstoffbetonten Dünger in fester Form unter. Rechen Sie die Oberfläche krümelig, dann ziehen Sie 2 cm tiefe Saatrillen in 25–30 cm Abstand.

Wässern Sie die Saatrillen sorgfältig, legen Sie die Samen dünn entlang der Reihe aus. Bedecken Sie sie mit Erde und gießen Sie leicht an.

Dünnen Sie die Sämlinge aus, nur alle 10 cm bleibt ein kräftiges Exemplar stehen. Die gezogenen Pflänzchen werden verspeist, etwa in Salat.

4 PFLEGE

Kohlerdflöhe können Probleme bereiten, besonders bei heißer, trockener Witterung. Bedecken Sie die Reihen daher anfangs mit Kulturschutznetz. Gießen und düngen Sie. Pflanzen in Töpfen oder auf leichten Böden erhalten mehrmals stickstoffreichen Flüssigdünger.

Ein feinmaschiges Kulturschutznetz schützt die Pflanzen vor fliegenden Schädlingen wie Kohlerdflöhen zu Beginn der Kultur.

5 JÄTEN

Halten Sie junge Kulturen unkrautfrei, denn die Wildkräuter bedeuten eine Konkurrenz um Licht und Nährstoffe. Zudem können sie Krankheiten bergen. Jäten Sie um die Pflanzen herum behutsam von Hand, zwischen den Reihen verwenden Sie ein Hacke.

Ziehen Sie Unkräuter von Hand, damit die Wurzeln keinen Schaden erleiden. Jäten Sie öfter, denn junge Pflanzen lassen sich leicht ausreißen. Das geht besser in feuchter Erde.

6 ERNTE

Bei den schnell wachsenden Kulturen im Sommer ziehen Sie Rübchen, sobald sie die Größe eines Golfballs haben. Bleiben sie länger im Boden, werden sie holzig. Frostfeste Typen für den Winter können größer werden. Ernten Sie nach Bedarf im Herbst. Herbstrübchen können Sie in mit Sand gefüllten Kisten aufbewahren, doch wegen ihrer dünnen Schale halten sie sich darin nur für ein paar Wochen.

Frühe Kulturen sind erntereif, sobald die Knollen 4–5 cm Durchmesser erreichen.

SCHRITT FÜR SCHRITT

PASTINAKEN

Als köstliches Gemüse für winterliche Gerichte lohnt sich der Anbau von Pastinaken auf jeder Fläche. Eine beachtliche Zahl gedeiht schon auf einem kleinen Fleckchen Erde. Die Kultur von Pastinaken gestaltet sich einfach, aber sorgen Sie dafür, dass sie genug Wasser und Platz haben. Sie brauchen zwar lange, um heranzuwachsen, doch sie vertragen Frost und können im Winter im Boden bleiben. Der Einfluss von Frost soll bewirken, dass die Wurzeln süßer schmecken.

	FRÜHLING	SOMMER	HERBST	WINTER
AUSSAAT				
ERNTE				

KULTURDAUER: 23–36 WOCHEN

GEEIGNET FÜR: BEET

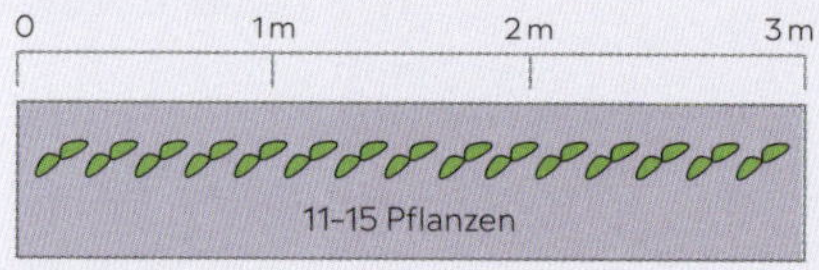

3 M LANGE REIHE
Pflanzabstand 20–30 cm

1 KULTURBEGINN

Pastinaken gedeihen am besten in leichten Böden, die frei von Steinen und nicht verdichtet sind. Dies verhindert, dass Wurzeln verkrüppeln oder beinig werden. Die Fläche sollte im Herbst zuvor Stallmist erhalten haben. Mistgaben direkt vor der Aussaat haben zur Folge, dass Wurzelspitzen verbrennen, die sich dann gabeln.

'White Gem' hat relativ kurze Wurzeln mit weißer Schale und hervorragendem Geschmack.

'Gladiator' mit glatten, süßen Wurzeln wird gern für Ausstellungen gezogen.

'Javelin' verspricht einen hohen Ertrag langer, schlanker Wurzeln und bleibt gesund.

'Tender and True' mit langen, glattschaligen Wurzeln widersteht dem Pastinakenkrebs.

Säen Sie ab Ende März, wenn Sie Pastinaken für den Frischverzehr ab September wollen. Die Keimung kann gut zwei bis drei Wochen dauern.

Sämlinge werden ausgedünnt, indem man die schwächeren entfernt. Nur der jeweils kräftigste soll sich weiterentwickeln.

2 AUSSAAT

Am besten werden Pastinaken direkt ausgesät, weil sie eine lange Pfahlwurzel entwickeln. Bereiten Sie den Boden vor, dann säen Sie in 20–30 cm Abstand Horste mit vier oder fünf Samen in 2 cm Tiefe. Der Reihenabstand beträgt 30 cm. Die Keimung dauert 10–21 Tage. Sparen Sie Platz und markieren Sie die Reihen, indem Sie schnell keimenden Schnittsalat oder Radieschen dazwischen säen, die Sie lange vor den Pastinaken ernten.

TIPP Die Keimfähigkeit hält nicht lange an. Kaufen Sie jedes Jahr frische Samen.

Graben Sie das Kulturschutznetz 5 cm tief rund um die Pflanzen ein, damit die Möhrenfliege nicht hindurchschlüpfen kann.

3 PFLANZENSCHUTZ

Als Verwandte der Möhren sind Pastinaken ähnlich bedroht durch die Möhrenfliege. Vermeiden Sie den Befall, indem Sie Sämlinge abzwicken und nicht aus der Erde ziehen, denn dadurch entstehen Löcher für die Fliegenweibchen zur Eiablage. Errichten Sie außerdem ein mindestens 60 cm hohes Kulturschutznetz (siehe S. 240).

4 PFLEGE

Gießen Sie während der Entwicklungszeit gut, damit sich große, ebenmäßige Wurzeln entwickeln. Jäten Sie um die Pflanzen herum von Hand, um die Wurzeln nicht zu stören, größere Pflanzen behaupten sich neben Wildkräutern. Eine Düngung erübrigt sich.

Häufiges Gießen sorgt dafür, dass sich die Wurzeln gleichmäßig entwickeln. Trocknen sie aus, verzweigen sie sich leicht.

5 ERNTE

Frühe Sorten sind erntereif ab Mitte September, spätere Sorten kann man unter Frostschutz während der Wintermonate entnehmen. Die Wurzeln können mitunter sehr tief reichen, besonders auf leichten Böden. Verwenden Sie daher zum Aufnehmen eine Grabegabel.

Holen Sie Pastinaken vorsichtig aus der Erde, damit keine Verletzungen entstehen. Trockenen Boden sollten Sie zuvor gießen.

WURZELN LAGERN

Späte Pastinaken können bis zum Verbrauch im Boden bleiben. Doch sollte man die Pflanzen mit einem Strohmulch abdecken, damit der Grund nicht festfriert und Sie ungehindert ernten können. Markieren Sie die Pflanzen mit einem Stab, um sie leicht zu finden. Entnommene Wurzeln können Sie in Sand wie Rote Bete einlagern (siehe S. 137).

SCHRITT FÜR SCHRITT

STECKRÜBEN

Die derben, runden Wurzeln schmecken überbacken oder püriert köstlich. Im Herbst und Winter liefern sie ein willkommenes frisches Gemüse, wenn es an anderem Erntegut mangelt. Die langsam heranwachsenden Pflanzen eignen sich üblicherweise eher für große Gärten, wo sie stehen bleiben können. Man kann Steckrüben aber auch als Babygemüse nach wenigen Wochen mitsamt dem Blatt verzehren oder die Wurzeln 5 cm groß werden lassen.

	FRÜHLING	SOMMER	HERBST	WINTER
AUSSAAT				
ERNTE				
KULTURDAUER: 20–24 WOCHEN				

GEEIGNET FÜR: BEET

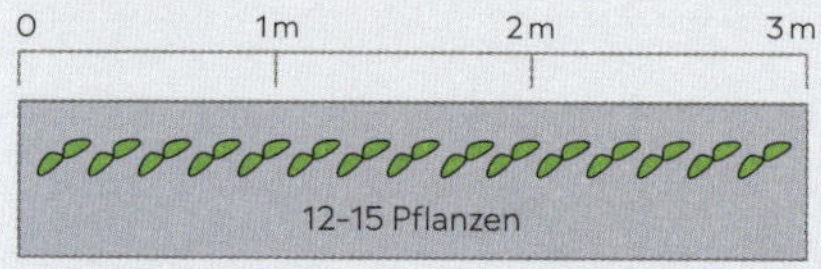

3 M LANGE REIHE
Pflanzabstand 20–25 cm

1 KULTURBEGINN

Steckrüben brauchen fünf oder sechs Monate zum völligen Ausreifen. Mischen Sie in der vorherigen Wachstumszeit unter die Erde viel organisches Material wie Kompost oder kompostierten Stallmist. Als Kreuzblütler müssen Steckrüben auf einer Stelle wachsen, wo im Jahr zuvor keine Kohlgewächse standen.

'Brora' wächst schnell, das gelbe Fleisch schmeckt gut. Eine krankheitsfeste Sorte.

'Best of All' liefert zuverlässig violette Wurzeln mittlerer Größe mit gelbem Fleisch.

'Tweed' hat hübsche purpurrote Schultern und wächst gut in weniger fruchtbarer Erde.

'Marian' entwickelt sattviolette, aromatische Wurzeln. Eine krankheitsfeste Sorte.

Säen Sie dünn entlang der Reihe, dann bedecken Sie die Samen mit Erde, wässern und drücken leicht an. Der Reihenabstand beträgt 30–40 cm.

Sobald Sämlinge erscheinen, dünnen Sie nach und nach aus. Nur die kräftigsten Jungpflanzen bleiben im Abstand von ungefähr 20–25 cm stehen.

2 AUSSAAT

Weil sie eine lange Pfahlwurzel entwickeln, sät man Steckrüben ab Mitte Mai bis Mitte Juni am besten direkt in den Boden und nicht in Aussaatschalen oder Anzuchtsysteme. Bereiten Sie den Boden vor, indem Sie lockern, alles Unkraut und Steine entfernen sowie glatt rechen. Ziehen Sie eine 2 cm tiefe Saatrille, die Sie gut wässern. Säen Sie in diese Reihe, bedecken Sie die Samen mit Erde für eine gleichmäßige Oberfläche und drücken Sie leicht an.

TIPP Wollen Sie Babygemüse, säen Sie dicht und lichten auf 8–10 cm Abstand aus.

3 WEITERKULTUR

Steckrüben vertragen Frost außergewöhnlich gut, doch frühe Aussaaten brauchen vielleicht Schutz vor Spätfrost. Breiten Sie über der Kultur eine einfache oder doppelte Lage Vlies aus oder stülpen Sie eine Haube bzw. einen Kalten Kasten darüber. Das isoliert und hält das Wachstum in Gang. Gießen Sie ausreichend unter den Abdeckungen.

Obwohl Steckrüben frostfest sind, bedecken Sie frühe Aussaaten vorsichtshalber mit schützendem Vlies, besonders in kühleren Regionen.

4 PFLANZENSCHUTZ

Steckrüben sind anfällig für die typischen Krankheiten und Schädlinge an Kohlgewächsen. Kohlerdflöhe können bei warmer Witterung ziemlichen Schaden anrichten. Um die Gefahr zu verringern, breiten Sie Kulturschutznetz über die Reihen aus.

5 PFLEGE

Vermeiden Sie Wachstumsstockungen, die bei Wassermangel eintreten. Gießen Sie immer gut, besonders während Trockenperioden. Nach dem Wässern bringen Sie eine 6–7 cm dicke organische Mulchschicht aus, damit die Feuchtigkeit länger im Boden bleibt.

Ein grobmaschiges Netz aus Draht oder Kunststoff hält größere Schadtiere wie Tauben ab. Ein feineres Kulturschutznetz wehrt Insekten ab.

Jäten Sie von Hand oder mit der Hacke, um konkurrierende Unkräuter auszuschalten. Achten Sie darauf, die Rübenknollen nicht zu verletzen.

6 ERNTE

In der ersten Herbsthälfte können Sie ernten. Stechen Sie mit einer Grabegabel seitlich in den Boden ein und heben Sie die Wurzeln vorsichtig an. Sie können Wurzeln im Herbst entnehmen, sie in mit Sand gefüllte Kisten einlegen und bis zum Verbrauch in der Garage lagern. Falls Sie keinen Lagerraum haben, können Steckrüben unter einer Strohdeckung den Winter über im Boden bleiben. In gefrorenem Boden kann man aber nicht ernten.

Geerntete Steckrüben sollten Sie vor dem Einlagern säubern und das Laub wegschneiden.

SCHRITT FÜR SCHRITT

KARTOFFELN

Ob Sie die Knollen nun gebraten, gebacken, püriert, geraspelt, als Salzkartoffeln oder als Pellkartoffeln bevorzugt verzehren - die schmackhafte Kultur gehört in jeden Garten. Das überaus beliebte Gemüse ist mit die einfachste Kultur für Anfänger und gedeiht sogar in Containern oder Säcken, falls die Beetfläche begrenzt ist. Die vielen Sorten, die zur Auswahl stehen, werden nach der Reifezeit eingeteilt in sehr frühe, frühe, mittelfrühe und mittelspäte bis späte Sorten.

	FRÜHLING	SOMMER	HERBST	WINTER
PFLANZEN				
ERNTE				
KULTURDAUER: 12-22 WOCHEN				

GEEIGNET FÜR: BEET UND PFLANZGEFÄSS

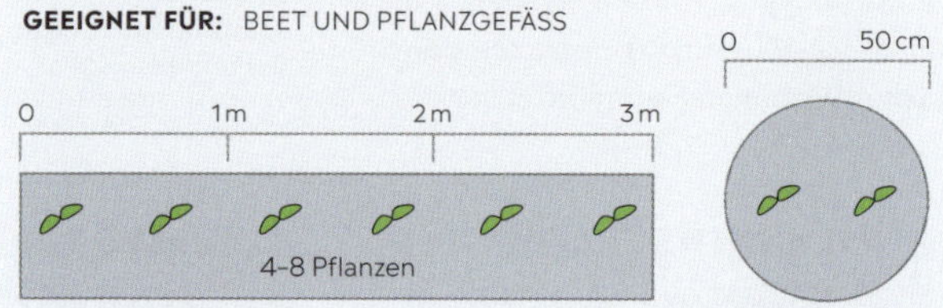

3 M LANGE REIHE
Pflanzabstand 35-70 cm

TOPF
je 2 Pflanzen

1 BEGINN IM HAUS

Kartoffeln, die man in die Erde setzt, werden Saatkartoffeln genannt. Man kann sie im ausgehenden Winter kaufen. Vor allem frühe Sorten erhalten durch Vorkeimen einen besseren Start. Dabei werden vor dem Auspflanzen die »Augen« zum Austreiben angeregt. Legen Sie Saatkartoffeln so in eine Eierschachtel oder auf ein Tablett, dass die Seite mit den meisten Augen nach oben schaut. Sie treiben an einem kühlen, hellen Platz aus.

Achten Sie auf Sorten, die widerstandsfähig gegen Krankheiten sind und einen guten Ertrag versprechen.

An einem gut belichteten, frostfreien Platz treiben die Knollen innerhalb weniger Wochen aus. Sie sind dann bereit zum Auspflanzen.

Legen Sie die Knollen so in den Boden, dass die Keime nach oben schauen.

Wässern Sie vorgekeimte Kartoffeln gut, bevor Sie Erde darüber einfüllen.

Bedecken Sie die Knollen mit Erde, doch formen Sie dabei bereits eine leichte Erhebung.

2 AUSPFLANZEN

Saatkartoffeln können Sie entweder in den Boden oder in Töpfe setzen. Sorten von Frühkartoffeln werden im April gepflanzt, Sommerkulturen im Mai. Lockern und jäten Sie den Boden, arbeiten Sie etwas ausgeglichenen Dünger ein. Ziehen Sie eine 15 cm tiefe Rille und legen Sie die Kartoffeln im Abstand von 35-70 cm ein. Bedecken Sie sie 20 cm hoch, sodass eine leichte Erhebung entsteht.

TIPP Je enger Sie Kartoffeln pflanzen, desto kleinere Knollen erhalten Sie.

3 KULTUR IM TOPF

Auch in Containern können Sie Kartoffeln ziehen, in Tonnen, sogar in Säcken oder Tüten. Verwenden Sie eine Mischung aus gleichen Teilen Universalerde und gutem Gartenboden. Bringen Sie zunächst eine 15 cm starke Schicht ein. Legen Sie darauf Saatkartoffeln, die Sie wieder 10 cm hoch mit Erde bedecken. Gießen Sie gut an.

Wasserabzugslöcher am Boden sind wichtig, wenn Sie ein Kunststofffass bepflanzen wollen. Es wird zum idealen, platzsparenden Pflanzgefäß.

Säcke aus Kunststoff eignen sich gut als Behälter. Obendrein kann man sie nach der Kartoffelernte entleeren, zusammenlegen und wegpacken.

4 PFLEGE

Gießen Sie gut und geben Sie ausgeglichenen Dünger. Zwischen jungen Pflanzen müssen Sie jäten, doch bald schirmt das Laubdach ab. Nach der Blüte können grüne, tomatenähnliche Früchte entstehen - sie sind giftig. Prüfen Sie öfter, ob sich Krautfäule entwickelt (siehe S. 248).

Kartoffeln sind kälteempfindlich und Frost kann junge Triebe schädigen. Bedecken Sie die Pflanzen notfalls mit Vlies.

5 ANHÄUFELN

Im Zuge des Wachstums müssen Sie die Pflanzen anhäufeln: Ziehen Sie Erde rund um die Stängel hoch, rund 10 cm der Pflanze sollen noch herausschauen Daraufhin bilden sich mehr Knollen und die Kartoffeln werden nicht dem Sonnenlicht ausgesetzt. Dadurch würden sie grün und ungenießbar.

Häufeln Sie Kartoffeln drei- oder viermal (bei Frostgefahr und) im Laufe des Sommers an. Container füllen Sie bis zur Oberkante mit Erde auf.

6 ERNTE

Ab Frühsommer können Sie ernten. Im Allgemeinen sind Kartoffeln fertig, wenn sich Blüten entwickeln. Knollen zum Einlagern lassen Sie bis Spätsommer oder Frühherbst im Boden. Heben Sie die Pflanzen im Boden vorsichtig mit einer Grabegabel an, achten Sie darauf, keine Knollen zu verletzen. Töpfe können Sie auf einmal leeren oder einzelne Knollen ausgraben. Drücken Sie danach die Erde wieder an.

Ernten Sie Kartoffeln bei trockener Witterung. Sie sollten ein paar Stunden in der Sonne trocknen.

KARTOFFELN

1 'Accent' Die gelbschalige, sehr frühe Kartoffel liefert zuverlässig hohe Erträge. Die Krankheitsresistenz ist durchschnittlich, Schnecken schädigen die Knollen relativ wenig.

2 'Charlotte' Die gelbschalige, frühe, festkochende Kartoffel mit gutem Geschmack trägt zuverlässig. Der Ertrag fällt höher aus als bei vergleichbaren Sorten, auch die Knollen werden groß.

3 'Red Duke of York' Die vielseitige sehr frühe Sorte mit roter Schale und weißem Fleisch kann man jung genießen, oder man lässt sie auswachsen und gart sie als Ofenkartoffel.

4 'Belle de Fontenay' Die frühe Kultur ist bekannt für ihre Eignung als Salatkartoffel. Der Ertrag an knubbeligen Knollen fällt hoch aus, das Fleisch ist gelb und wachsartig.

5 'Pink Fir Apple' Die verbreitete traditionelle Sorte für den Sommeranbau bringt knubbelige, rotschalige festkochende Knollen mit wachsartigem Gewebe und gutem Geschmack.

6 'Jazzy' Die mittelfrühe Sorte verspricht eine große Ernte kleiner, blasser Knollen mit ausgezeichnetem Aroma. Schmeckt gut im Salat, auch gekocht, gebraten, gedämpft.

7 'Foremost' Die frühe Sorte bringt viele schmackhafte, feste, weißfleischige Knollen, die gegen Schorf widerstandsfähig sind. Trocken und gut belüftet, lassen sie sich gut lagern.

8 'Yukon Gold' Die mittelspäte Sorte mit gutem Geschmack eignet sich für verschiedenste Zubereitungen: gekocht, gebraten, frittiert, als neue oder als Ofenkartoffel.

9 'Ratte' Die schmackhafte, festkochende Kartoffel stellt eine gute Alternative zu 'Pink Fir Apple' dar und reift früher. Die Schale ist glatter, sodass man sie leichter zubereiten kann.

WEITERE SORTEN
'Augusta'
'Blue Danube'
'Lady Christl'
'Maris Piper'
'Sarpo Axona'
'Sieglinde'

1

2

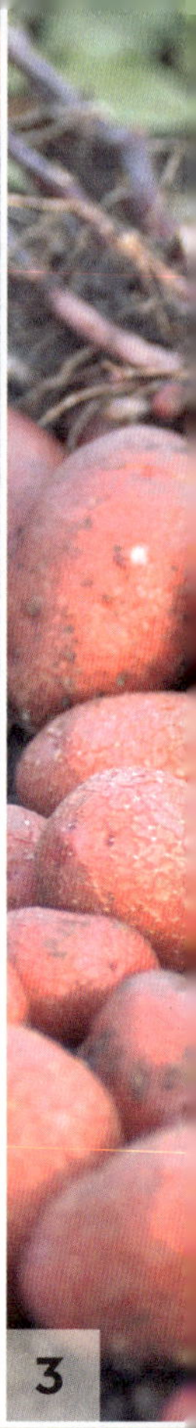
3

6

4

5

7

8

9

PROBLEME

WURZELN UND KNOLLEN

Das Geheimrezept für zarte, fleischige Wurzeln ist eine gleichmäßige Wasserversorgung während aller Entwicklungsstadien. Dies verhindert das Verholzen. Eine lockere, humusreiche Erde trägt dazu bei, dass sich lange Pfahlwurzeln ungehindert entwickeln. Fruchtwechsel verhindert, dass sich bodenbürtige Krankheiten anreichern. Ein Kulturschutznetz wehrt Schädlinge ab.

Warum treiben die Rote Beten und die Speiserübchen Blüten, bevor sie Knollen bilden?
Das Schießen ist ärgerlich, weil nur noch wenige erntefähige Knollen verbleiben. Das meiste Wurzelgemüse wächst zweijährig, das heißt, es würde im zweiten Wachstumsjahr blühen. Allerdings bewirkt Stress eine vorzeitige Blüte. Wenn man die Wurzeln immer feucht hält, sinkt die Gefahr. Zudem verhindert das Ausdünnen der Sämlinge zu viel Konkurrenz. Lassen Sie zwischen den Pflanzen mindestens 8 cm Abstand (und auf leichten Böden mehr).

Die frühen Radieschensaaten im kalten Gewächshaus haben ewig gebraucht. Und warum schmeckten sie so zäh?
Das langsame Wachstum mag auf die niedrigen Temperaturen zurückgehen oder es war zu trocken. Radieschen reifen ungemein schnell, Sommersorten sind nur vier Wochen nach der Aussaat erntereif. Das schnelle Wachstum für zarte Wurzeln verlangt viel Wärme und Feuchtigkeit. Wächst Wurzelgemüse langsam, neigt es dazu, zäh und holzig zu werden. Dazu kommt es auch, wenn zu spät geerntet wird.

Die Möhren haben ansehnliches, üppiges Laub, die Wurzeln fallen mickrig aus. Wie lässt sich dies im nächsten Jahr verhindern?
Wurzelgemüse braucht eine angemessene Nährstoffversorgung. Der Ertrag lässt sehr zu wünschen übrig, wenn Wasser- und Düngerversorgung nicht stimmen. Besonders eine hohe Stickstoffversorgung wie durch Hühnermist oder anderen Mist führt zu üppigem Blattwerk. Wärme und Feuchtigkeit regen das Wachstum später an und im Ergebnis entwickeln sich oft ein großzügiger oberer Pflanzenteil, aber schwache Wurzeln. In Zukunft sollten Sie immer nur genau nach den Angaben auf der Packung düngen (bedenken Sie, dass lehmige Böden fruchtbarer sind als sandige).

Unter meinen ausgegrabenen Pastinaken befanden sich so viele gegabelte Wurzeln. Woher kommt das?
Wie viele andere Arten von Wurzelgemüse sät man Pastinaken direkt in den Boden und nicht erst in Töpfe, um später zu verpflanzen. Steinige oder verdichtete Erde bringt Verdruss, denn wenn die Pfahlwurzel beim Wachstum auf einen Widerstand stößt, gabelt sie sich gern. Auch ein Übermaß an Dünger kann dazu führen, wenn die Wurzelspitze gereizt wird. Vielleicht können Sie in Hochbeete mit steinfreier Erde säen. Befolgen Sie gewissenhaft die Düngeanweisungen.

KRANKHEITEN UND SCHÄDLINGE

Fruchtwechsel und Barrieren halten minierende Schädlinge ab. So sind einwandfreie Wurzeln zu erwarten.

- Kohlerdflöhe (siehe S. 240) fressen viele kleine Löcher in Sämlinge von Radieschen und Rübchen.
- Schnecken (siehe S. 242) bewirken, dass ganze Sämlingsreihen über Nacht verschwinden.
- Das Laub von Kartoffeln wird schwarz und stirbt ab. Welkt die ganze Pflanze, ist Schwarzbeinigkeit (siehe S. 248) die Ursache. Treten Flecken regelmäßig und plötzlich auf, wird es an der Kraut- und Knollenfäule (siehe S. 248) liegen.
- Kleine Maden der Kohlfliege (siehe S. 242) fressen Gänge in Speiserübchen, Steckrüben und Radieschen.
- Rostorangefarbene Gänge in Möhren entstehen durch die Larven der Möhrenfliege (siehe S. 240).
- Orangefarbene Schäden auf Pastinakenwurzeln verweisen auf Pastinakenkrebs (siehe S. 246).
- Erdraupen (siehe S. 242) fressen glatte Löcher in Kartoffelknollen und Möhrenwurzeln.
- Eine raue korkartige Schale auf Kartoffelknollen verursacht häufig der Kartoffelschorf (siehe S. 246).

SCHRITT FÜR SCHRITT

ZWIEBELN

Ohne Zwiebeln ist kein Gemüsegarten komplett. Es stehen viele Sorten zur Auswahl, solche mit brauner, roter oder weißer Schale. Diese klassische Kultur braucht eine lange Wachstumszeit. Eine ansehnliche Größe erreichen sie bei einer frühzeitigen Aussaat im Haus. Eine einfachere Möglichkeit bieten Steckzwiebeln, die man im Frühling oder Herbst setzt. Überwinterte, frostfeste Kulturen, etwa von japanischen Auslesen, bringen eine willkommene frühe Ernte.

	FRÜHLING	SOMMER	HERBST	WINTER
AUSS./PFL.				
ERNTE				

KULTURDAUER: 20–24 WOCHEN

GEEIGNET FÜR: BEET

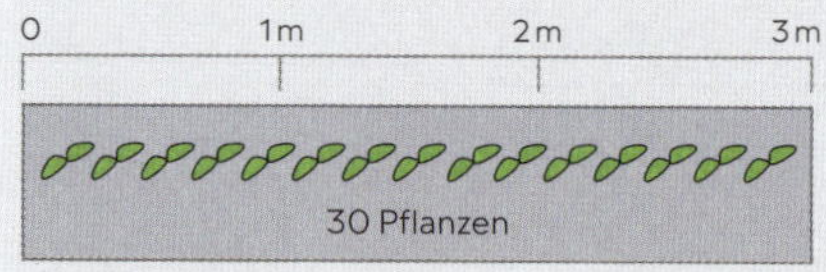

3 M LANGE REIHE
Säen, pflanzen oder ausdünnen auf 10 cm

1 AUSSAAT IM HAUS

Wenn Sie große Zwiebeln anstreben, säen Sie ab Ende Februar. Füllen Sie Aussaatsubstrat in Anzuchtsysteme ein, das Sie leicht andrücken und gut gießen. In jede Zelle kommt ein 1 cm tiefes Loch, in das Sie jeweils zwei Samenkörner einlegen. Die brauchen ein wenig zusätzliche Wärme, halten Sie die Erde feucht. Vereinzeln Sie die Keimlinge und belassen Sie nur einen pro Zelle.

TIPP Bei drei oder vier Samen pro Zelle erhalten Sie früher kleine Zwiebeln.

Bei der Aussaat in Anzuchtsystemen erübrigt sich das Pikieren im Verlauf der Entwicklung.

Vereinzeln Sie. Das geschieht durch Herausziehen der schwächeren Sämlinge aus der Erde.

Pflanzen Sie nach dem Abhärten zur selben Zeit, zu der Sie Steckzwiebeln setzen würden.

Säen Sie ab Mitte April direkt. Wählen Sie eine schossfeste Sorte, denn nach Kälteeinbrüchen neigen die Aussaaten zum Schießen.

Dünnen Sie die Pflänzchen nach und nach aus. Nur die kräftigsten bleiben stehen, die gezogenen Pflänzchen können Sie als Salatzutat verwenden.

2 AUSSAAT IM FREIEN

Seit es Steckzwiebeln gibt, die der Kultur einen Vorsprung ermöglichen, werden Zwiebeln überwiegend so angezogen. Mehr Auswahl ermöglicht Aussaat. Säen Sie im Frühling für eine Ernte im Sommer oder im Spätsommer für die Überwinterung japanischer Sorten. Lockern Sie den Boden, entfernen Sie Unkraut, rechen Sie die Oberfläche eben. Ziehen Sie eine 2 cm tiefe Rille, legen Sie dünn Samen aus, die Sie mit Erde bedecken und gießen. Nach dem Keimen lichten Sie auf 10 cm Abstand aus.

3 STECKZWIEBELN

Die sehr kleinen Zwiebeln werden im Herbst oder im Frühling gesteckt. Jede wächst zu einer größeren Zwiebel heran. Im Herbst gesetzte Steckzwiebeln winterharter Sorten bringen oft größere Zwiebeln als im Frühjahr gepflanzte. Legen Sie Steckzwiebeln mithilfe einer Pflanzschaufel in vorbereiteten Boden in 10 cm Abstand. Die Spitze schaut nach oben.

Der Abstand zwischen den Steckzwiebeln entscheidet über die spätere Zwiebelgröße. Pflanzen Sie weiter auseinander für größere Zwiebeln.

Drücken Sie die Erde fest rund um die Steckzwiebeln an. Die Spitzen schauen gerade aus der Erde heraus. Wässern fördert das Anwachsen.

4 PFLEGE

Zwiebeln leiden schnell unter Konkurrenz durch andere Pflanzen, jäten Sie daher regelmäßig. Halten Sie den Boden gleichmäßig feucht. Haben Sie im Herbst gesät oder gepflanzt, sollten Sie im ausgehenden Winter ausgewogen düngen.

Jäten Sie regelmäßig, besonders die noch jungen Kulturen. Durch Arbeiten von Hand vermeiden Sie Verletzungen der Zwiebeln.

5 ERNTE

Entnehmen Sie Zwiebeln, sobald sie ihre volle Größe erreicht haben und die welken Blätter sich zur Seite neigen. Ziehen Sie Zwiebeln an einem trockenen Tag mit der Grabegabel teilweise aus dem Boden. Eine Woche lang sollten sie dort trocknen.

Erntereif sind Zwiebeln, wenn sich mindestens die Hälfte der Blätter gelb färben und umfallen. Ziehen Sie Zwiebeln an einem trockenen Tag.

ZWIEBELN TROCKNEN

Legen Sie Zwiebeln auf einem Drahtnetz aus. Es braucht Abstand zum Boden, damit Luft zirkulieren kann, und sollte an einem hellen, trockenen Platz – an einem Fensterbrett oder im Gewächshaus – stehen. Wenn sich die äußeren Schalen ablösen, verflechten Sie die Blätter zum Aufhängen oder geben die Zwiebeln in Netze.

ZWIEBELN

1 'Sturon' Die beliebte braunschalige Sorte entwickelt Zwiebeln mittlerer Größe mit aromatischem, saftigem Gewebe. Die schossfesten Zwiebeln halten sich gut nach der Ernte.

2 'Ailsa Craig' Die zuverlässige Sorte liefert große, runde Zwiebeln, die mild schmecken. Man sollte sie frisch verbrauchen, weil sich die Zwiebeln schlecht lagern lassen.

3 'Senshyu' Die winterharte Sorte aus Japan kann im Herbst für eine Ernte im Frühsommer gepflanzt werden. Sie bringt verlässlich viele schmackhafte, oben abgeflachte Zwiebeln.

4 'Centurion' Im Frühling gepflanzt, ist im Sommer eine frühe Ernte runder, braunschaliger, knackiger Zwiebeln mit gutem Geschmack zu erwarten. Sie haben sich im Lager bewährt.

5 'Hi Keeper' Die japanische Sorte wird im Herbst gepflanzt, um im Freien zu überwintern. Geerntet wird dann im Frühsommer. Frühjahrsaussaaten reifen im Sommer.

6 'Red Baron' Zahlreiche kleine bis mittelgroße, rotschalige, gut lagerfähige Zwiebeln sind im Sommer zu erwarten. Der Geschmack ist intensiver als bei anderen roten Zwiebeln.

7 'Setton' Die großen, braunschaligen Zwiebeln reifen in Fülle im Spätsommer. Geschmack und Lagereignung sind gut. Von der Sorte sind Steckzwiebeln erhältlich.

8 'Shakespeare' Im Herbst gepflanzt, werden die schmackhaften, braunschaligen Zwiebeln mittlerer Größe im folgenden Sommer geerntet. Sie halten sich im Lager ausgezeichnet.

9 'Golden Bear' Die großen, braunschaligen Zwiebeln reifen im Hochsommer. Die reiche Ernte lässt sich gut lagern. Die Sorte ist widerstandsfähig gegen Weißfäule (siehe S. 244).

WEITERE SORTEN
'Bedfordshire Champion'
'Hercules'
'Hytech'
'Robelja'
'Stuttgarter Riesen'

1

2

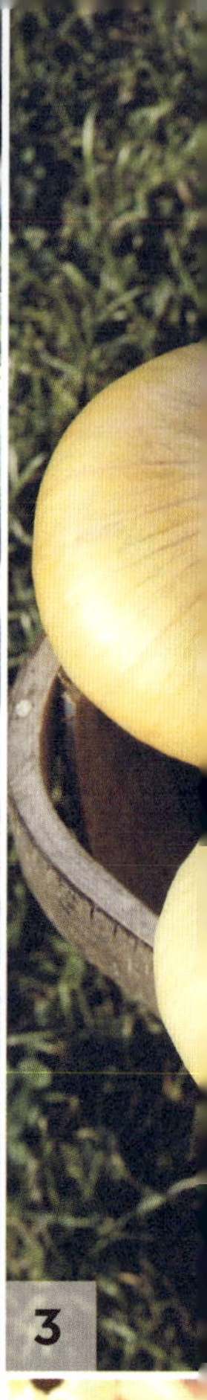
3

6

4

5

7

8

9

SCHRITT FÜR SCHRITT

SCHALOTTEN

Die Kultur der kleinen Zwiebeln gestaltet sich denkbar einfach: Legen Sie im Herbst oder Frühling Steckzwiebeln – jede teilt sich und bildet mehrere neue Zwiebeln. Falls die Schalen gut abtrocknen, halten sie sich überaus lange, und Sie erhalten Zwiebeln mit intensivem Geschmack für viele Monate. Schalotten sind im Handel teuer, sie schmecken vorzüglich als Ganzes in Aufläufen. Wenn man sie mit Fleisch oder Gemüse brät, nehmen sie einen karamellisierten Geschmack an.

	FRÜHLING	SOMMER	HERBST	WINTER
AUSS./PFL.				
ERNTE				

KULTURDAUER: 20–36 WOCHEN

GEEIGNET FÜR: BEET

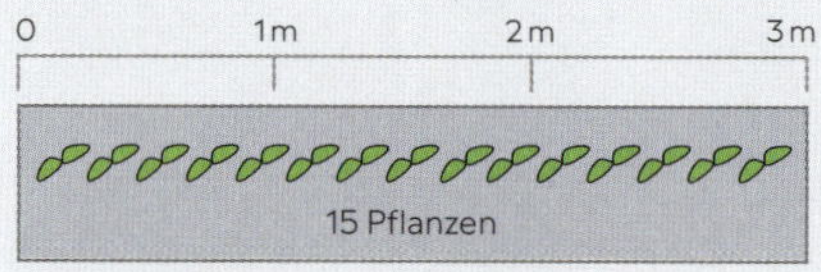

3 M LANGE REIHE
Ausdünnen und auspflanzen auf 20 cm

1 KULTURBEGINN

Schalotten zieht man in aller Regel aus Steckzwiebeln, da sie im Zuge des Wachstums in zahlreiche kleine Zwiebeln aufspalten. Man kann Schalotten auch säen, entweder im Winter im Haus oder ab April als Direktsaat ins Freie. Geben Sie ihnen nährstoffreiche, gut wasserdurchlässige Erde.

'Longor' entwickelt einheitliche Zwiebeln mit rosa Fleisch und gutem Aroma.

'Red Sun' bringt hohe Erträge. Die Schale ist rot, das Fleisch rötlich überlaufen und würzig.

'Golden Gourmet' schmeckt mild; man kann die großen, gelben Zwiebeln roh essen.

'Mikor' mit braunen, großen Zwiebeln und rosa Fleisch eignet sich ideal zum Kochen.

2 AUSSAAT IM HAUS

Füllen Sie Aussaaterde in Multitöpfe ein, gießen Sie. Legen Sie Samen in Horsten ab, die Sie 1 cm hoch mit Erde bedecken. Gießen Sie und stellen Sie die Saat in einen Vermehrungskasten. Sie keimt nach ein bis zwei Wochen.

Winteraussaaten aus dem Haus sind gewöhnlich im April fertig zum Auspflanzen.

3 STECKZWIEBELN

Stecken Sie sie im zeitigen Frühjahr oder in der ersten Herbsthälfte in die Erde. Wählen Sie einen offenen, sonnigen Platz, dessen Boden gelockert und von Unkraut befreit wurde. Drücken Sie Steckzwiebeln so in die Erde, dass die Spitze gerade eben herausschaut. Stecken Sie mit Abstand von 20 cm nach allen Seiten.

TIPP Ein Kulturschutznetz hält Vögel fern.

Zertifizierte, virusfreie Steckzwiebeln garantieren Ihnen eine reiche Ernte gesunder Schalotten.

4 SÄEN UND PFLANZEN

Im zeitigen Frühjahr können Sie auch direkt aufs Beet säen, das in der vorausgegangenen Wachstumssaison mit gut verrottetem Kompost versorgt wurde. Ziehen Sie eine 2,5 cm tiefe Rille und säen Sie dünn. Bedecken Sie die Saat mit Erde und gießen Sie. Jungpflanzen, die im Haus angezogen wurden, setzen Sie im Abstand von 20 × 20 cm.

Streuen Sie Samen dünn entlang jeder Rille. Säen Sie genug, denn die Sämlinge werden nach dem Auflaufen ausgedünnt.

Beim Ausdünnen ziehen Sie die schwächeren Sämlinge vorsichtig heraus, es soll ein Abstand von etwa 20 cm bleiben.

Falls Sie umpflanzen müssen, graben Sie die Jungpflanzen vorsichtig aus und setzen Sie sie im Abstand von 20 cm ein.

5 PFLEGE

Jäten Sie gut. Die Pflanzen vertragen Konkurrenz schlecht. Gießen ist nur in Trockenperioden nötig. Überwinterte Schalotten sollten im Frühjahr eine leichte Düngung in fester Form erhalten. Im Frühling gepflanzte Schalotten müssen nicht gedüngt werden.

Jäten Sie von Hand oder mit einer Schuffel. Eine gute Durchlüftung beugt Krankheiten wie Falschem Mehltau vor (siehe S. 244).

6 ERNTE

Die Blätter vergilben und welken zwischen Hoch- und Spätsommer – als Zeichen dafür, dass die Zwiebeln nahezu reif sind. Hören Sie auf zu gießen, damit die Zwiebeln trocknen und eine feste Schale ausbilden. Ernten Sie vorsichtig mit einer Grabegabel.

Die Zwiebeln sollen nach der Ernte an der Erdoberfläche für ein paar Tage trocknen. Danach werden sie vor dem Einlagern vorsichtig geteilt.

ZWIEBELN TROCKNEN

Für eine Lagerung müssen Schalotten mindestens zwei Wochen auf einem Gestell im Gewächshaus oder unter einem Dach abtrocknen. Danach wird das Laub bis auf 1 cm Länge abgeschnitten. Lösen Sie die lockeren äußeren Häute ab. Lagern Sie Schalotten offen an einem kühlen, trockenen, frostfreien Ort.

SCHRITT FÜR SCHRITT

LAUCHZWIEBELN

Lauchzwiebeln eignen sich hervorragend für kleine Flächen oder für die Kultur im Topf. Reservieren Sie ihnen Platz für ein oder zwei Reihen. Die kleinen Pflanzen bringen erstaunlich viel Ertrag, die Anbauzeit lässt sich durch frühe oder späte Aussaaten verlängern. Lauchzwiebeln bilden entweder unterirdisch eine kleine Zwiebel aus, oder sie wachsen wie ein Lauch und entwickeln einen zylindrischen, nicht verdickten Schaft. Zur Auswahl stehen auch Sorten mit roten Schäften.

	FRÜHLING	SOMMER	HERBST	WINTER
AUSSAAT				
ERNTE				
KULTURDAUER: 10 WOCHEN				

GEEIGNET FÜR: BEET UND PFLANZGEFÄSS

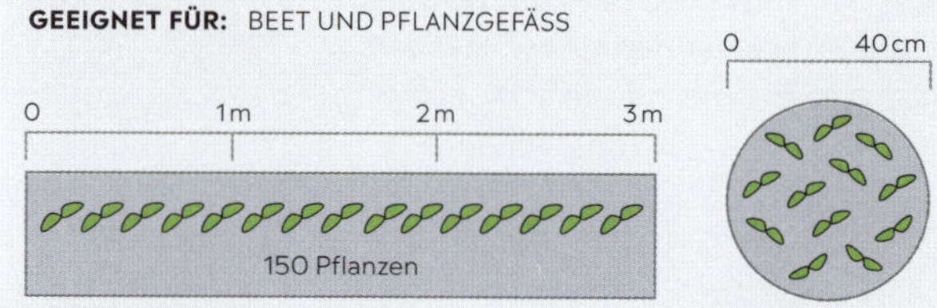

3 M LANGE REIHE
Auspflanzen in 2 cm Abstand

TOPF
je 40 Pflanzen

1 KULTURBEGINN

Lauchzwiebeln werden im Frühling und Sommer entweder direkt auf das Beet oder in Container gesät. Frühe und späte Sätze kann man im Haus heranziehen, die Aussaat erfolgt an Rändern im Gewächshaus oder in große Töpfe. Im Spätwinter kann man kleine Mengen sogar auf einer warmen Fensterbank aussäen.

'Guardsman' erweist sich als wüchsig. Lange, weiße Schäfte und dunkelgrüne Blätter.

'North Holland Blood Red' liefert auffällige rote Schäfte, die mit der Zeit dunkler werden.

'White Lisbon' ist die häufigste Sorte. Sie eignet sich gut für die Aussaat in Töpfen.

'Ishikura' hat weiße, lange, dicke Schäfte. Man erntet die asiatische Sorte dünn oder dick.

Säen im Haus können Sie zwischen März und September. Im Vermehrungskasten keimen die Samen geschützt und schnell.

Für eine Direktsaat im Haus füllen Sie Vermehrungserde in große Töpfe. Gießen Sie und säen Sie dünn in 1cm Tiefe.

Sämlinge müssen ausgedünnt werden, wenn sie etwa 8 cm lang sind. Zwischen den Pflänzchen bleiben 2 cm Abstand.

2 AUSSAAT IM HAUS

Weil manche Sorten Frost so gut vertragen, kommen frühe oder späte Aussaaten im Haus infrage, um die Erntezeit auszudehnen. Füllen Sie in 30 cm große Töpfe Aussaaterde ein, die Sie leicht andrücken und angießen. Markieren Sie mit einem Bambusstab oder einer Pflanzschaufel 1 cm tiefe Rillen in 10 cm Abstand. Legen Sie Samen in 1 cm Abstand aus, die Sie mit Erde bedecken und leicht wässern. Sobald Sämlinge erscheinen, dünnen Sie aus, sodass alle 2 cm nur das kräftigste Pflänzchen verbleibt. Schützen Sie die junge Kultur, indem Sie ein wenig Schafwollpellets streuen.

3 AUSSAAT IM FREIEN

Für die Aussaat von Lauchzwiebeln an Ort und Stelle lockern Sie den Boden und entfernen alles Unkraut sowie alle Ernterückstände. Rechen Sie eben, dann markieren Sie 1 cm tiefe Rillen in 10 cm Abstand. Wässern Sie die Saatrille gründlich, säen Sie darin im Abstand von etwa 1 cm aus. Bedecken Sie die Samen mit Erde und gießen Sie leicht.

Aussaaten winterharter Sorten im Spätsommer oder Frühherbst liefern eine Ernte im Frühling. Decken Sie die Kultur zum Schutz mit Vlies ab.

Lichten Sie die Sämlinge aus, sobald sie 8 cm hoch sind, lassen Sie 2 cm Abstand. Die gezogenen Pflänzchen verwenden Sie wie Schnittlauch.

4 GESCHÜTZTE KULTUR

Die Kultur in großen Töpfen ermöglicht eine frühe oder eine späte Ernte. Gießen Sie gut und geben Sie im Verlauf der Reifezeit ausgeglichenen Dünger in Lösung. Achten Sie auf eine gute Belüftung, um Pilzkrankheiten wie Grauschimmel zu vermeiden (siehe S. 246).

Gießen ist wichtig für junge Lauchzwiebeln, im Haus wie im Freien. Durch Trockenheit kann das Wachstum ernsthaft ins Stocken geraten.

5 PFLEGE

Wässern Sie ausreichend, denn bei Trockenheit stocken die Pflanzen. Lauchzwiebeln reagieren empfindlich auf Konkurrenz durch Unkräuter, jäten Sie daher regelmäßig. Schützen Sie die Kulturen in kühleren Regionen mit Vlies oder mit Hauben.

Jäten Sie sorgfältig. Unkraut konkurriert mit den jungen Pflanzen um Wasser und Nährstoffe. Es kann außerdem Krankheiten befördern.

6 ERNTE

Einzelne Pflanzen können Sie ernten, sobald sie bleistiftdick sind. Heben Sie sie vorsichtig mit einer Handgabel und drücken Sie die Erde für die benachbarten Pflanzen wieder an. Lauchzwiebeln lassen sich nicht gut aufbewahren. Ernten Sie nach Bedarf.

TIPP Lauchzwiebeln wollen einen offenen, sonnigen Platz, keinen Schatten.

Reif für die Ernte sind Lauchzwiebeln nach rund 10 Wochen. Säen Sie immer wieder neu.

SCHRITT FÜR SCHRITT

LAUCH

Die Zwiebelgewächse mit mildem Geschmack stellen im Winter eine unentbehrliche Alternative für Kohl dar. Lauch bildet keine Zwiebeln aus, dafür lange weiße Schäfte, die durch Anhäufeln mit Erde gebleicht werden. Die Züchtung ist bestrebt, seine Widerstandsfähigkeit gegenüber Krankheiten ständig zu verbessern und die Erntedauer zu verlängern. Wählen Sie nach diesen Kriterien. Manche Sorten kann man eng pflanzen, um zarte weiße Stangen oder Babylauch zu ziehen.

	FRÜHLING	SOMMER	HERBST	WINTER
AUSSAAT				
ERNTE				

KULTURDAUER: 30–32 WOCHEN

GEEIGNET FÜR: BEET UND PFLANZGEFÄSS

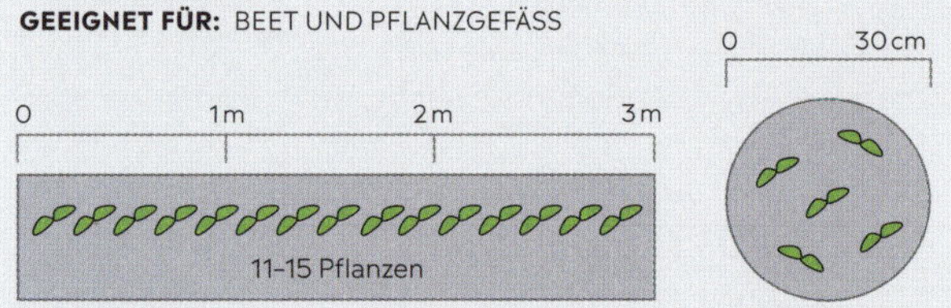

3 M LANGE REIHE
Auspflanzen in 20–30 cm Abstand

TOPF
je 5 Pflanzen

1 KULTURBEGINN

Lauch scheint Störungen des Wurzelwerks nicht so sehr übel zu nehmen. Sie können daher in Horsten säen und später die Pflanzen mit »nackten« Wurzeln entnehmen, um sie an die endgültige Stelle zu setzen. Damit lässt sich der Platz zunächst noch von einer anderen Kultur nutzen, bevor der Lauch bereit zum Umpflanzen ist.

'Musselburgh' ist eine bekannte Sorte, die kurze, geschmackvolle Schäfte hervorbringt.

'Oarsman' hat weiße Schäfte, dunkles Laub, widersteht Rost und schießt nicht leicht.

'Toledo' reift spät. Die Sorte liefert einheitlich geformte Schäfte mit gutem Geschmack.

'Zermatt' schmeckt mild. Man kann Babylauch ziehen oder ihn reifen lassen.

Im Spätwinter können Sie säen, sofern die Aussaaten warm genug stehen. Sie brauchen mindestens 10 °C.

Kompostierbare Töpfe aus Modulen ermöglichen das direkte Einsetzen in die Pflanzlöcher, ohne dass Wurzeln Schaden nehmen.

2 AUSSAAT

Für die Aussaat im Haus befüllen Sie einen hohen 15-cm-Topf mit Aussaaterde, die Sie leicht andrücken und wässern. Säen Sie dünn darauf aus. Bedecken Sie die Samen 1 cm hoch mit Erde, gießen Sie an und stellen Sie den Topf in einen Vermehrungskasten. Alternativ dazu können Sie in Anzuchtsysteme aus kompostierbarem Material aussäen. Sie können auch direkt aufs Beet säen, wenn der Boden sich erwärmt hat. Ziehen Sie im vorbereiteten Saatbett eine 2 cm tiefe Rille. Gießen Sie gut und säen Sie dünn aus. Decken Sie die Saat mit Erde ab, gießen Sie die eingeebnete Fläche leicht.

3 UMPFLANZEN

Sobald die Jungpflanzen 20–30 cm hoch und bleistiftdick sind, können Sie um- oder auspflanzen. Bohren Sie im vorbereiteten Beet mit einem Pflanzstab 2–3 cm breite und 15 cm tiefe Löcher im Abstand von 20–30 cm. Schneiden Sie die Wurzeln der Pflänzchen vor dem Einsetzen auf 2,5 cm Länge zurück.

Nach etwa acht Wochen heben Sie die Jungpflanzen vorsichtig aus dem Saatbett oder vereinzeln Sie Sämlinge aus dem Topf.

Mit einer sauberen Schere schneiden Sie die Wurzeln auf 2,5 cm Länge zurück. Sie werden sich weiterentwickeln.

Setzen Sie die Jungpflanzen in tiefe Pflanzlöcher zum Einschlämmen ein. Für Babylauch genügt ein Abstand von 10 cm.

4 GIESSEN

Wenn die Jungpflanzen in ihren Löchern stehen, schlämmen Sie sie rundherum richtig ein. Erde soll vom Rand nach unten fallen. Das tiefe Pflanzen unterstützt das Bleichen des Schaftgrundes. Gießen Sie die Pflanzen während der Sommermonate gut.

Schlämmen Sie gepflanzten Lauch gründlich ein, die Löcher müssen nicht mit Erde gefüllt sein. Die Pflanzen bilden dann lange, weiße Schäfte.

5 PFLEGE

Öfter einmal treten Lauchmotte oder Zwiebelfliege (siehe S. 240) auf. Bedecken Sie die Pflanzen daher vorbeugend mit Kulturschutznetz. Der Ertrag leidet, wenn Unkraut aufkommen kann. Häufeln Sie um die Schäfte herum an, um sie zu bleichen.

Häufeln Sie um die wachsenden Pflanzen Erde an, um Licht abzuschirmen, damit die Schäfte bleichen und zum Stabilisieren.

6 ERNTE

Heben Sie Lauch mit einer Grabegabel. Er könnte noch eine Zeit lang im Boden bleiben, doch vielleicht brauchen Sie den Platz für andere Kulturen. Sie können Lauch einschlagen: Stellen Sie ihn dicht in gelockerten Boden oder in eine Kiste im Schuppen.

Geernteter Lauch hält sich nicht gut. Verbrauchen Sie ihn schnell nach der Entnahme.

TIPP Wählen Sie Sorten, die widerstandsfähig gegen Porreerost sind.

SCHRITT FÜR SCHRITT

KNOBLAUCH

Das ist eine der vielseitigsten Gemüse-Arten in jeder Küche und ihre Kultur gelingt ziemlich einfach, sogar in Töpfen. Stecken Sie Zehen im frühen Herbst oder zeitigen Frühjahr an einen sonnigen Platz. Zu dieser Zeit sind die Beete oft frei. Sie können eine Ernte reifer Knollen zwischen Früh- und Hochsommer erwarten. Der Erde entnommen, können Sie Knoblauch frisch mit köstlich mildem Aroma genießen oder Sie trocknen ihn für die Verwendung in den folgenden Monaten.

	FRÜHLING	SOMMER	HERBST	WINTER
PFLANZEN				
ERNTE				
KULTURDAUER: 20–36 WOCHEN				

GEEIGNET FÜR: BEET UND PFLANZGEFÄSS

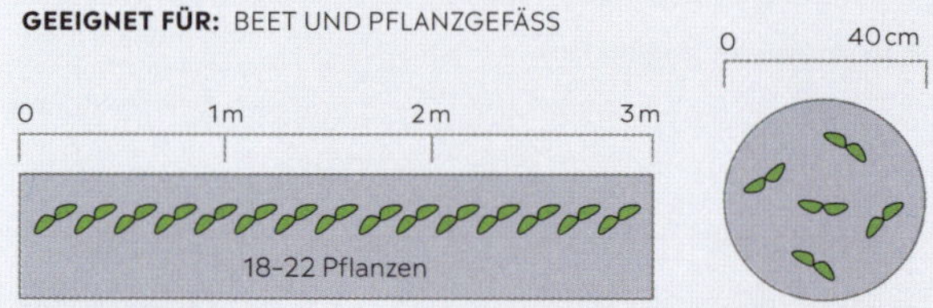

3 M LANGE REIHE
Pflanzabstand 15–18 cm

TOPF
je 5 Pflanzen

1 KULTURBEGINN

Beim Knoblauch gibt es unterschiedliche Typen. Die Rocambole entwickelt einen doldigen Blütenstand, der vorwiegend Brutzwiebeln enthält. Die anderen Formen bilden keine Blüten, ihre Knollen lassen sich länger lagern. Legen Sie die Zehen in leichten, gut wasserführenden Boden.

'Solent Wight' entwickelt große, weiße, sehr aromatische Knollen. Nicht blühende Sorte.

'Early Wight' ist eine Rocambole mit früh reifenden Knollen und gedrungenen Zehen.

'Elephant' ist eine Auslese des Acker-Knoblauchs. Die großen Zehen sind ideal fürs Grillen.

'Picardy Wight' wächst auch unter kühlen, feuchten Bedingungen. Das Aroma ist kräftig.

Die Größe der späteren Knolle hängt von der Größe der Zehen ab. Stecken Sie die größten, verwerfen Sie die kleinsten.

Stecken Sie die Zehen so in die Erde, dass oben noch die Spitze herausschaut. Drücken Sie Erde rundum an, gießen Sie.

Ein Austrieb zeigt sich nach sieben bis zehn Tagen. Sobald die Wurzeln den Topf füllen, pflanzen Sie in 15–18 cm Abstand.

2 IM HAUS PFLANZEN

Unter Schutz können Sie im zeitigen Frühjahr pflanzen. Zerteilen Sie die Knoblauchknolle in Zehen, füllen Sie Substrat in Töpfe ein und stecken Sie pro Gefäß eine Zehe. Gießen Sie gut an. Die Töpfe sollen an einem hellen Platz bei 10 °C stehen. Zu viel Wärme führt zu mastigem Wuchs, was die Krankheitsanfälligkeit erhöht. In einen Kalten Kasten oder an einen geschützten Platz im Freien können Sie pflanzen, sobald der Austrieb 10 cm hoch ist.

TIPP Schneiden und genießen Sie die unreifen Schäfte der Rocambole.

3 INS FREIE PFLANZEN

Knoblauchzehen können Sie im Frühherbst oder zeitigen Frühling stecken. Wählen Sie einen geschützten, sonnigen Platz, an dem Sie die Erde lockern und alles Unkraut entfernen. Arbeiten Sie stickstoffbetonten Dünger ein, rechen Sie eben. Stecken Sie die Zehen mit der Spitze nach oben und tiefer als in Töpfe.

Stecken Sie Zehen im Abstand von 15–18 cm nach allen Seiten. Versenken Sie die Zehen mit der Spitze nach oben im Boden. Gießen Sie gut.

4 PFLEGE

Gießen Sie junge Pflanzen gut, während sich ein kräftiges Wurzelsystem entwickelt. Einmal eingewachsen, erweist sich Knoblauch als trockenheitsverträglich, zu viel Nässe beeinträchtigt die Lagerfähigkeit. Wässern Sie nur bei anhaltender Dürre.

Konkurrenz durch Unkraut senkt den Ertrag. Hacken Sie regelmäßig zwischen den Reihen und jäten Sie von Hand zwischen den Pflanzen.

5 ERNTE

Entnehmen Sie die Knollen, sobald das obere Drittel des Laubs vergilbt ist und abstirbt. Bleiben die Pflanzen zu lange im Boden, treiben sie vielleicht wieder aus, was ihre Haltbarkeit vermindert. Heben Sie die Knollen vorsichtig mit der Grabegabel.

Knoblauchknollen werden im Sommer geerntet. Im Herbst gesteckte Sätze sind früher bereit zur Entnahme als Frühjahrssätze.

KNOLLEN TROCKNEN

Damit er sich lange lagern lässt, muss Knoblauch vollkommen trocken sein. Legen Sie die Knollen auf Gittern an einer sonnigen, trockenen Stelle oder bei feuchtem Wetter im Haus für mindestens zwei Wochen aus, bis die Häute dürr werden. Hängen Sie Knoblauch dann einzeln oder zu Zöpfen verflochten an einen kühlen, trockenen, gut belüfteten Platz.

PROBLEME

ZWIEBELGEWÄCHSE

Diese Gemüse-Arten benötigen eine lange Wachstumszeit. Probleme treten relativ selten auf und man kann sie durch Fruchtwechsel und gute Durchlüftung auf ein Minimum reduzieren. Sonnenschein verringert die Gefahr durch Krankheiten und sorgt für ausgereifte Schalen, um lange lagern zu können. Kulturschutznetze halten potenzielle Schädlinge fern.

Die Zwiebeln waren in diesem Jahr riesig. Kann man auch kleinere Zwiebeln ziehen?
Zwiebeln werden groß, wenn sie lange wachsen, viel Wurzelraum haben und ständig gegossen werden. Die Pflanzen reagieren gut auf veränderte Pflanzabstände, das heißt, weite Abstände bringen größere Zwiebeln und umgekehrt. Wenn Sie Steckzwiebeln enger setzen (etwa in 12–15 cm Abstand), ist immer noch ein guter Ertrag zu erwarten, doch es bilden sich kleinere Zwiebeln. Sie können größere Zwiebeln auch mit der Grabegabel aus der Erde heben, sobald diese die von Ihnen gewünschte Größe erreicht haben.

Gänge in den Lauchschäften beginnen zu faulen. Was hat die Pflanzen befallen?
Das beschriebene Schadbild passt entweder zur Lauchmotte oder zur Zwiebelminierfliege, beide kommen häufig vor. Die Larven der Lauchmotte besitzen sichtbare Beine, während die Maden der Zwiebelminierfliege beinlos sind. Die Schmetterlingslarven fressen oft zuerst an äußeren Pflanzenteilen und fressen sich dann in die Stange ein, was zu Fäulnis führt. Minierfliegen fressen sich rasch in die Schäfte ein, ihre Puppen, die aussehen wie Getreidekörner, findet man oft im Innern. Beide Schädlinge wehrt man durch Fruchtwechsel und Anbau unter Kulturschutznetz ab.

Wie komme ich zu einer ansehnlichen Lauchernte? Bisher enttäuschte das Ergebnis.
Lauch braucht für die Entwicklung viel Zeit, er muss bis zur Ernte oft 8–10 Monate im Boden bleiben. Säen Sie im Haus während März oder April in Töpfe, Sämlinge von 3–4 mm Dicke pflanzen Sie um. Mit einem Pflanzstab bohren Sie 20 cm tiefe Löcher und lassen eine Jungpflanze hineinplumpsen. Häufeln Sie um wachsende Pflanzen immer wieder an, um das Bleichen zu fördern. Wuchskräftige F1-Hybriden reifen früh und bringen gewöhnlich längere Schäfte als späte Sorten.

Wie gelingt es mir, dass sich die Zwiebeln bis zum Frühjahr halten?
Für eine lange Lagerzeit müssen die Zwiebeln völlig intakt sein und ausgereifte äußere Schalen aufweisen. Hüten Sie sich vor übermäßiger Stickstoffdüngung und setzen Sie die Pflanzen an einen offenen, sonnigen Platz. Nehmen Sie Zwiebeln mit Vorsicht aus der Erde, rubbeln Sie behutsam die Erde ab und breiten Sie nur erstklassige Zwiebeln auf einer Steige an einem trockenen, warmen Platz aus (verletzte Zwiebeln verzehren Sie bald). Wenn die äußeren Schalen papierartig trocken sind, flechten Sie einen Strang zum luftigen Aufhängen.

KRANKHEITEN UND SCHÄDLINGE
Fäulnis und Pilzkrankheiten können auftreten und verschiedene Schädlinge verlangen Wachsamkeit.

- Bei Zwiebelweißfäule (siehe S. 244) fault die Basis, ein weißer, schimmeliger Belag ist zu sehen.
- Ein grauer pelziger Belag auf Zwiebelblättern deutet auf Falschen Mehltau (siehe S. 244) hin. Das Laub vergilbt und stirbt ab, der Ertrag sinkt.
- Zahlreiche orangefarbene Pünktchen auf dem Laub von Lauch und Knoblauch weisen auf eine Infektion durch Rost (siehe S. 244) hin. Er tritt häufig im Schatten oder unter feuchten Bedingungen auf.
- Die Larven der Zwiebelfliege (siehe S. 240) fressen sich in den Grund von Zwiebeln und Lauch ein. Zum Schaden kommt die nachfolgende Fäulnis hinzu.
- Drahtwürmer (siehe S. 240), die Larven der Schnellkäfer, fressen manchmal Gänge in Zwiebeln.
- Blattläuse (siehe S. 242) vermehren sich rasch zu großen Kolonien, die das Laub schwarz einhüllen.
- Durch die Zwiebelhalsfäule (siehe S. 244) brechen Zwiebeln, Schalotten oder Knoblauch zusammen und faulen am Blattansatz.

SCHRITT FÜR SCHRITT

ZUCKERMAIS

Im Spätsommer liefert Zuckermais eine köstliche Speise - ob gekocht und in geklärter Butter geschwenkt oder auf dem Rost gegrillt. Pflücken und verzehren Sie die zarten Körner so bald wie möglich, gleich nach der Ernte schmecken sie am süßesten. Die Blüten werden vom Wind, nicht von Insekten bestäubt. Ziehen Sie die Pflanzen daher nahe beieinander in Gruppen. Die ertragreiche Kultur bringt auf einem Quadratmeter bis zu 20 schmackhafte Kolben.

	FRÜHLING	SOMMER	HERBST	WINTER
AUSSAAT				
ERNTE				
KULTURDAUER: 13-18 WOCHEN				

GEEIGNET FÜR: BEET UND PFLANZGEFÄSS

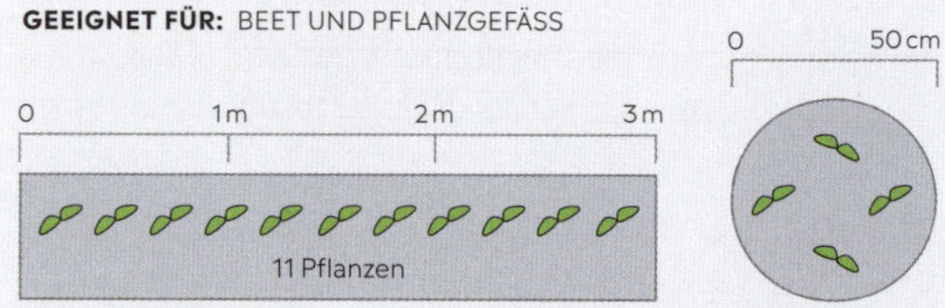

3 M LANGE REIHE
Pflanzabstand der Blöcke 30 cm

TOPF
je 4 Pflanzen

Röhren aus Pappkarton sind ideal für die Aussaat von Zuckermais. Sie sind lang genug für die Wurzeln und werden mit eingepflanzt.

Sämlinge erscheinen innerhalb weniger Wochen. Zuckermais will nährstoffreichen, durchlässigen Boden, arbeiten Sie viel organisches Material ein.

1 AUSSAAT IM HAUS

Füllen Sie in Anzuchtsysteme oder Töpfe Aussaaterde ein, gießen Sie gut. Legen Sie ein Samenkorn pro Zelle in 2 cm Tiefe ab, wässern Sie leicht. Die Keimung erfolgt im beheizten Vermehrungskasten. Sobald die Pflanzen 10 cm hoch sind, beginnt das Abhärten. Parallel dazu erwärmen Sie den Boden mithilfe einer Haube oder eines Kalten Kastens. Setzen Sie die Pflanzen im Abstand von 30 × 30 cm.

TIPP Halten Sie verschiedene Sorten getrennt, sonst wird der Geschmack beeinträchtigt.

Unter Abdeckungen erwärmt sich der Boden in den zwei Wochen vor der Aussaat.

Legen Sie zwei Samen je Loch ab. Später vereinzeln Sie und lassen nur den kräftigsten Sämling stehen.

Pflanzen Sie Zuckermais in Gruppen, damit der Wind den Pollen auf die Blüten überträgt.

2 AUSSAAT IM FREIEN

Wenn der Platz im Haus knapp ist, können Sie ebenso direkt an Ort und Stelle aussäen. Der Boden muss dafür mindestens 12 °C warm sein. Sie können das Aufwärmen durch eine Abdeckung mit Hauben oder durch einen Kalten Kasten beschleunigen. Gießen Sie gut und säen Sie in 2 cm tiefe Löcher in einem Gittermuster mit einem Abstand von 30 cm jeweils zwei Samen. Lassen Sie die Hauben aufliegen, bis die Samen nach etwa zwei Wochen keimen.

3 PFLEGE

Zuckermais müssen Sie den Sommer über gut gießen, besonders zur Blütezeit und wenn sich die Kolben entwickeln. Als Unterpflanzung eignet sich langsam wachsender Speisekürbis, doch dann müssen Sie noch mehr gießen. Schützen Sie Sämlinge vor Schnecken und jäten Sie regelmäßig, bis die Pflanzen gut eingewachsen sind.

Jäten ist in der Anfangszeit besonders wichtig. Größere Pflanzen behaupten sich besser gegenüber konkurrierenden Unkräutern.

Gießen Sie am Grund der Pflanzen, damit Wasser zu den Wurzeln sickert. Das Wässern ist im Hochsommer wichtig, wenn die Kolben schwellen.

4 STÜTZEN

Die großen Pflanzen können bis zu 2 m hoch werden. Vor allem in windexponierten Lagen brauchen sie eine Stütze. Häufeln Sie dazu rund um den Halmgrund an und stellen Sie Stützstäbe an den Ecken der Blöcke auf, die Sie mit einer Schnur flexibel verbinden.

Häufeln Sie die Pflanzen am Grund mit Erde an. Das stützt die Halme und schützt davor, dass Wind daran rüttelt und die Wurzeln lockert.

5 REIFETEST

Damit Sie die Kolben zur Zeit ihrer größten Süße genießen können, sollten Sie vor der Ernte den Reifegrad prüfen. Ein Zeichen stellt das Verbräunen der Fäden dar. Ziehen Sie vorsichtig die Umblätter zur Seite, um zu prüfen, wann die Körner milchreif sind.

Ziehen Sie die Hüllblätter vorsichtig zur Seite, um den Reifegrad zu prüfen. Sind die Samen weiß oder blass, brauchen sie noch ein paar Tage.

6 ERNTE

Die Kolben sollten Sie ernten, sobald sie reif sind. Der Zucker wird in Stärke umgewandelt, wenn sie zu lange an der Pflanze bleiben. Drehen Sie die reifen Kolben für einen raschen Verzehr ab, der Zuckergehalt kann sofort absinken. Geerntete Kolben lagern besser, wenn die Umblätter belassen werden. Sie halten sich dann im Kühlschrank für ein paar Tage. Überschüssige Kolben können Sie einfrieren.

Drehen Sie die Kolben mit einem kräftigen Ruck ab. Von jeder Pflanze können Sie zwei Kolben erwarten.

ZUCKERMAIS

1 'Honey Bantam' Die Traditionssorte hat cremegelbe, köstliche, süßliche Körner. Sie fruchtet innerhalb von zweieinhalb Monaten.

2 'Minipop' Die Sorte wird wegen der kleinen Maiskölbchen gezogen, die man erntet, wenn sie Fingergröße erreichen. Gepflanzt wird enger, es entwickeln sich oft mehrere Halme.

3 'Lark' Ab Spätsommer trägt diese Sorte zarte, dickhäutige Körner, die man gekocht oder roh verzehrt. Sie trägt zuverlässig und empfiehlt sich für kühlere Regionen.

4 'Sundance' Diese Sorte bringt große Kolben von 20 cm Länge mit süß schmeckenden Körnern. Die zuverlässige Sorte hat kürzere Halme und eignet sich für kühlere Regionen.

5 'Double Red' Die Sorte liefert ungewöhnlicherweise rote und weiße Körner. Es ist eine der wenigen roten Zuckermais-Sorten, die im europäischen Klima reifen.

6 'Northern Extra Sweet' Diese Sorte reift besonders früh, dadurch eignet sie sich für Regionen mit kurzem Sommer. Die 20cm langen Kolben bergen süßliche, zarte Körner.

7 'Mirai 003' Die kleinen Kolben werden nur 15 cm lang. Sie enthalten ausgesprochen süße, zarte Körner, die man gekocht oder roh verzehrt. Trägt sogar auf mageren Böden gut.

8 'Swift' Früh reifen die großen Kolben mit süß schmeckenden, dünnhäutigen Körnern. Die zuverlässige Sorte hat kräftige Halme. Sie bringt auch in kühleren Regionen guten Ertrag.

9 'Incredible' Die bedeutsame Zuckermaissorte besitzt ein herausragendes Aroma. Die 20 cm langen Kolben bergen leuchtend gelbe Körner. Gut widerstandsfähig gegen Rost.

WEITERE KULTUREN
'Challenger'
'Early Xtra Sweet'
'Mezdi'
'Tasty Sweet'
'Tramunt'

1

2

3

6

4
5
7
8
9

SCHRITT FÜR SCHRITT

KOHLRABI

Kohlrabi gehört zu den Kreuzblütlern und ist damit eng mit anderen Kohlarten wie Kopfkohl und Rosenkohl verwandt. Anstelle der Blätter wird jedoch die mild schmeckende Knolle verzehrt. Sie ist eine Verdickung des Verbindungsstücks zwischen Wurzelhals und Keimblättern. Der Anbau des beliebten Gemüses gelingt leicht. Es reift schnell und kann daher langsam wachsende Kulturen begleiten, um begrenzten Platz besser zu nutzen.

	FRÜHLING	SOMMER	HERBST	WINTER
AUSSAAT				
ERNTE				

KULTURDAUER: 8–20 WOCHEN

GEEIGNET FÜR: BEET UND PFLANZGEFÄSS

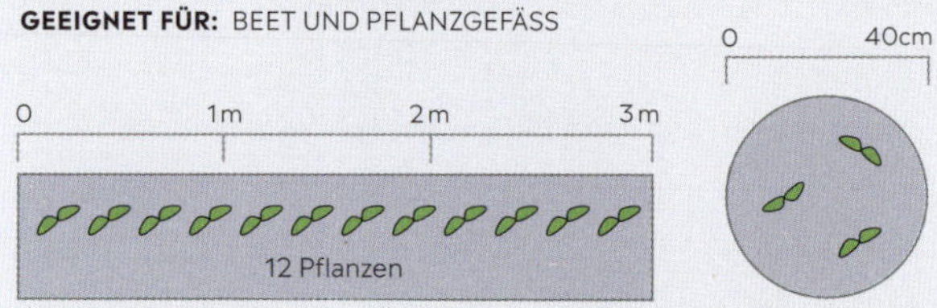

3 M LANGE REIHE
Pflanzabstand 25 cm

TOPF
je 3 Pflanzen

1 KULTURBEGINN

Kohlrabi wird aus Samen angezogen, die man im Frühling im Haus für einen zügigen Start aussäen kann. Spätere Sätze werden direkt an Ort und Stelle gesät, sie reifen innerhalb weniger Wochen heran. Die Krankheit Kohlhernie kann an dem Kohlgewächs auftreten und führt zu Ernteeinbußen (siehe S. 244).

'Purple Vienna' hat eine violette Schale und nussigen, milden Geschmack. Alte Sorte.

'Olivia' besitzt aufrecht stehende Blätter und gute Mehltau-Toleranz. Hybride.

'Superschmelz' liefert sehr große Knollen, die bis zu 20 cm im Durchmesser erreichen.

'Kolibri' bringt violette Knollen mit süßlichem, saftigem Fleisch. Gut für eine späte Ernte.

Im Haus säen können Sie bis in den April, im Lauf des Monats säen Sie direkt ins Freie. Nehmen Sie die Aussaat in Modulen oder Töpfen vor.

Kohlrabi neigt leicht zum Schießen, wenn er plötzlichen Temperaturstürzen ausgesetzt ist. Härten Sie die Pflanzen vor dem Umsetzen ins Freie ab.

2 AUSSAAT IM HAUS

Frühe Aussaaten können Sie im Haus vornehmen. Füllen Sie Aussaaterde in Aussaatsysteme ein, drücken Sie sie an und gießen Sie. Bohren Sie mit einem Pikierstab oder Bleistift 1 cm tiefe Löcher in jede Zelle, legen Sie in jedes zwei Samenkörner ein. Stellen Sie die Schalen an einen hellen Platz. Nach der Keimung vereinzeln Sie auf den kräftigsten Sämling. Während die Sämlinge abhärten, sollte sich die Erde zum Bepflanzen unter einer Haube erwärmen.

TIPP Säen Sie immer wieder Sätze aus, damit Sie ständig ernten können.

3 AUSSAAT IM FREIEN

Während Frühjahr und Frühsommer ziehen Sie 2 cm tiefe Rillen mit der Rechenkante oder einer Hacke, gießen Sie gut. Legen Sie alle 25 cm ein paar Samenkörner ab, die Sie mit Erde bedecken und leicht wässern. Die Keimung dauert ein bis zwei Wochen. Die Sämlinge sollten Sie vor Schnecken mit Schafwollpellets schützen.

Als ziemlich robuste Kultur kann man Kohlrabi ab April direkt säen. Blaue Typen sind öfter kältetoleranter als die weißen.

Sobald die Sämlinge erscheinen, dünnen Sie auf einen pro Saatstelle aus. Der endgültige Abstand zwischen den Pflanzen beträgt 25 cm.

4 PFLEGE

Obwohl sich Kohlrabi als trockenheitsverträglich erweist, sollten Sie den Boden ständig feucht halten, damit sich Feinwurzeln entwickeln. Wachstumsstockungen führen zu holzigen Knollen. Ein Kulturschutznetz hält Tauben und Kohlweißlinge fern.

Kohlrabi wird von typischen Schädlingen an Kohlgewächsen befallen, etwa dem Kohlweißling (siehe S. 240). Breiten Sie Kulturschutznetz aus.

5 JÄTEN

Das Entfernen von Unkraut bringt mehrere Vorteile: Es senkt die Konkurrenz um Wasser, es hält das Beet sauber und verringert die Ausbreitung von Krankheiten. Ziehen Sie unerwünschte Kräuter nahe den Pflanzen von Hand, hacken Sie in der Reihe.

Jäten Sie nahe der Pflanzen von Hand, um Schäden an den Knollen zu vermeiden. An warmen Tagen welkt das Unkraut schnell.

6 ERNTE

Babygemüse kann man schon nach etwa sechs Wochen ernten, doch im Allgemeinen braucht Kohlrabi etwa zwölf Wochen, um sich voll zu entwickeln. Sie können Knollen in der Größe zwischen Golf- und Tennisball ernten, dann schmecken sie am zartesten. Schneiden Sie die Knolle knapp über der Wurzel ab. Kohlrabi können Sie wie Pastinaken und Rote Beten in Sand einschlagen (siehe S. 137). Streifen Sie die Blätter vorher ab.

Schneiden Sie Knollen ab, sobald sie reifen. Bleiben sie zu lang, lässt die Qualität nach.

SCHRITT FÜR SCHRITT

FENCHEL

Die grünweißen, verdickten Blattbasen von Fenchel bilden eine »Knolle«, die mit ihrem milden, anisartigen Geschmack eine Besonderheit im Gemüsebeet darstellt. Fenchel zählt zu den Sternezutaten für eine Vielzahl von Speisen, er passt vorzüglich in Fisch- und Wokgerichte oder in Suppen. Feuchtigkeit lautet der Schlüssel für eine erfolgreiche Kultur. Säen Sie idealerweise im Sommer, mulchen und gießen Sie gut für ein ständiges Wachstum. Das dekorative Gemüse kommt mit wenig Platz aus.

	FRÜHLING	SOMMER	HERBST	WINTER
AUSSAAT				
ERNTE				
KULTURDAUER: 12–22 WOCHEN				

GEEIGNET FÜR: BEET UND PFLANZGEFÄSS

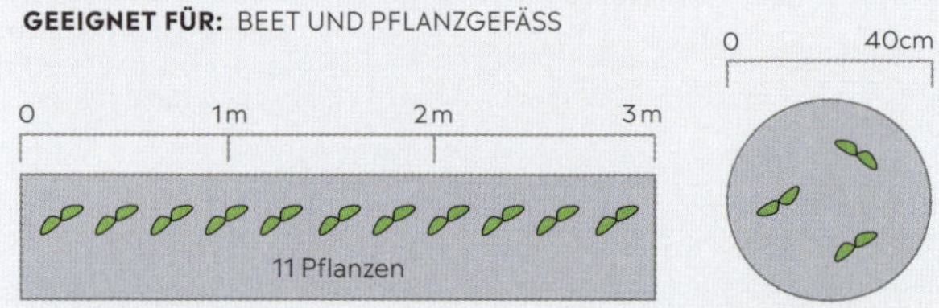

3 M LANGE REIHE
Pflanzabstand 30 cm

TOPF
je 3 Pflanzen

1 KULTURBEGINN

Für eine Aussaat im Frühjahr eignen sich nur schossfeste Sorten. Ansonsten ist der späte Frühling der früheste Termin. Stimmen Sie Ihre Sortenwahl auf den gewünschten Anbautermin ab. Sowohl Gewürz- als auch Gemüsefenchel können in der Küche verwendet werden. In einem mindestens 40 cm großen Topf können drei Pflanzen stehen.

'Zefa Fino' entwickelt große, rundliche, leicht abgeflachte Knollen mit gutem Geschmack.

'Perfektion' bringt große Knollen mit ausgezeichnetem Geschmack. Schossfest.

'Finale' hat große, flache Knollen mit ausgezeichnetem Geschmack. Eine schossfeste Sorte.

'Sirio' liefert runde, leicht abgeflachte, weißliche Knollen mit aromatischem Duft.

Ab März können Sie im Haus schossfeste Sorten säen. Sorgen Sie dafür, dass die Erde für Fenchelaussaaten beständig feucht bleibt.

Ziehen Sie Sämlinge an einem hellen Ort an und härten Sie sie vor dem Auspflanzen an ihren endgültigen Wuchsort ab.

2 AUSSAAT IM HAUS

Für eine frühe Ernte säen Sie im Haus in Anzuchtsysteme oder Töpfe, gefüllt mit feuchter Aussaaterde, aus. Die Keimquote kann niedrig sein, legen Sie daher drei Samen pro Zelle oder Topf in 1 cm Tiefe ab und vereinzeln Sie später auf den kräftigsten Sämling. Sobald die Wurzeln ihren Raum nahezu ausgefüllt haben, beginnen Sie mit dem Abhärten. Stellen Sie die Pflanzen für sieben bis zehn Tage tagsüber ins Freie, nachts stehen sie im Haus.

TIPP Schossfeste Sorten neigen nicht zum vorzeitigen Blühen, v. a. in sandigen Böden.

3 AUSSAAT IM FREIEN

Von Mitte Juni bis Mitte Juli können Sie alle Sorten direkt aufs Beet säen. Lockern Sie den Boden, entfernen Sie alles Unkraut, rechen Sie eben. Ziehen Sie 2,5 cm tiefe Rillen in 30 cm Abstand, gießen Sie. Legen Sie Samen zu dritt oder zu viert in Horsten ab. Wässern Sie nach dem Abdecken. Vereinzeln Sie nach der Keimung.

Legen Sie die Samen alle 30 cm in Horsten ab. Bedecken Sie die Erde bis zur Keimung mit Zeitungspapier, damit sie nicht austrocknet.

Setzen Sie Jungpflanzen aus dem Haus in 30 × 30 cm Abstand. Reichern Sie den Boden zuvor an und gießen Sie gut an.

4 PFLEGE

Gießen Sie in allen Entwicklungsstadien gut. Mit ausgeglichener Düngerlösung versorgen Sie die Pflanzen, wenn Sie in leichtem Boden oder Töpfen kultivieren. Jäten Sie sorgfältig, weil die aufrechten Pflanzen das Aufkommen von Unkraut kaum unterdrücken.

Eine gleichmäßige Feuchtigkeit ist wichtig für die Entwicklung ansehnlicher Knollen. Bei feucht-warmer Witterung wachsen sie schnell.

5 SEITENTRIEBE ENTFERNEN

Sollen sich die Pflanzen voll entwickeln, müssen Sie regelmäßig gießen, besonders in Trockenperioden. Wenn sich kleine Seitentriebe rund um die Pflanzenbasis entwickeln, kann dies die spätere Knollengröße beeinträchtigen. Man schneidet sie mit dem Messer ab.

Mulchen Sie Erde rund um die Knollen, damit die Feuchtigkeit im Boden bleibt. Dies verhindert auch das Keimen von Unkraut nahe der Pflanzen.

6 ERNTE

Fenchel können Sie in allen Entwicklungsstadien ernten. Blätter können Sie in bescheidener Menge jederzeit abschneiden und zum Würzen verwenden. Babyknollen haben einen Durchmesser von etwa 5 cm. Sie können in nur sechs Wochen fertig sein, während eine ausgewachsene Knolle je nach Sorte drei oder vier Monate lang braucht. Schneiden Sie oder ziehen Sie die komplette Pflanze.

Ziehen Sie die ganze Pflanze oder schneiden Sie sie ab, damit der Strunk erneut austreibt.

SCHRITT FÜR SCHRITT

STANGENSELLERIE

Der traditionelle Anbau von Bleichsellerie bedeutet eine Herausforderung, doch durch die Einführung selbstbleichender Sorten hat sich die Kultur des Stangenselleries deutlich vereinfacht. Die zarten Stängel bereichern Sommersalate, Aufläufe und Suppen. Dabei vertragen die Pflanzen Kälte gut und harren bis in den Herbst hinein auf dem Beet aus. Stangensellerie wird eng gepflanzt, damit die Stängel bleichen. Damit eignet sich die ertragreiche Kultur für kleine Flächen.

	FRÜHLING	SOMMER	HERBST	WINTER
AUSSAAT				
ERNTE				
KULTURDAUER: 18 WOCHEN				

GEEIGNET FÜR: BEET

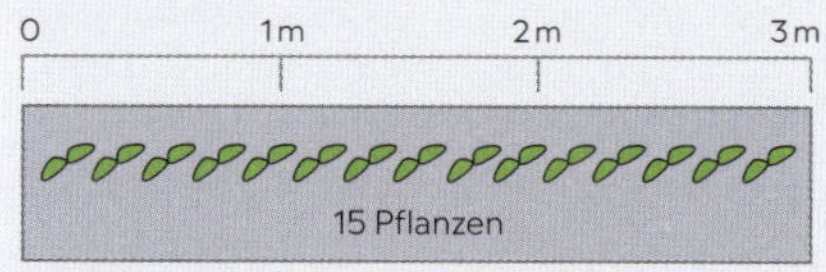

3 M LANGE REIHE
Pflanzen in Horsten mit 20 cm Abstand

1 KULTURBEGINN

Stangensellerie benötigt eine lange Wachstumszeit, daher sollte die Kultur im zeitigen oder mittleren Frühjahr im Haus beginnen. Falls Sie dafür keinen Platz haben, können Sie später Jungpflanzen kaufen. Stangensellerie braucht nährstoffreichen, durchlässigen Boden, eignet sich jedoch weniger für Töpfe, weil man zu oft gießen müsste.

'Tango' ist eine vorzügliche selbstbleichende, schossfeste Sorte mit langen, weißen Stielen.

'Celebrity' hat fleischige selbstbleichende Stängel mit gutem Geschmack.

'Green Utah' Die selbstbleichende Sorte treibt lange, grüne, unterschiedliche Stängel.

'Victoria' entwickelt fleischige, mittelgrüne, kräftige, hohe Stängel, die selbst bleichen.

Um die Keimung zu fördern, wird die Saat feucht gehalten und für einige Wochen in einem beheizten Vermehrungskasten aufgestellt.

Frühe Aussaaten aus dem zeitigen bis mittleren Frühling sind von Ende Mai bis Juli, nach etwa acht Wochen, kräftig genug zum Auspflanzen.

2 AUSSAAT IM HAUS

Füllen Sie Aussaaterde in Töpfe oder Aussaatschalen ein, gießen Sie gut. Verteilen Sie Samen dünn auf der Oberfläche, doch decken Sie sie nicht mit Erde ab, denn Sellerie ist ein Lichtkeimer. Die Keimung kann zögerlich verlaufen. Stellen Sie die Saatschale in einen beheizten Vermehrungskasten bei 18 °C. Sobald man die Sämlinge gut fassen kann, werden sie in Multitöpfe pikiert. Lassen Sie sie vor dem Umpflanzen nicht zu groß werden. Gießen Sie gut an und kultivieren Sie an einem warmen Platz im Haus weiter. Wachstumsstockungen durch kalte Witterung senken den Ertrag deutlich.

3 AUSPFLANZEN

Pflanzen, die 15 cm hoch sind, werden für das Auspflanzen ins Freie abgehärtet. Stangensellerie braucht feuchten Boden, arbeiten Sie daher reichlich organisches Material in Form von verrottetem Stallmist oder Kompost ein, um die Wasserhaltefähigkeit zu erhöhen. Mischen Sie vor dem Pflanzen körnigen Universaldünger ein.

Stellen Sie die Pflanzen zwei Wochen lang tagsüber ins Freie und holen Sie sie für die Nacht ins Haus. In dieser Zeit richten Sie das Beet her.

Pflanzen Sie im Verband, mit 20 cm Abstand in jede Richtung. Der dichte Stand führt zum Bleichen des Stangenselleries. Gießen Sie gut an.

4 PFLEGE

Gießen Sie gut während der Wachstumszeit. Die Pflanzen legen während der wärmsten und trockensten Monate ordentlich zu, bei Wassermangel kann es zu faserigen, durchdringend schmeckenden Stängeln kommen. Schafwollpellets wehren Schnecken ab.

Jäten Sie sorgfältig. Entfernen Sie alle aufkeimenden Wildkräuter im Pflanzverband von Hand, um Verletzungen der Stängel auszuschließen.

5 BLEICHEN

Dicht gepflanzt, beschatten sich die Pflanzen gegenseitig und bewirken eine Bleiche. Pflanzen am Beetrand erhalten weniger Schatten und können grüne Stängel entwickeln. Bei diesen können Sie durch Umwickeln mit Pappkarton einen Bleicheffekt erzielen.

Bringen Sie organischen Mulch in 5–6 cm Dicke auf, um die Feuchtigkeit im Boden zu bewahren und Unkraut zurückzudrängen.

6 ERNTE

Stangensellerie können Sie ab Juli ernten, sobald er groß genug ist. Wässern Sie die Pflanzen gründlich, die Sie im Ganzen ausgraben. Die Stängel brechen Sie nach Bedarf ab. Decken Sie die Kultur im Herbst mit Vlies ab, ernten Sie, bevor stärkerer Frost auftritt.

Ernten Sie die ganze Pflanze mit den Wurzeln. Abgeschnittene Stängel verbräunen rasch.

TIPP Waschen Sie Stangensellerie gründlich, zwischen den Stängeln haftet Erde.

SCHRITT FÜR SCHRITT

KNOLLENSELLERIE

Die etwas ungewöhnliche Wurzelknolle hat in den vergangenen Jahren so etwas wie eine Renaissance erlebt und wurde nahezu in den Rang eines Gourmetgemüses erhoben. Was ihm an Aussehen fehlt, macht Sellerie durch sein Aroma wett - ein nussiger, typischer, angenehmer Geschmack. Sellerie können Sie roh raspeln, kochen und pürieren, in Scheiben geschnitten dünsten, Suppen, Gratins oder Aufläufen hinzufügen. Die Knollen lassen sich lange lagern.

	FRÜHLING	SOMMER	HERBST	WINTER
AUSSAAT				
ERNTE				
KULTURDAUER: 30 WOCHEN				

GEEIGNET FÜR: BEET

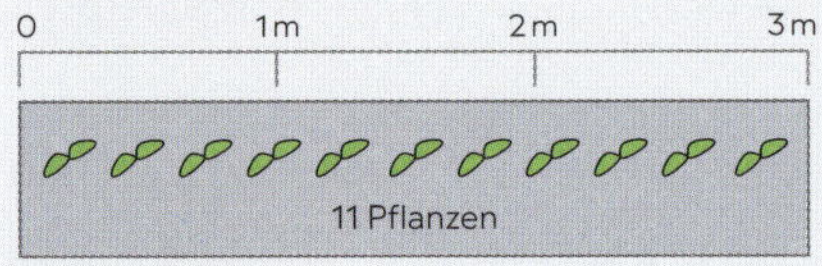

3 M LANGE REIHE
Pflanzabstand 30 cm

1 KULTURBEGINN

Knollensellerie will wie Stangensellerie einen offenen Platz und nährstoffreichen, gut dränierten Boden. Graben Sie daher gut verrottetes organisches Material in der vorigen Vegetationsperiode unter. Knollensellerie kann gelegentlich schießen, wählen Sie daher schossfeste Sorten. Pflanzen Sie kräftige Jungpflanzen, sobald die Spätfrostgefahr vorbei ist, und gießen Sie gut.

'Monarch' bringt hohe Erträge hochwertiger weißer, lagerfähiger Knollen, die gut schmecken.

'Brilliant' reift früh, hat glatte Wurzeln und das Fleisch verfärbt sich nicht.

'Prinz' zeichnet sich aus durch guten Geschmack, Schossfestigkeit und Lagerfähigkeit.

'Mars' bringt lange Knollen mit dichtem, geschmackvollem Fleisch, die lange halten.

Die Pflanzen brauchen lange zum Reifen. Säen Sie daher ab Frühjahrsanfang im Haus für eine Ernte im Herbst.

Stellen Sie die Aussaatschalen in einen Vermehrungskasten mit einer Temperatur von mindestens 18 °C.

Sellerie kann zögerlich keimen. Doch sobald sich die Sämlinge gut anfassen lassen, vereinzeln Sie auf ein Pflänzchen pro Zelle.

2 AUSSAAT

Am besten säen Sie Sellerie schon im Haus aus, um die Wachstumszeit zu verlängern. Befüllen Sie Anzuchtsysteme mit Aussaaterde, die Sie leicht andrücken und angießen. Verteilen Sie Samen dünn auf der Oberfläche, drücken Sie sie an, doch decken Sie sie nicht mit Erde zu, da Sellerie Lichtkeimer ist. Die Aussaat kommt in einen Vermehrungskasten bei 18 °C. Wenn die Wurzeln die Zelle ausfüllen, beginnen Sie mit dem Abhärten.

TIPP Pflanzen Sie ab Mitte Mai aus, damit Sellerie vor der Sommerhitze anwächst.

3 AUSPFLANZEN

Knollensellerie können Sie in große Töpfe pflanzen, doch ist die Kultur in gewachsenem Boden bei weitem einfacher. Graben Sie um und entfernen Sie alles Unkraut. Mischen Sie vor dem Pflanzen gut verrottetes organisches Material wie Kompost unter. Pflanzen Sie die Jungpflanzen im Abstand von 30 × 30 cm. Gießen Sie gut an.

Härten Sie Jungpflanzen ab, indem sie für sieben bis zehn Tage tagsüber ins Freie kommen und nachts im Haus stehen.

Die Wurzelknollen brauchen viel Raum, um sich zu entwickeln. Pflanzen Sie mindestens in 30 cm Abstand.

Gießen Sie gut. Sellerie stammt aus feuchten Regionen. Diese Bedingungen müssen Sie im Garten herstellen.

4 DÜNGUNG

Damit sich große Knollen entwickeln, müssen Sie Sellerie in allen Wachstumsstadien gleichmäßig gießen. Der Nährstoffbedarf liegt im mittleren Bereich, sie müssen daher nicht großzügig düngen. Geben Sie alle zwei Wochen eine ausgeglichene Düngerlösung.

Sie können mulchen mit einer 6–7 cm starken Kompostauflage, doch darf der herausschauende Wurzelhals nicht eingegraben werden.

5 PFLEGE

Entfernen Sie im Verlauf der Entwicklung die äußeren Blätter, sodass der Knollenansatz freiliegt. Sellerie wird wenig von Krankheiten und Schädlingen heimgesucht, doch können Minierfliegen Ärger bereiten. Sie verursachen eingetrocknete Blattflecken.

Kleine Schösslinge stehen in Konkurrenz zum Haupttrieb und beeinträchtigen dessen Wachstum. Entfernen Sie sie vorsichtig und frühzeitig.

6 ERNTE

Die Knollen ernten Sie im Herbst, am besten dann, wenn Sie Bedarf haben, obwohl sich die Knollen in Kisten mit feuchtem Sand gut lagern lassen. Stechen Sie mit einer Grabegabel vorsichtig unter jeder Pflanze ein und heben Sie die Wurzel behutsam aus der Erde. Ernten Sie Sellerie kurz vor dem ersten Frost. Schneiden Sie die Blätter einige Zentimeter über dem Austrieb ab und waschen Sie die Knollen nicht.

Verletzen Sie die Knolle nicht. Stechen Sie die Grabegabel in 10–15 cm Abstand ein.

PROBLEME

WEITERE KULTUREN

Zu dieser Gruppe zählen verschiedene Gemüse-Arten. Während Zuckermais volle Sonne braucht, wächst Sellerie besser an etwas beschatteten, feuchteren Stellen. Fenchel hat eine lange Wachstumszeit, wogegen man bei Kohlrabi am besten die jungen, zarten Knollen entnimmt. Krankheiten und Schädlinge treten selten auf, doch manche wirken sich verheerend aus, wenn man nicht aufpasst.

Das Zuckermaisbeet wurde über Nacht zertrampelt und die meisten Kolben gefressen. Wer macht so etwas?
Der allererste Verdacht fällt auf Dachse. Diese nachtaktiven Säugetiere fressen gern an reifenden Kolben, sie fressen auch die zuckerrohrartigen Halme. Entsprechend ihrer Natur können sie ruckzuck ein Beet vernichten. Eine Abwehr ist schwierig, weil Dachse kräftig sind. Dachse nutzen bevorzugte Routen durch den Garten. Die Zugänge können Sie mit Bauschutt oder mit verstärktem Hühnerdraht blockieren.

Der erste Versuch, Kohlrabi zu ziehen im vorigen Jahr, enttäuschte, die Knollen waren holzig und zäh. Was habe ich falsch gemacht?
Ein zartes Gemüse gewinnt man, wenn es schnell heranwächst, dank viel Feuchtigkeit und ausreichend Wärme. Niedrige Temperaturen verlangsamen das Wachstum, deshalb werden frühe Aussaaten oft holzig. Warten Sie mit der Aussaat und lassen Sie den Boden unter Abdeckungen erwärmen. Im Sommer beruht das Problem oft auf Wassermangel. Arbeiten Sie großzügige Mengen von organischem Material in die Erde ein, mulchen Sie und gießen Sie die Reihen gut.

Zu Junibeginn hatte ich Knollensellerie gepflanzt. Die Ernte war karg. Warum?
Die köstlichen nussigen Knollen (genauer verdickte Stängel) versagen unter kühlen, feuchten Bedingungen, Knollensellerie braucht Sonnenschein. Damit sich die Kultur gut entwickelt, ist außerdem eine lange Wachstumszeit erforderlich. Säen Sie im nächsten Jahr Anfang März im Haus aus und setzen Sie die Sämlinge Ende April um. Wählen Sie einen Platz, der nicht gerade in der Sonne schmort und mischen Sie vor dem Pflanzen reichlich abgelagerten Mist oder anderes organisches Material unter die Erde. Wässern Sie regelmäßig, damit die Erde bis zur Ernte im Oktober feucht bleibt.

Der Stangensellerie schmeckt unangenehm intensiv. Lässt sich das beeinflussen?
Stangensellerie muss man eng pflanzen (im Raster von 20 × 20 cm), damit sich die Stiele unter Ausblenden der Sonneneinstrahlung gegenseitig bleichen. Ungebleichte Pflanzen vom Beetrand sind oft gestaucht, grün und schmecken bitter. Um dies zu verhindern, können Sie die Beete mit einer schwarzen Verschalung einfassen, um Licht abzuschirmen. Auch bei Wassermangel konzentriert sich das Aroma. Halten Sie daher den Boden ständig feucht, reichern Sie sandige Böden mit organischem Material an. Gute Ergebnisse bringen wüchsige selbstbleichende F1-Hybriden (wie 'Tango').

KRANKHEITEN UND SCHÄDLINGE

Diese variable Gruppe bleibt weitgehend unbehelligt, doch auf einige Schaderreger sollte man achten.

- Schnecken (siehe S. 242) machen sich über Sämlinge und Setzlinge her.
- Kohlrabi ist von den typischen Kohlschädlingen betroffen: Kohlweißlingsraupen (siehe S. 240) fressen Laub bis zum Sklelettfraß, Kohlerdflöhe (siehe S. 240) hinterlassen viele kleine Löcher. Bei Kohlhernie (siehe S. 244) welken Pflanzen plötzlich, ebenso wegen Kohlfliegenlarven (siehe S. 242). Aufgeblasene Blätter stammen von einem Befall durch die Mehlige Kohlblattlaus (siehe S. 240).
- In warmen, feuchten Sommern tritt die pilzliche Brandkrankheit an Zuckermais auf. Die Körner verkrüppeln, es bilden sich Unmengen schwarzer Sporen. Entfernen sie betroffene Pflanzen sofort.
- Blattminierer bewirken auf Laub von Sellerie unregelmäßige braungelbe Spuren. Entfernen Sie die Blätter.
- Sklerotinia-Fäule (siehe S. 246) bildet unten an Sellerie (meist Stangensellerie) weißen, watteartigen Pilzbelag.

SCHRITT FÜR SCHRITT

SPARGEL

Spargel wird als ein Luxus-Gemüse betrachtet, das nur etwa zehn Wochen im Jahr eine kurze, doch einmalig köstliche Ernte im Frühling liefert. In den meisten Gärten ist der Anbau leicht. Spargel bedeutet eine Langzeit-Investition. Doch braucht er Zeit zum Einwachsen und besetzt den Platz dauerhaft. Ihre Geduld wird die folgenden 15 Jahre belohnt mit einem jährlichen Ertrag von Stangen, die alles, was Sie kaufen können, bei weitem übertreffen.

	FRÜHLING	SOMMER	HERBST	WINTER
PFLANZEN				
ERNTE				

VOM PFLANZEN BIS ZUR ERNTE: 2–3 JAHRE

GEEIGNET FÜR: BEET

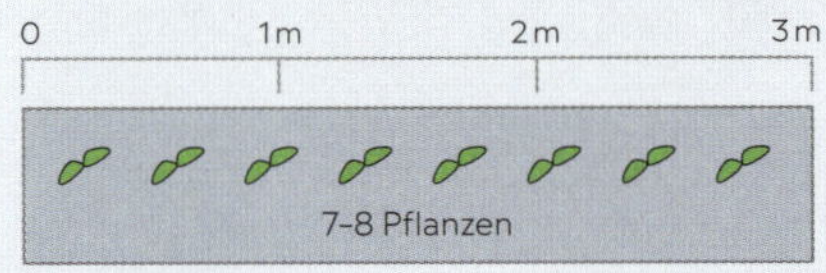

3 M LANGE REIHE
Pflanzabstand 40 cm

1 KULTURBEGINN

Spargel können Sie im Frühling kostengünstig aus Samen heranziehen, wenn Sie viele Pflanzen wollen und gern das Heranwachsen erleben. Schneller geht es, wenn Sie Jungpflanzen kaufen, entweder wurzelnackt zum Setzen im Frühjahr oder im Topf gezogene, die Sie jederzeit pflanzen können, falls Sie immer gut gießen.

'Gijnlim' bringt schon früh und zuverlässig Erträge dicker, grüner Stangen.

'Ariane' bildet frühzeitig große Stangen mit violetten Spitzen. Als Saatgut erhältlich.

'Jersey Knight' liefert einen ansehnlichen Ertrag dicker, aromatischer Stangen.

'Purple Pacific' treibt dekorative violette Stangen, die ungewöhnlich mild schmecken.

Spargel steht bis zu 20 Jahre am selben Platz. Bereiten Sie daher den Boden gut vor und entfernen Sie alle mehrjährigen Unkräuter.

Eine Erdwölbung am Grund des Pflanzgrabens fördert den Wasserabzug. Das ist auf leichten, sandigen Böden weniger entscheidend.

2 AUSPFLANZEN

Wurzelnackte Pflanzen werden im Frühjahr gesetzt. Legen Sie einen 30 cm breiten und 20 cm tiefen Graben an (für Grünspargel 10 cm tief), in dessen Mitte Sie eine kleine Wölbung formen. Dadurch können Sie die »Kronen« etwas oberhalb auflegen, während die Speicherwurzeln wie eine gespreizte Hand abwärts zeigen. Füllen Sie Erde in den Pflanzgraben ein, die Sie behutsam andrücken. Gießen Sie die gesetzten Pflanzen gut an.

TIPP Vermeiden Sie beerentragende weibliche Pflanzen; ihr Ertrag ist geringer.

3 WEITERKULTUR

Mulchen Sie frisch gesetzte Pflanzen mit gut verrottetem organischem Material wie Kompost und geben Sie ausgeglichenen Dünger. Gießen und jäten Sie im ersten Jahr gut. Die Pflanzen brauchen Zeit zum Einwachsen. Man sollte im ersten Jahr noch nicht ernten und im zweiten Jahr nur ganz sparsam.

Das fiedrige Laub bildet im Garten einen hübschen Hintergrund. Ist der Platz begrenzt, kann Spargel im hinteren Teil einer Rabatte stehen.

4 PFLEGE

Eingewachsene Pflanzen brauchen eine regelmäßige Wasserversorgung, auch im Sommer nach der Erntezeit. Mulchen Sie im Herbst mit organischem Material, düngen Sie ausgeglichen im Frühling und nach der Ernte. Sorgen Sie bei Bedarf für Windschutz.

5 ERNTE

Sind die Pflanzen nach drei Jahren eingewachsen, können Sie in jedem Frühjahr etwa zweieinhalb Monate lang ernten. Schneiden Sie alle Triebe, dicke wie dünne, weil dann mehr nachwächst. Kappen Sie die Stangen knapp unter der Erde, sobald sie etwa 20 cm lang sind.

Eine Mulchauflage aus organischem Material bewahrt Feuchtigkeit und Nährstoffe im Boden, zudem wird Unkraut unterdrückt.

Schneiden Sie alle paar Tage, um die Stangen im Idealzustand zu ernten. Sie wachsen schnell und werden rasch zäh und ungenießbar.

PFLANZEN ÜBERWINTERN

Im Anschluss an die Ernte dürfen die Pflanzen ihre hohen Triebe mit dem fein zerteilten Laub austreiben. Sie sollen sich den ganzen Sommer über entwickeln, damit sie heranwachsen und sich erholen. Das Laub wird im Herbst gelb und stirbt ab. Zu diesem Zeitpunkt sollten die Triebe bodeneben abgeschnitten werden.

SCHRITT FÜR SCHRITT

ARTISCHOCKEN

Die ebenso dekorativen wie geschmackvollen Stauden entwickeln ein ganzes Büschel von ornamentalen Blättern, bevor sie die aromatischen distelähnlichen Blütenköpfe schieben. Dadurch fügen sich Artischocken in den Zier- wie in den Nutzgarten ein. Hier rangiert Qualität vor Quantität, da jede Pflanze nur wenige Blütenstände trägt. Die gekochten Hüllblätter verzehrt man einzeln, indem man sie in Sauce hollandaise dippt, danach genießt man den zarten Blütenboden.

	FRÜHLING	SOMMER	HERBST	WINTER
PFLANZEN				
ERNTE				
VOM PFLANZEN BIS ZUR ERNTE: 64–68 WOCHEN				

GEEIGNET FÜR: BEET

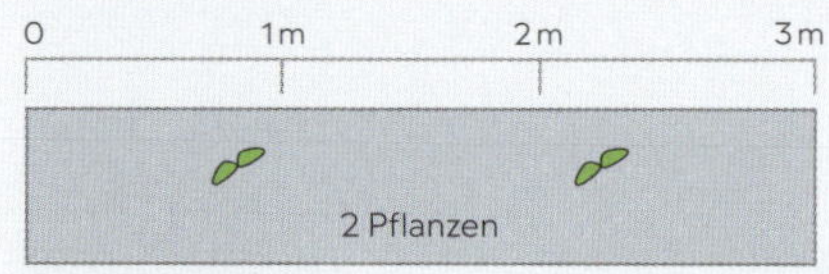

3 M LANGE REIHE
Pflanzabstand 1,5 m

1 KULTURBEGINN

Artischocken kann man aus Samen ziehen oder man nimmt Ableger von vorhandenen Pflanzen ab (siehe Schritt 3). Obwohl es am einfachsten ist, Pflanzen im Topf zu kaufen, hat man dann nur eine begrenzte Zahl an Sorten zur Verfügung. Samenkauf im Internet bietet die größte Auswahl. Verwerfen Sie daher die anderen hier gezeigten Möglichkeiten nicht.

'Gros Vert de Laon' bringt aromatische, runde Knospen. Über Schösslinge vermehren.

'Green Globe Improved' trägt feste Knospen. Wüchsig und zuverlässig

'Purple Globe' liefert kleine, dunkle Knospen, die sehr gut schmecken, aber auch stark variieren.

'Purple de Provence' fruchtet zeitig mit köstlichen violetten Blütenköpfen.

Wenn Sie eine größere Pflanzenzahl wollen, säen Sie in eine Aussaatschale aus. Legen Sie die Samen im Abstand von 2 cm in 2 cm Tiefe ab.

Sobald die Sämlinge ihre ersten echten Blätter entwickeln, pikieren Sie und topfen nach Bedarf um. Jede Pflanze erhält ihren eigenen Topf.

2 AUSSAAT

Durch die Aussaat im zeitigen bis mittleren Frühjahr erhalten Sie Pflanzen, die im zweiten Jahr tragen. Sie sollten im ersten Jahr alle Blütenköpfe entfernen, die sich entwickeln. Befüllen Sie einen 9-cm-Topf mit Anzuchterde, gießen Sie gut. Bohren Sie mit einem Bleistift oder Pikierstab 2 cm tiefe Löcher, legen Sie jeweils ein Samenkorn ein. Nach dem Bedecken mit Erde und dem Angießen kommt die Saat in den beheizten Vermehrungskasten.

TIPP Mischen Sie vor dem Pflanzen gut verrotteten Mist und Dünger unter.

3 AUSPFLANZEN

Härten Sie aus Samen gezogene Pflanzen im Spätfrühling ab. Zu dieser Zeit können Sie auch Ableger von einer vorhandenen Pflanze abnehmen: Schneiden Sie mit einem scharfen Messer ein Stück mit Blättern und Wurzeln ab und setzen Sie es gleich an seinen Platz. Ausgepflanzt werden alle Jungpflanzen im Abstand von etwa 1,5 m.

Härten Sie Jungpflanzen ab, indem sie für sieben bis zehn Tage tagsüber ins Freie gestellt werden, nachts kommen sie wieder ins Haus.

4 PFLEGE

Gießen Sie in den ersten beiden Monaten gut, bis die Pflanzen eingewachsen sind, damit sie ein kräftiges Wurzelsystem entwickeln. Später vertragen Artischocken Trockenheit, gleichmäßige Wassergaben fördern die Knospenbildung. Entfernen Sie alles Unkraut.

Schwarze Bohnenläuse sitzen oft in Massen an Knospen und Stängeln. Waschen Sie die Insekten von Hand ab oder stäuben Sie.

5 ERNTE

Die größte Knospe entwickelt sich an der Spitze des Stängels, kleinere erscheinen oft später an Seitentrieben. Schneiden Sie Artischocken, wenn sie groß genug sind, bevor sich die Hüllblätter öffnen und die lila Blüten erscheinen. Dafür braucht es ein scharfes Messer.

Ernten Sie Artischocken, solange sie noch jung und fest sind. Nach dem Schnitt der Hauptknospe treiben oft weitere Blütenköpfchen nach.

PFLANZEN ÜBERWINTERN

Schneiden Sie die Stängel nach der Ernte bodeneben zurück. Die Pflanzen sind einigermaßen winterhart, doch in strengen Wintern können sie erfrieren, besonders wenn der Boden nass ist. Legen Sie zum Schutz die abgeschnittenen Blätter auf den Boden und breiten Sie darüber eine dicke Mulchschicht aus Kompost oder Stroh aus.

SCHRITT FÜR SCHRITT

TOPINAMBUR

Die Verwandte der Sonnenblume baut sich hoch über dem anderen Gemüse auf und trägt oft leuchtend gelbe Blütenköpfchen. Die köstlichen knorrigen Knollen erntet man im Herbst. Topinambur ist im Geschäft teuer, doch einfach im Anbau. In einer Vegetationsperiode entwickelt sich ein ansehnlicher Horst. Die Pflanzen eignen sich nicht für Töpfe, doch sie sind ideal für eine Gartenecke, wo man sie unter Kontrolle hält, denn die Kultur kann wuchern.

	FRÜHLING	SOMMER	HERBST	WINTER
PFLANZEN				
ERNTE				

KULTURDAUER: 30–36 WOCHEN

GEEIGNET FÜR: BEET

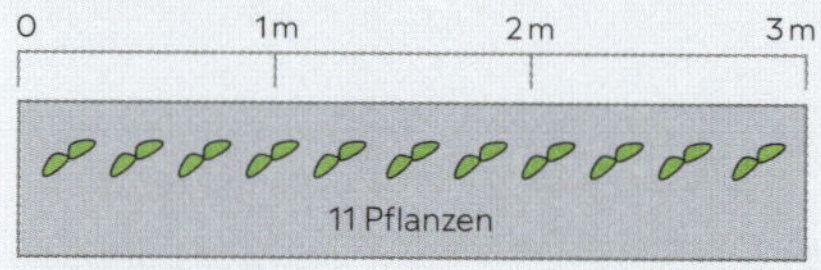

3 M LANGE REIHE
Pflanzen in 30 cm Abstand im Verband

1 KNOLLEN SETZEN

Gesetzt werden die blanken Knollen, die man entweder im Samenhandel erwirbt oder im Supermarkt kauft, falls Sie nicht auf eine benamte Sorte Wert legen. Richten Sie das Beet vor der Pflanzung im zeitigen Frühling her, indem Sie lockern und Unkraut entfernen. Legen Sie die Knollen 10 cm tief in 30 cm Abstand. Große Knollen können Sie in zwei oder drei Stücke zerteilen, doch jedes muss ein Auge aufweisen. Gießen Sie gut an.

Setzen Sie die Knollen einzeln in ein Loch. Der angeschwollene und ein wenig zugespitzte Wachstumspunkt muss nach oben schauen.

Die Knollen können Sie im Topf antreiben, falls nasser Boden sich im Frühling schlecht bearbeiten lässt. Die Töpfe stehen im Freien.

Der Neuaustrieb wächst schnell, doch sollten Sie zum Schutz vor Schnecken einige Schafwollpellets ringsum streuen. Ältere Triebe sind weniger gefährdet.

Mit der Zeit bilden die Pflanzen dichte Horste und konkurrieren miteinander um Wasser. Gießen Sie regelmäßig, bis die volle Höhe von ungefähr 3 m erreicht ist.

2 WEITERE KULTUR

Der Neuaustrieb erscheint nach ein paar Wochen. Sobald die Triebe 20–30 cm hoch sind, häufeln Sie Erde rund um die Pflanzen zum Stützen der wachsenden Stängel an. Gießen Sie gut, besonders in trockenen Perioden, sonst werden die Knollen extrem knorrig und klein. Bedecken Sie leichten Boden mit einer dicken Mulchschicht. Jäten Sie um junge Pflanzen, später unterdrückt der starke Wuchs die meisten Nachbarn.

TIPP In windexponierten Lagen kann Topinambur als Windschutz dienen.

3 STÜTZEN

Die Stängel sind kräftig, doch wenn sie ihre volle Höhe erreichen, kann eine Stütze notwendig werden. Stecken Sie etwa 1,8 m lange Stangen an die Ränder des Horstes oder des Beetes und binden Sie eine Schnur rundherum, sodass sich ein elastischer Rahmen ergibt. Schneiden Sie alle vom Wind geknickten Triebe zurück.

Größere Horste halten Stand bei Wind, doch empfiehlt sich eine vorbeugende Stütze. Beschädigte Pflanzen bringen weniger Knollen.

4 PFLEGE

An windexponierten Stellen schneiden Sie die Stängel auf 1,5 m Höhe zurück, damit sie nicht im Wind schwanken und die Knollen lockern. Zur gleichen Zeit steigern Sie den Ertrag, indem Sie die Blütenköpfchen entfernen, die sonst Energie abziehen.

Die Blütenköpfchen sehen hübsch aus. An einem geschützten Platz locken sie nützliche Bienen und Schmetterlinge an.

5 RÜCKSCHNITT

Wenn im Herbst die Blätter langsam gelb werden, lagern die Pflanzen Nährstoffe zurück in die Knollen. Dies zeigt an, dass die Erntereife fast erreicht ist. Mit Beginn der Herbstfärbung oder des Laubfalls schneiden Sie die Stängel auf 30 cm Länge zurück.

Nach dem Rückschnitt dienen die Stängel als Markierung dafür, wo Sie während der Wintermonate nach Knollen graben können.

6 ERNTE

Die Knollen ernten Sie je nach Bedarf. Durch die relativ dünne Schale sind sie nicht so gut lagerfähig. Am besten bleiben sie im Boden, man holt sie, wenn man sie braucht. Jede Knolle, die in der Erde bleibt, treibt im folgenden Jahr wieder aus. Wenn Sie daher eine andere Kultur auf derselben Fläche anbauen wollen, müssen Sie zum Winterende gründlich umgraben, um wirklich alle Knollen zu entfernen.

Holen Sie die Knollen im Winter frisch. Sie schmecken nach Frosteinwirkung tatsächlich besser.

SCHRITT FÜR SCHRITT

RHABARBER

Weil Rhabarber in Süßspeisen Verwendung findet, halten ihn viele für ein Obst, doch tatsächlich handelt es sich um eine der einfachsten Gemüse-Arten in der Kultur. Die riesigen Blätter übernehmen eine ornamentale Rolle im Ziergarten, doch die rosa Stängel bilden das Wesentliche. Die frühesten Stängel kann man antreiben, dann sind sie besonders zart. Traditionell verwendet man Rhabarber in Marmeladen, Kuchen, Kompott und Chutneys. Neue herbstreifende Sorten erweitern das Spektrum.

	FRÜHLING	SOMMER	HERBST	WINTER
PFLANZEN				
ERNTE				

VON DER PFLANZUNG BIS ZUR ERNTE: 16–25 MONATE

GEEIGNET FÜR: BEET

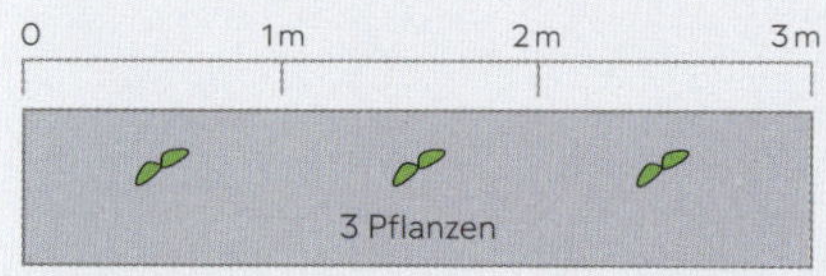

3 M LANGE REIHE
Pflanzabstand mindestens 1 m

1 KULTURBEGINN

Am besten kauft man junge Pflanzen, die man weiterkultiviert. Eine Anzucht aus Samen ist möglich, doch die Qualität des Saatgutes schwankt. Wurzelnackte Pflanzen erhält man zur Pflanzzeit. Jungpflanzen aus Töpfen kann man ganzjährig setzen, vorausgesetzt, man gießt gut.

'Champagne' hat lange, rot überzogene Stängel, mit süßlichem, beißendem Geschmack.

'Timperley Early' entwickelt früh dicke, rote, saftige Stängel. Gut für die Treiberei.

'Victoria' liefert eine spätere, süßere Ernte. Empfehlenswert für kühlere Regionen.

'Cawood Delight' lässt einen niedrigeren Ertrag farbiger, aromatischer Stängel erwarten.

Im Topf angezogene Pflanzen setzen Sie so tief, wie sie im Topf standen, bei wurzelnackten liegt der Wachstumspunkt auf Bodenniveau.

Wurzelnackte Pflanze reagieren besonders empfindlich auf Trockenheit, sogar im Herbst und Frühling. Gießen Sie und mulchen Sie.

2 PFLANZEN

Bereiten Sie den Boden vor, indem Sie reichlich gut verrottetes organisches Material wie Kompost oder Stallmist einbringen. Besonders wichtig ist das auf leichten Böden. Entfernen Sie alle ausdauernden Unkräuter (siehe S. 236). Graben Sie ein Pflanzloch, das groß genug ist, setzen Sie die Pflanze ein, die Sie leicht andrücken und angießen. Im ersten Jahr, bis sie eingewachsen sind, sollten Sie die Pflanzen gut wässern und regelmäßig jäten.

TIPP Rhabarber kommt mit leichtem Schatten zurecht. Nutzen Sie solche Plätze.

3 PFLEGE

Mulchen Sie die Pflanzen im Frühling mit gut verrottetem organischem Material, doch halten Sie die Pflanzenmitte frei, sonst kann es zu Fäulnis kommen. Ältere, sich erschöpfende Pflanzen können Sie im Herbst teilen, um gesunden Neuaustrieb anzuregen. Pflanzen Sie nur ein oder zwei kräftige äußere Sprosse wieder ein.

Ein Mulch aus Stroh hält die Feuchtigkeit im Boden. Zudem hält er die Stängel über dem Boden und sie bleiben beim Gießen sauber.

4 TREIBEREI

Für eine frühere Ernte können Sie Rhabarber antreiben, indem Sie einen Bleichtopf oder einen Abfalleimer vor dem Austrieb über die Pflanze stülpen. Die Stängel entwickeln sich im Dunkeln süß und zart. Nach zweiwöchiger Ernte entfernen Sie den Bleichtopf.

Angetriebene Stängel sind unter dem übergestülpten Topf gebleicht. Treiben Sie nur die ersten Stängel an, die späteren wachsen normal.

5 ERNTE

Frisch gesetzte Pflanzen können Sie nach einem Jahr beernten. Gleiten Sie mit Finger oder Daumen bis zur Basis und drehen Sie die Stängel vorsichtig ab. Ernten Sie Frühjahrssorten bis Ende Juni und späte Sorten bis zur Herbstmitte.

Ernten Sie die Stängel jung und zart, tragen Sie dabei Handschuhe, denn die Blätter sind giftig. Verarbeiten Sie ausschließlich die Stängel.

WEITERKULTUR

Nach der Ernte müssen sich die Pflanzen erholen, außer den späten Sorten sollen sie im Sommer wachsen. Ausschneiden sollten Sie Blütenstände, die sich entwickeln, und vergilbende Blätter. Im Herbst schneiden Sie die Pflanzen bis zum Grund zurück, mulchen Sie mit organischem Material. Obwohl es giftig ist, lässt sich das Kraut kompostieren.

PROBLEME

MEHRJÄHRIGES GEMÜSE

Kulturen, die jahrelang am selben Platz stehen, können ein umfangreiches Wurzelsystem entwickeln, das ihren stattlichen Auswuchs stützt. Die überlegte Platzwahl spielt schon wegen der Größe eine Rolle, aber auch weil die Pflanzen über ein Jahrzehnt hinweg oder länger tragen, sofern sie gut eingewachsen sind. Die meisten wollen Sonne, Rhabarber gedeiht im Halbschatten.

Warum wirken die Triebe im Spargelbeet schwach und verkrüppelt?
Ein gut unterhaltenes Spargelbeet liefert für 15 Jahre oder länger Stangen, doch die Pflanzen können sich erschöpfen. Abhilfe bringen ein Mulch im Frühjahr und Düngen. Außerdem dürfen Sie jährlich nicht länger als zehn Wochen ernten. Notieren Sie sich das Datum des ersten Stichs und halten Sie sich an das Zeitlimit. Verkrüppelungen können auf einen Frostschaden früh im Jahr zurückgehen, aber auch auf Schnecken. Dagegen können Sie im zeitigen Frühjahr Schafwollpellets streuen oder Sie bringen Nematoden aus.

Die Topinamburknollen haben geschmeckt, doch sie waren schwer verdaulich. Ein Tipp?
Topinambur ruft bekanntermaßen Winde hervor, weil das Inulin in den Knollen Bakterien im unteren Darmbereich dazu anregt, ein Übermaß an Gasen zu bilden. Wenn Sie nur kleine Mengen verzehren (eine mittelgroße Knolle pro Tag), passen sich die Darmbakterien an das Inulin an. Legt man dünne Topinamburscheiben in Zitronensaft ein, wandelt sich Inulin in verdauliche Fructose um. Sauer einlegen und Fermentieren erhöhen ebenfalls die Verdaulichkeit.

Soll man nicht Rhabarber regelmäßig teilen, um seine Wuchskraft zu erhalten? Was genau ist zu tun?
Die wüchsige, horstbildende Pflanze bildet für zwei oder drei Jahre willig die dicken, fleischigen Stängel, ohne dass es eines Eingriffs bedarf. Wenn die Stängel aber mit der Zeit schwächer ausfallen oder wenn sich im Sommer Blütenstände entwickeln, weist dies auf Schwund im Wurzelbereich hin. Nehmen Sie den Klumpen im Herbst auf und teilen Sie in Stücke mit jeweils mindestens drei Knospen. Alte, holzige Teile aus dem Innern verwerfen Sie. Die übrigen Stücke pflanzen Sie in Erde, die mit gut verrottetem Mist angereichert wurde.

Das betagte Spargelbeet ist durchsetzt von Brennnesseln und Giersch. Sollen wir es roden und neu anlegen?
Wenn die Spargelstangen gesund sind und eine gute Qualität aufweisen, lohnt es, das vernachlässigte Beet zu sanieren. Auf leichten, sandigen Böden kann man den Giersch ausgraben. Arbeiten Sie dabei mit Bedacht, um die Herzen der Spargelpflanzen nicht zu verletzen. Wurzeln staudiger Brennnesseln muss man sorgfältig ausrechen, die einjährige Art wird großzügig aussamen. Nach dieser Kur müssen Sie regelmäßig hacken. Mulchen Sie, um leicht jäten zu können.

KRANKHEITEN UND SCHÄDLINGE

An diesen nicht miteinander verwandten Pflanzen treten kaum Probleme auf, doch achten Sie auf Folgendes:

- Schnecken (siehe S. 242) schädigen die wachsenden Triebe von Topinambur und Spargel.
- Artischocken werden häufig von Blattläusen (siehe S. 242) befallen. Beseitigen Sie Kolonien schwarzer Insekten, bevor sie sich explosionsartig vermehren.
- Durch Wurzelläuse (siehe S. 242) stockt der Aufwuchs von Artischocken. Massenhaft weiß bepuderte Insekten sind an den Wurzeln zu sehen.
- Während anhaltend langer, warmer Sommer befallen Spinnmilben (siehe S. 242) Artischockenlaub.
- Echter Mehltau (siehe S. 246) schwächt Artischocken, besonders wenn sie unter Trockenstress leiden. Der weiße Blattbelag führt zum Verbräunen.
- Das rote Spargelhähnchen (siehe S. 242) entwickelt sich aus olivgrünen Larven, die am feinen Spargellaub fressen. Die schwarzen Eier sitzen in Kolonien.
- Rhabarber kann Herzfäule erleiden, wenn der Boden staunass ist. Verbessern Sie den Wasserabzug.

SCHRITT FÜR SCHRITT

MEHRJÄHRIGE KRÄUTER

Die ausdauernden Kräuter variieren von der kriechenden Pflanze bis zum großen Strauch. Man kann sie im Garten verteilt pflanzen oder ihnen ein eigenes Beet, einen Kasten oder eine Topfsammlung widmen. Die meisten gedeihen auch in Gefäßen, dadurch kann man sie gut erreichbar nahe der Küche zum Pflücken halten. Immergrüne wie Rosmarin, Salbei und Thymian sind unentbehrliche Küchenkräuter, die man frisch oder getrocknet das ganze Jahr über genießen kann.

	FRÜHLING	SOMMER	HERBST	WINTER
PFLANZEN				
ERNTE				

KULTURDAUER: 4–16 WOCHEN

GEEIGNET FÜR: BEET UND PFLANZGEFÄSS

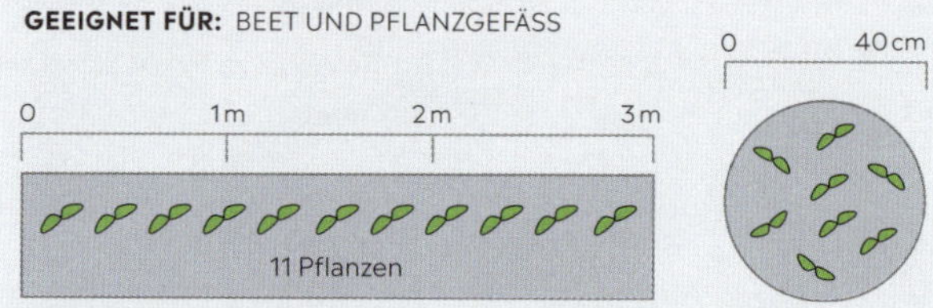

3 M LANGE REIHE
Auspflanzen in 30 cm Abstand

TOPF
je 3–8 Pflanzen

1 ANZUCHT

Mehrjährige Kräuter werden überall zum Kauf angeboten, doch wenn Sie mehrere Pflanzen wollen, können Sie sie leicht selbst vermehren. Für viele Pflanzen säen Sie in Töpfe oder Saatschalen gemäß den Vorgaben auf der Packung aus. (Einmal angesiedelt, säen sich Gewürzfenchel und Schnittlauch selbst aus.) Kräuter mit kriechendem Wuchs lassen sich in der Regel leicht aus Risslingen vermehren, die oft schon Wurzeln entwickelt haben. Horste von Pfefferminze können Sie teilen.

Die Aussaat bietet sich an, wenn Sie vom selben Kraut viele Pflanzen wünschen.

Bewurzelte Triebe stellen eine einfache und schnelle Möglichkeit zur Vermehrung dar.

Neu gekaufte Pflanzen sind oft groß genug, dass man sie noch einmal teilen kann.

Kräutertöpfe nehmen eine Mischung von Pflanzen auf. Bestücken Sie zuerst die Seiten.

Kombinieren Sie Pflanzen mit aufrechtem und kriechendem Wuchs, um den Platz zu nutzen.

Füllen Sie Erde bis 5 cm unterhalb des Topfrandes ein, um leichter gießen zu können.

2 TOPF MIT KRÄUTERN

Die meisten mehrjährigen Kräuter gedeihen gut in Töpfen, mehrere kleine Pflanzen können Sie in einem Gefäß kultivieren. Viele Kräuter stammen aus dem Mittelmeerraum, sie brauchen einen guten Wasserabzug und Sonne. Mischen Sie daher zur Hälfte Grobsand unter ein erdiges Substrat. Stellen Sie den Topf an einen sonnigen Platz, gießen Sie gut, düngen Sie sparsam.

TIPP Ausdauernde Kräuter sind in kühlen, feuchten Regionen oft kurzlebig.

3 BEET MIT KRÄUTERN

Die meisten Kräuter wollen einen guten Wasserabzug, mischen Sie daher unter schweren Boden Grobsand, wählen Sie einen sonnigen Platz. Düngung ist kaum erforderlich, Zugaben von Kompost oder Dünger können aber zu mastigem Wuchs führen. Pfefferminze neigt zum Wuchern, daher senkt man sie besser in großen Töpfen in die Erde ein.

Pflanzlöcher müssen tief genug sein, damit die Kräuter in derselben Höhe wie im Topf stehen.

Ziehen Sie verdichtete Wurzeln nach außen, weg vom Ballen, damit sie in die Erde einwachsen.

Gießen Sie gut bis zum völligen Einwachsen. Gelegentliches Pinzieren fördert einen buschigen Wuchs mit vielen neuen Trieben.

4 PFLEGE

Einmal eingewachsen, brauchen die meisten Kräuter kaum Pflege. Höhere Pflanzen sollten Sie an Stäben festbinden, um niedrige Kräuter sollten Sie jäten. Sie können Pfefferminze und Majoran im Sommer zurückschneiden, um den Neuaustrieb zu fördern. Dürfen sie blühen, locken sie nützliche Insekten herbei.

Gießen Sie junge Pflanzen gut. Eingewachsen zeigen sich Kräuter wie Salbei, Rosmarin und Majoran relativ trockenheitsverträglich.

5 ERNTE

Von eingewachsenen mehrjährigen Kräutern ernten Sie nach Bedarf. Zwicken Sie bei Pfefferminze, Thymian, Salbei, Rosmarin und Majoran die Triebspitzen aus. Dadurch erhalten Sie zarteste Blätter und die Pflanzen wachsen buschiger. Schnittlauch schneiden Sie, wenn Sie ihn brauchen.

Schneiden Sie Blätter und Triebe mit einer Schere oder einem scharfen Messer. Regelmäßige Ernte regt frischen Neuaustrieb an.

KRÄUTER TROCKNEN

Für eine Verwendung im Winter können Sie mehrjährige Kräuter trocknen. Schneiden und bündeln Sie im Sommer Stängel, die Sie an einem warmen, trockenen, luftigen Ort aufhängen. Kürzere Triebe von Thymian oder Majoran können Sie auf Rosten für 24–48 Stunden trocknen und danach verschlossen aufbewahren.

MEHRJÄHRIGE KRÄUTER

1 Petersilie Die Blätter des beliebten Krautes finden eine breite Verwendung in der Küche. Krause Petersilie (im Bild) schmeckt milder als Glatte. Die zweijährige Pflanze blüht im zweiten Jahr.

2 Gewürzfenchel Lassen Sie sich von Gemüsefenchel (siehe S. 172–173) nicht verwirren, fast jedes Teil der Pflanze lässt sich in der Küche verwenden. Fenchel wirkt ungemein dekorativ und fügt sich auch in eine Zierrabatte ein.

3 Schnittlauch Wenn es Ihnen an Platz fehlt, können Sie das attraktive Kraut auch in Töpfen ziehen. Schnittlauch hat einen milden, zwiebelähnlichen Geschmack. Blätter und Blüten bereichern eine große Palette an Gerichten.

4 Rosmarin Der überaus dekorative und vielseitige Strauch gehört in jeden Garten. Die aromatischen Blätter passen hervorragend in Schmortöpfe, besonders mit Lammfleisch. Rosmarin braucht einen sonnigen Platz und gut dränierten Boden, um zu gedeihen. Es kann sich als kurzlebig erweisen.

5 Thymian Es gibt aufrechte und kriechende Formen, die aufrechten lassen sich leichter beernten. Die geschmacksintensiven Blätter passen frisch oder getrocknet zu verschiedensten Gerichten, etwa in Eintöpfe.

6 Salbei Von diesem Halbstrauch kennt man verschiedene Sorten, auch solche mit violetten oder panaschierten Blättern. Salbei lässt sich in der Küche vielseitig einsetzen. Die Kultur gelingt in der Sonne in durchlässigem Boden.

7 Majoran Die kriechende Verwandte des Oregano erweist sich als vielseitiges Küchenkraut. Die würzigen Blätter werden in der Mittelmeerküche häufig verwendet. Der Geschmack entwickelt sich an sonnigen Plätzen am intensivsten.

8 Pfefferminze Das wüchsige, aufrechte Kraut wuchert im Beet. Am besten senkt man es daher in großen Töpfen in die Erde ein. Es gibt zahlreiche Formen, die alle in feuchtem Boden gut gedeihen.

9 Lorbeer Ein Lorbeerbaum bereichert einen Garten merklich. Die Blätter des immergrünen Gehölzes würzen viele Gerichte. Lorbeer kann groß werden, schneiden Sie ihn daher öfter.

1

2

3

6

4
5
7
8
9

SCHRITT FÜR SCHRITT

EINJÄHRIGE KRÄUTER

Die Anzucht von Kräutern aus Samen gelingt leicht und sie lohnt sich. Sie erhalten einen guten Ertrag auf kleinster Fläche - Kräuter brauchen kein eigenes Beet, man kann sie neben und zwischen anderen Kulturen, in Rabatten oder in Töpfen ziehen. Kulturen wie Basilikum, Dill, Koriander und Petersilie (die man einjährig zieht) sind ideal für die Haltung in Töpfen. Der gute Wasserabzug kommt ihren Bedürfnissen entgegen.

	FRÜHLING	SOMMER	HERBST	WINTER
AUSSAAT				
ERNTE				
KULTURDAUER: 10–14 WOCHEN				

GEEIGNET FÜR: BEET UND PFLANZGEFÄSS – IM HAUS WIE IM FREIEN

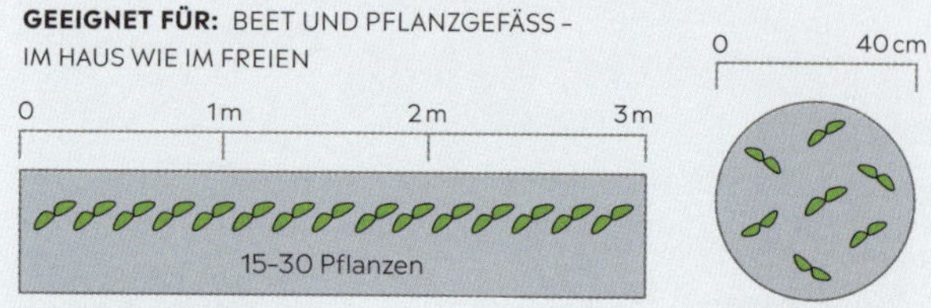

3 M LANGE REIHE
Pflanzabstand 10–20 cm

TOPF
je 5–7 Pflanzen

1 KULTURBEGINN

Einjährige Kräuter wollen im Allgemeinen nährstoffreichen, gut dränierten Boden an einem sonnigen Platz. Arbeiten Sie daher vor der Pflanzung in gewachsenen Boden etwas organisches Material und Grobsand ein. Stellen Sie Töpfe und Balkonkästen an einen warmen, sonnigen Platz nahe der Küche für einen schnellen Zugriff.

Basilikum schmeckt perfekt zu Tomaten oder in Pesto. Es gibt auch Sorten mit rotem Blatt.

Petersilie hat glatte oder krause Blätter. Das Würzkraut dient oft auch zum Garnieren.

Dill trägt gefiederte Blätter mit herrlich mildem, anisartigem Aroma. Passt gut zu Fisch.

Koriander bringt Blätter und Samen mit charakteristischem Geschmack.

Säen Sie im Haus ab dem zeitigen Frühjahr, doch vergewissern Sie sich auf den Päckchen über die richtige Saatzeit.

Die Sämlinge pikieren Sie auf 5 cm Abstand, damit ihnen mehr Platz für die Entwicklung zur Verfügung steht.

Sobald die Jungpflanzen 15 cm hoch sind, beginnt das Abhärten. Pflanzen Sie in Beete, Töpfe, Kästen oder Hängekörbe.

2 AUSSAAT IM HAUS

Befüllen Sie Töpfe oder Saatschalen mit Aussaaterde, gießen Sie gut. Säen Sie dünn aus und bedecken Sie die Saat 5 mm hoch mit Substrat, gießen Sie leicht an und platzieren Sie das Gefäß im Vermehrungskasten. Die Sämlinge werden vereinzelt oder pikiert. Lösen Sie dafür Substratstück aus und bilden Sie Gruppen aus drei oder vier Sämlingen, die Sie in größere Töpfe setzen. Gießen Sie gut und setzen Sie die Kultur im Haus fort.

TIPP Zwicken Sie die Triebspitzen regelmäßig ab, damit die Kräuter später blühen.

3 AUSSAAT IM FREIEN

Sie können auch direkt an Ort und Stelle säen. Wählen Sie einen wasserdurchlässigen, sonnigen Platz, lockern Sie den Boden und entfernen Sie alles Unkraut. Rechen Sie eben und ziehen Sie 1 cm tiefe Rillen, die Sie gießen. Säen Sie dünn aus. Bedecken Sie die Saat mit Erde, die Sie leicht andrücken, gießen Sie an.

Ab Frühling können Sie direkt aufs Beet säen, doch beachten Sie die auf dem Päckchen angegebene Aussaatzeit, die je nach Kraut variieren kann.

Sobald die Sämlinge erscheinen, dünnen Sie, abhängig von der ausgesäten Art, vorsichtig auf 10–20 cm Abstand aus.

4 GIESSEN

Gießen Sie Kräuter gut, achten Sie besonders auf jene in Töpfen, die schneller als Pflanzen im Grundbeet austrocknen. Einjährige Kräuter kommen in der Regel ohne zusätzliche Düngung aus. Fangen allerdings die Blätter an, etwas gelblich zu wirken, verabreichen Sie eine Dosis Düngerlösung.

Eine gute Versorgung mit Wasser sorgt für eine schnelle Entwicklung von zartem Kraut für die Küche. Sie verzögert auch die Blüte.

5 PFLEGE

Jäten Sie regelmäßig. Basilikum bildet zuerst einen einzelnen Stängel, der sich später verzweigt. Sie können dies beschleunigen, indem Sie die Triebspitzen auszwicken (pinzieren). Petersilie, Koriander und Dill bilden von Natur aus eine Blattrosette. Streuen Sie organische Pellets zum Schutz vor Schnecken.

Jäten Sie sorgfältig, um die Konkurrenz um Nährstoffe, Licht und Wasser zu senken. Ziehen Sie die noch jungen Unkräuter von Hand heraus.

6 ERNTE

Sobald sie groß genug sind, können Sie Blätter ernten. Doch sollten Sie nicht zu viel entnehmen, immer nur wenige Blätter von einer Pflanze, sonst wird das Wachstum beeinträchtigt. Kräuter wie Basilikum und Koriander wachsen besonders schnell. Dadurch sichern Ihnen zwei oder drei Aussaaten zwischen Frühling und Sommer eine fortlaufende Versorgung mit frischen, zarten Blättern.

Behandeln Sie Kräuter wie Schnitt- und Pflücksalat. Entnehmen Sie Blätter je nach Bedarf.

ANBAUPLANUNG GEMÜSE

Mithilfe dieser Tabelle können Sie die Aussaat und die Ernte Ihrer Gemüsekulturen planen. Die Termine variieren ein bisschen je nach Region, Abweichungen können für Ihren Standort zutreffen. Säen Sie bevorzugt im Haus aus, um Spätfröste zu umgehen.

KULTUR		FRÜHLING			SOMMER			HERBST			WINTER		
		FRÜH	MITTE	SPÄT	FRÜH	MITTE	SPÄT	FRÜH	MITTE	SPÄT	FRÜH	MITTE	SPÄT
TOMATEN	SAAT	■	■										
	ERNTE				■	■	■	■					
PAPRIKA	SAAT	■	■										■
	ERNTE					■	■	■	■				
CHILI-PAPRIKA	SAAT	■	■										■
	ERNTE					■	■	■					
AUBERGINEN	SAAT	■	■										■
	ERNTE						■	■					
ERBSEN	SAAT	■	■	■	■								
	ERNTE			■	■	■	■	■					
FEUERBOHNEN	SAAT		■	■									
	ERNTE				■	■	■	■	■				
GARTENBOHNEN	SAAT		■	■	■	■							
	ERNTE					■	■	■	■				
DICKE BOHNEN	SAAT	■	■										■
	ERNTE			■	■	■	■						
GURKEN	SAAT	■	■	■	■								
	ERNTE					■	■	■					
ZUCCHINI	SAAT		■	■	■								
	ERNTE					■	■	■	■				
SOMMERKÜRBIS	SAAT		■	■									
	ERNTE					■	■	■	■				
WINTERKÜRBIS	SAAT		■	■									
	ERNTE						■	■	■				
RIESENKÜRBIS	SAAT		■	■									
	ERNTE						■	■	■				
KOPFKOHL	SAAT	■	■	■									■
	ERNTE				■	■	■	■	■				
WINTERKOHL	SAAT		■	■	■								
	ERNTE	■								■	■	■	■
BLUMENKOHL	SAAT	■	■	■			■						
	ERNTE				■	■	■	■					
BROKKOLI	SAAT		■	■	■								
	ERNTE					■	■	■					
SPROSSENKOHL	SAAT	■	■	■	■								
	ERNTE	■				■	■	■					
ROSENKOHL	SAAT	■	■										
	ERNTE								■	■	■	■	
GRÜNKOHL	SAAT		■	■									
	ERNTE								■	■	■	■	
KOPFSALAT	SAAT	■	■	■	■	■	■	■					■
	ERNTE	■	■	■	■	■	■	■	■	■			
SCHNITT- UND PFLÜCKSALAT	SAAT	■	■	■	■	■	■	■	■				
	ERNTE		■	■	■	■	■	■	■	■	■		
KEIMPFLANZEN	SAAT	■	■	■	■	■	■	■	■	■	■	■	■
	ERNTE	■	■	■	■	■	■	■	■	■	■	■	■
ASIA-SALATE	SAAT		■	■	■	■	■	■					
	ERNTE						■	■	■				

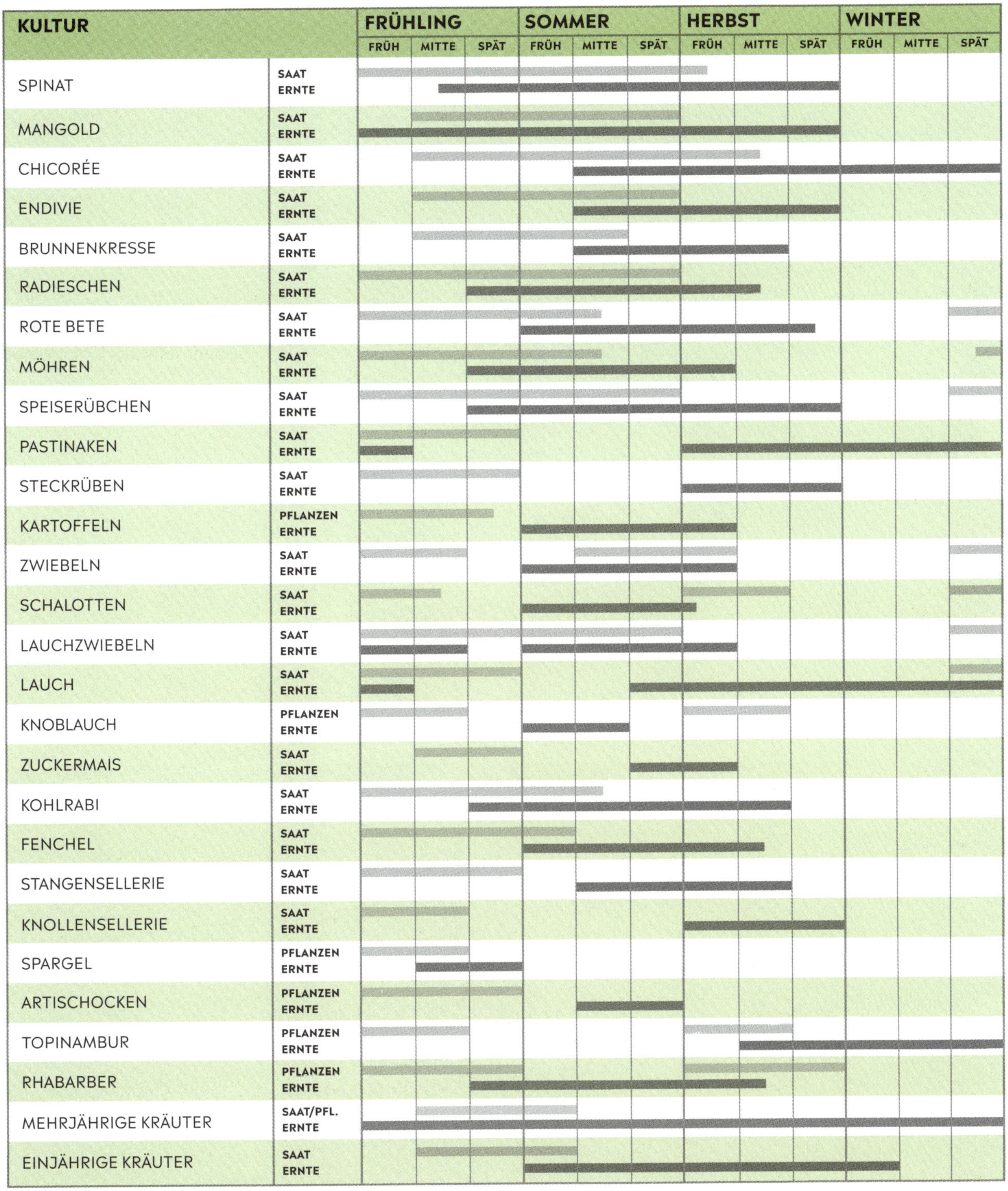
KULTUR
FRÜHLING
SOMMER
HERBST
WINTER
FRÜH
MITTE
SPÄT
SPINAT
MANGOLD
CHICORÉE
ENDIVIE
BRUNNENKRESSE
RADIESCHEN
ROTE BETE
MÖHREN
SPEISERÜBCHEN
PASTINAKEN
STECKRÜBEN
KARTOFFELN
ZWIEBELN
SCHALOTTEN
LAUCHZWIEBELN
LAUCH
KNOBLAUCH
ZUCKERMAIS
KOHLRABI
FENCHEL
STANGENSELLERIE
KNOLLENSELLERIE
SPARGEL
ARTISCHOCKEN
TOPINAMBUR
RHABARBER
MEHRJÄHRIGE KRÄUTER
EINJÄHRIGE KRÄUTER
SAAT
PFLANZEN
SAAT/PFL.
ERNTE

SCHRITT FÜR SCHRITT

ERDBEEREN

Zu Recht ist die fruchttragende Staude so beliebt, denn sie liefert vom Spätfrühling bis in den Herbst hinein süße Beeren. Erdbeeren gedeihen gut in Töpfen, Balkonkästen und Hängekörben, dadurch eignen sie sich hervorragend für kleine Flächen. Außerdem gelingt ihre Vermehrung über Ausläufer bzw. Tochterpflanzen leicht. Man kann die Pflanzen dann unter Schutz erfolgreich weiterkultivieren und erhält dadurch eine Ernte außerhalb der Saison.

	FRÜHLING	SOMMER	HERBST	WINTER
PFLANZEN				
ERNTE				
VON DER BLÜTE BIS ZUR ERNTE: 2–4 WOCHEN				

GEEIGNET FÜR: BEET, TOPF UND HÄNGEKORB

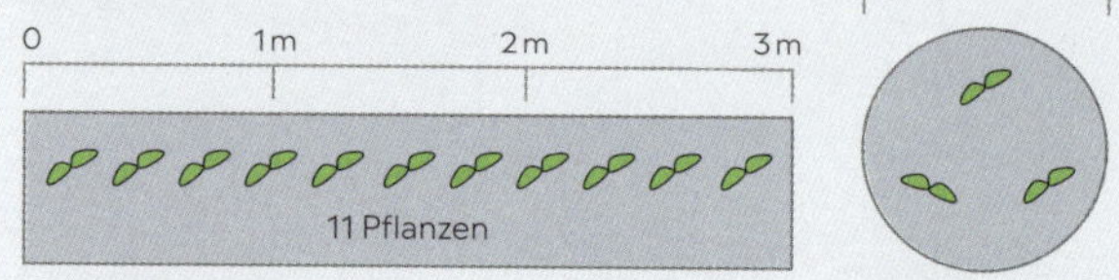

3 M LANGE REIHE Pflanzabstand 30 cm, Reihenabstand 45 cm

TOPF je 3 Pflanzen

1 KULTURBEGINN

Zwei verschiedene Typen sind zu unterscheiden: Einmaltragende Erdbeersorten, die zwischen Früh- und Hochsommer fruchten, schmecken am besten. »Monatserdbeeren« bringen eine Haupternte im Sommer, gefolgt von kleineren Ernteschüben, bis die ersten Fröste auftreten.

'Pegasus' fruchtet im Sommer und bildet viele große süße, glänzende Beeren.

'Symphony' trägt einmal und relativ spät. Die Sorte bringt hohe Erträge.

'Florence' bringt feste, aromatische Früchte an kompakten, für Töpfe gut geeigneten Pflanzen.

'Flamenco' Die Monatserdbeere trägt reich vom Hochsommer bis zum Herbst.

Bei wurzelnackten Pflanzen breiten Sie die Wurzeln aus und arbeiten dazwischen Erde ein. Der Wachstumspunkt sitzt an der Oberfläche.

Die Kultur im Topf verhindert Ärger mit Unkraut. Die fruchtenden Triebe sollen über den Topfrand hängen, damit Früchte nicht verschmutzen.

2 AUSPFLANZEN

Erdbeerpflanzen sind wurzelnackt oder in Töpfen erhältlich. Man kann im Frühling pflanzen, doch bei einer Pflanzung im Sommer haben sie mehr Zeit zum Anwachsen und tragen im folgenden Jahr gut. Wählen Sie einen sonnigen, geschützten Platz. Wenn Sie direkt in die Erde pflanzen, rechen Sie alles Unkraut weg. Pflanzen Sie im Abstand von 30 cm, mit einem Reihenabstand von 45 cm. In Trögen setzen Sie die Pflanzen 20 cm weit auseinander, in Töpfen 10 cm weit.

TIPP Verwenden Sie für Pflanzgefäße und Hängekörbe ein Substrat mit Tonanteil.

3 MULCHEN

Wenn die Pflanzen auf dem Beet zu blühen beginnen, breiten Sie Streu oder Heu rundherum aus, damit die sich entwickelnden Früchte keinen Kontakt zum Boden haben. Dadurch bleiben sie sauber und gut belüftet, außerdem werden Schnecken abgehalten. Als Alternative können Sie Krägen anbringen oder in Bändchengewebe pflanzen.

Mit Stroh hat man traditionell Erdbeeren vom Boden weggehalten. Man erhält es leicht und günstig. Nach der Ernte kann man es kompostieren.

Vorgefertigte, wiederverwendbare Krägen sind ideal, wenn Sie nur ein paar Pflanzen haben. Man kann sie auch leicht selbst herstellen.

4 FRÜCHTE SCHÜTZEN

Sobald die Früchte rot werden, machen sich Vögel darüber her. Breiten Sie Vogelschutznetz über den Reihen aus oder bauen Sie kleine Käfige über einzelnen Pflanzen. Prüfen Sie das Netz regelmäßig und halten Sie es gespannt, damit sich keine Vögel darin verfangen. Streuen Sie Pellets gegen Schnecken.

Halten Sie Vogelschutznetze mit Stäben auf Abstand, sonst wachsen die Pflanzen hindurch und Vögel picken die Früchte an.

5 ERNTE

Pflücken Sie einzelne Beeren, sobald sie komplett rot ausgefärbt sind. Zwicken Sie die Beere am Stiel ab. Ziehen Sie lieber nicht die Frucht ab, die Bruchstelle fault sonst leicht. Erdbeeren bleiben an einem kühlen Platz für einige Tage frisch. Gekocht oder roh kann man die Früchte gut einfrieren.

Pflücken Sie, wenn die Frucht voll ausgefärbt ist, sich aber noch fest anfühlt. Lassen Sie den Kelch noch dran, um Fäulnis zu vermeiden.

6 ABLEGER GEWINNEN

Nachdem sie getragen haben, entwickeln einmaltragende Sorten Ausläufer, an deren Ende sich Ableger entwickeln, aus denen man Pflanzen nachziehen kann. Senken Sie kleine, mit Substrat gefüllte Töpfe ein, um die Ableger hineinzusetzen. Gießen Sie reichlich bis zum Herbst, damit sie gut einwurzeln. Kappen Sie dann den Ausläufer.

Verankern Sie den Ableger mit einem gebogenen Stück dicken Drahts.

SCHRITT FÜR SCHRITT

HIMBEEREN

Vielleicht glauben Sie, Himbeeren bräuchten viel Platz. In den Gärten sehen Sie in aller Regel ausgedehnte Reihen von Ruten. Für die meisten Leute resultieren daraus viel mehr Früchte, als man verbrauchen kann. Himbeeren sind einfach zu ziehen, ein paar Ruten liefern eine ansehnliche Ernte. Außerdem gibt es kompakte Sorten. Wenn Sie sommer- und herbsttragende Sorten pflanzen, können Sie vom Frühsommer bis zur Herbstmitte süße, aromatische Beeren genießen.

	FRÜHLING	SOMMER	HERBST	WINTER
PFLANZEN				
ERNTE				

VON DER BLÜTE BIS ZUR ERNTE: 6-8 WOCHEN

GEEIGNET FÜR: BEET UND PFLANZGEFÄSS

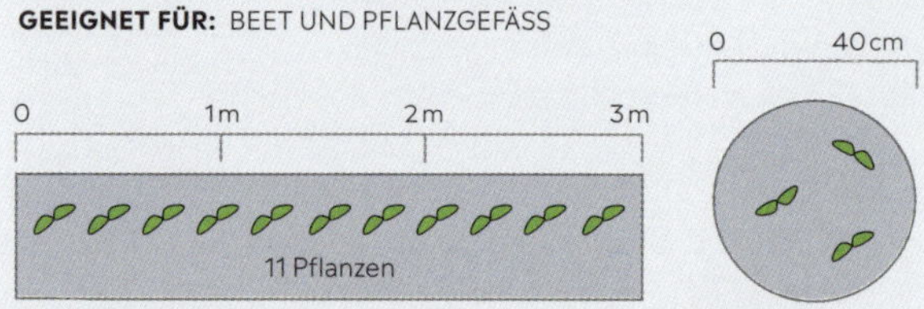

3 M LANGE REIHE
Pflanzabstand 30 cm, Reihenabstand 1 m

TOPF
je 3 Pflanzen

1 KULTURBEGINN

Sommertragende Himbeeren fruchten ab Frühsommer, Herbst-Himbeeren bis Herbstmitte. Wenn Sie beide pflanzen, können Sie möglichst lange ernten. Sommertragende Sorten werden von horizontal gespannten Drähten, 40 und 80 cm über dem Boden, gestützt. Herbst-Himbeeren können frei wachsen.

'Polka' ist krankheitsfest und fast stachellos. Die süßen Beeren schmecken fein.

'Cascade Delight' entwickelt im Sommer viele große, aromareiche Beeren.

'Tulameen' fruchtet im Sommer über mehrere Wochen. Die Sorte gedeiht in kühlen Lagen.

'All Gold' liefert im Herbst geschmackvolle Früchte, die Ihre Finger nicht rot färben.

Pflanzen Sie Ruten in gleichmäßigem Abstand in Reihen, sommertragende Sorten brauchen eine Stütze. Gießen Sie an und mulchen Sie.

Neue Triebe erscheinen im Frühling, wonach alte Ruten bis zum Grund zurückgeschnitten werden. Dadurch entwickelt sich der Neuaustrieb besser.

2 PFLANZUNG

Neue Ruten pflanzt man am besten im Herbst, das kann aber auch im Winter oder im Frühjahr geschehen. Meist erhält man wurzelnackte Ware oder Pflanzen, die dem Boden entnommen, gebündelt und in Substrat eingebettet wurden. Himbeeren bevorzugen humosen, gut durchlässigen Boden und Sonne, sie vertragen ein wenig Schatten. Mischen Sie dem Boden vor dem Pflanzen verrottetes organisches Material unter.

TIPP Besonders kompakte Sorten von Himbeeren kann man gut im Topf ziehen.

3 PFLEGE

Gießen Sie im Sommer gut und düngen Sie mit Beerendünger. Mulchen Sie bis nahe an die Ruten mit kompostiertem organischem Material, um die Feuchtigkeit im Boden zu halten. Wenn die Fruchtreife einsetzt, schützen Sie die Beeren vor Vögeln. Spannen Sie ein Netz über Stäbe. Halten Sie es straff, damit sich Vögel nicht darin verfangen.

Gießen Sie die Pflanzen im Sommer ein- oder zweimal pro Woche oder sogar täglich auf leichten Böden. Vermeiden Sie Wasserspritzer auf die Triebe.

Vögel vernaschen sommertragende Himbeeren rasch. Im Herbst sind Himbeeren für sie weniger attraktiv, weil es dann in der Natur Früchte gibt.

4 ERNTE

Die Beeren sind reif, sobald sie rundum rot oder gelb – je nach Sorte – sind und sich leicht vom Zapfen in der Mitte abstreifen lassen. Pflücken Sie möglichst nicht an Regentagen, denn nasse Früchte halten sich nicht gut. Kontrollieren Sie täglich, um den besten Erntezeitpunkt zu erwischen.

Fassen Sie die Früchte beim Pflücken vorsichtig an, sie nehmen leicht Schaden. Gequetschte Beeren verderben schnell, verzehren Sie sie rasch.

5 SOMMERSCHNITT

Bei sommertragenden Himbeeren werden die Ruten unmittelbar im Anschluss an die Ernte bis zum Grund zurückgeschnitten. Diesjährige Triebe, die noch nicht getragen haben, werden an Stützdrähte angebunden. Lassen Sie nur die kräftigsten in 10 cm Abstand stehen. Sie tragen im Folgejahr.

Binden Sie neue Triebe sommertragender Sorten nach dem Schnitt an horizontal gespannte Drähte. Sie werden im nächsten Jahr tragen.

6 WINTERSCHNITT

Bei Herbst-Himbeeren schneidet man ab Spätherbst alle Ruten bodeneben ab. Eine gestaffelte Ernte erhalten Sie im nächsten Jahr, wenn Sie ein paar Ruten nur etwa auf die halbe Länge zurückschneiden. Diese fruchten im nächsten Jahr früher, nämlich zwischen Früh- und Hochsommer. Die abgetragenen Ruten werden nach der Ernte komplett herausgeschnitten.

Schneiden Sie die Ruten von Herbst-Himbeeren bis zum Grund zurück.

SCHRITT FÜR SCHRITT

BROMBEEREN UND HYBRIDEN

Kleine Früchte an stacheligen Trieben gehören der Vergangenheit an. Moderne Brombeersorten haben wenige oder gar keine Stacheln, sie liefern dicke, aromatische Früchte in großer Menge. Auch ihre Pflege gestaltet sich einfacher, sie sind widerstandsfähiger gegenüber Krankheiten, manche Sorten fruchten an einjährigen Trieben, was den Schnitt erleichtert. Hybriden wie Taybeeren und Loganbeeren liefern eine Vielfalt köstlicher Früchte zum Marmeladekochen.

	FRÜHLING	SOMMER	HERBST	WINTER
PFLANZEN				
ERNTE				

VON DER BLÜTE BIS ZUR ERNTE: 6–8 WOCHEN

GEEIGNET FÜR: BEET UND RABATTE

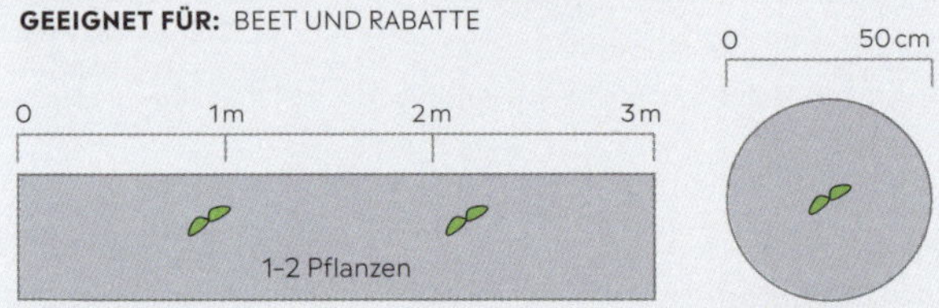

3 M LANGE REIHE
Pflanzabstand 1,5–3 m, je nach Sorte

TOPF
je 1 Pflanze

1 KULTURBEGINN

Unter den vielen Brombeersorten können Sie geeignete für Ihren Garten aussuchen. Dazu zählen stachellose Sorten. Die wüchsigen Hybriden entstanden aus Kreuzungen von Brombeeren mit Johannisbeeren oder verwandten Hybriden. Eine große Auswahl finden Sie im Internet oder bei spezialisierten Obstbaumschulen.

Brombeeren fruchten im Juli und August. Manche der zahlreichen Sorten sind stachellos.

Loganbeeren mit saurem Johannisbeergeschmack kocht man mit viel Zucker ein.

Japanische Weinbeeren sind orangerot bis dunkelrot mit süßaromatischem Geschmack.

Taybeeren Die Kreuzung zwischen Himbeeren und Brombeeren ist winterhart.

Graben Sie das Pflanzloch größer als den Wurzelballen, mischen Sie Kompost unter den Erdaushub, drücken Sie gut an.

Entfernen Sie den Topf und ziehen Sie die Wurzeln leicht auseinander. Spreizen Sie die Wurzeln bei wurzelnackter Ware.

Pflanzen aus Töpfen werden so tief gepflanzt, wie sie zuvor standen. Wurzelnackte Pflanzen senkt man bis zum Triebansatz ein.

2 PFLANZUNG

Brombeeren und die Hybridbeeren sind Spreizklimmer. Man setzt sie vor eine Wand, vor ein Rankgerüst oder in ein Gestell aus Holzpfosten und Drähten. Damit sie rasch einwachsen, pflanzt man vom Spätsommer an, solange die Erde noch warm und feucht ist, doch auch eine Frühjahrspflanzung ist möglich. Wählen Sie einen sonnigen Platz, lockern Sie den Boden, entfernen Sie Unkraut, arbeiten Sie organisches Material in den Erdaushub ein. Gießen Sie danach gut an.

TIPP Neue kompakte Brombeersorten eignen sich ideal für die Kultur im Topf.

3 PFLEGE

Wässern Sie die Pflanzen im Sommer gut, mulchen Sie mit gut verrottetem organischem Material. Falls Sie dazu Stallmist verwenden, kommen Sie ohne weitere Düngung aus, ansonsten geben Sie im Frühling einen Beerendünger. Schützen Sie die reifenden Beeren vor Vögeln mit Netzen, die Sie öfter auf Lücken kontrollieren.

Ein Käfig schützt Früchte vor Vögeln, doch er braucht Platz. Sie können auch einen kurzfristigen Schutz aus Stäben und Netz errichten.

4 ERNTE

Die Früchte reifen zwischen Hoch- und Spätsommer. Damit der Zuckergehalt möglichst hoch ausfällt, warten Sie mit der Ernte, bis die Beeren voll ausgefärbt sind. Dann lassen Sie sich leicht pflücken. Die Früchte sollten möglichst noch fest sein. Ernten Sie bei trockener Witterung.

Die ganze Frucht mit dem weißen Inneren wird bei Brombeeren gepflückt, anders als bei Himbeeren. Der Saft färbt die Finger.

5 SCHNITT

Die meisten Brombeeren und Hybriden fruchten an zweijährigen Trieben. Abgetragene Ruten sollte man im Herbst wegschneiden, während man einjährige Triebe aufbindet. Neuere Sorten, die am diesjährigen Trieb fruchten, können Sie im Winter bodeneben komplett zurückschneiden.

Abgetragene Ruten lassen sich leichter ausschneiden, entwirren und entfernen, wenn man zuvor die Befestigungen an der Stütze löst.

6 ERZIEHUNG

Brombeeren kann man klimmen lassen, doch die Handhabung ist einfacher und sie brauchen weniger Platz, wenn man sie an horizontal gespannten Drähten erzieht. Im Winter oder zeitigen Frühjahr breiten Sie die jungen Triebe des Vorjahres fächerförmig oder spiralförmig aus, um die Blüten- und Fruchtbildung zu fördern. Neue Triebe, die im Folgejahr fruchten, binden Sie im Sommer auf.

Horizontale Stützdrähte können Sie an Mauern und Zäunen befestigen oder zwischen Pfosten spannen. Sortieren Sie die Triebe.

SCHRITT FÜR SCHRITT

JOHANNISBEEREN

Ein gut gepflegter Strauch Weißer oder Roter Johannisbeeren kann überreich tragen, sodass die Früchte buchstäblich daran abperlen. Johannisbeeren sind leicht zu ziehen, sogar im leichten Schatten. Man kann sie vor Mauern und in geräumige Pflanzgefäße setzen, falls es an Platz fehlt. Kurz: Sie sind ideal für kleine Gärten. Die Früchte lassen sich gut einfrieren und eignen sich durch ihren hohen Pektingehalt bestens für Marmeladen und Konfitüren.

	FRÜHLING	SOMMER	HERBST	WINTER
PFLANZEN				
ERNTE				

VON DER BLÜTE BIS ZUR ERNTE: 10–12 WOCHEN

GEEIGNET FÜR: BEET UND PFLANZGEFÄSS

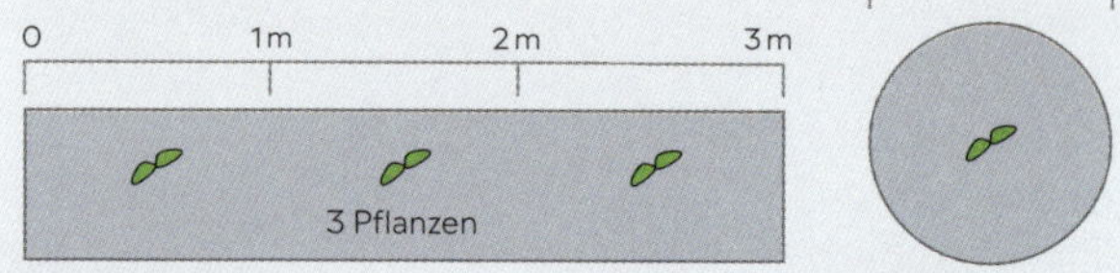

3 M LANGE REIHE
Pflanzabstand 1m

TOPF
je 1 Pflanze

1 KULTURBEGINN

Rote und Weiße Johannisbeeren wachsen am besten an einem geschützten Platz in frischer, gut wasserdurchlässiger Erde. In Töpfen gezogene Pflanzen erhält man das ganze Jahr über, wurzelnackte Ware im Herbst. Rote Johannisbeeren schmecken etwas schärfer und saurer, die weißen Sorten haben mehr Zucker.

'Jonkheer van Tets' bringt frühzeitig eine reiche Ernte leuchtend roter Beeren.

'Red Lake' liefert ab Hochsommer lange Trauben an einem wüchsigen Strauch.

'Junifer' ist eine kompakte, sehr ertragreiche Sorte. Die leuchtend roten Früchte reifen früh.

'Weiße Versailler' entwickelt im Hochsommer eine reiche Ernte süßer Beeren.

Setzen Sie die Sträucher so, dass alle Triebe von einem kurzen Stammstück knapp über dem Boden abzweigen.

Füllen Sie Erde zwischen die Wurzeln ein. Ziehen Sie bei Pflanzen aus dem Topf den Wurzelballen ein wenig auseinander.

Drücken Sie die Erde nach der Pflanzung leicht an, damit keine Hohlräume bleiben. Das Stammstück steht über der Erde.

2 PFLANZUNG

Johannisbeersträucher entwickeln sich am besten bei einer Pflanzung ab Spätsommer oder in der ersten Frühjahrshälfte, doch im Topf gezogene Pflanzen können Sie ganzjährig setzen, sofern Sie die Erde feucht halten. Die Sträucher können in der Sonne stehen, vertragen aber auch Halbschatten und können an einer nach Nordost ausgerichteten Wand stehen. Pflanzen Sie in 1m Abstand in gelockerten Boden, gießen Sie danach gut und mulchen Sie.

TIPP Pflanzen Sie Johannisbeeren aus dem Topf so tief, wie sie zuvor standen.

3 PFLEGE

Im ersten Jahr brauchen die flachwurzelnden Pflanzen regelmäßige Wassergaben, um einzuwurzeln. Danach erweisen sie sich als zusehends trockenheitsverträglich, doch die Erträge fallen bei regelmäßigem Gießen im Frühling und Sommer höher aus. Mulchen Sie mit gut verrottetem organischem Material, düngen Sie im Frühling kalibetont.

Organischer Mulch hält Feuchtigkeit im Boden zurück, das senkt die Gießhäufigkeit im Sommer. Beim Verrotten werden Nährstoffe freigesetzt.

4 FRÜCHTE SCHÜTZEN

Vögel rauben schnell die Früchte von den Sträuchern. Errichten Sie daher einen Netzkäfig, sobald die Früchte zu reifen beginnen. (Die Beeren weißer Sorten werden dann durchscheinend weiß.) Spannen Sie das Netz straff, damit sich keine Vögel darin verfangen. Entfernen Sie es nach der Ernte.

5 ERNTE

Die Beeren werden am besten als kompletter Fruchtstand gepflückt, sobald sie alle zusammen reif sind. Ziehen Sie den Stiel mit den Fingern ab oder schneiden Sie vorsichtig mit einer Schere. Pflücken Sie die Sträucher alle drei oder vier Tage durch, um zum optimalen Zeitpunkt zu ernten.

Vögel fressen die Beeren gern. Sie räubern die Pflanzen rasch. Netzen Sie einzelne Pflanzen ein oder kaufen Sie einen Käfig für mehrere Büsche.

Ernten Sie ganze Trauben, denn die kleinen Beeren quetschen beim Abzupfen leicht. Man isst Johannisbeeren frisch oder friert sie ein.

6 SCHNITT

Johannisbeeren fruchten an der Basis von mindestens ein Jahr alten Seitentrieben. Schneiden Sie neue Triebe zwischen Früh- und Hochsommer auf 10–15 cm Länge zurück, damit sich mehr Blütenknospen bilden. Die Früchte reifen besser, die Durchlüftung wird verbessert. Im Winter schneiden Sie dieselben Triebe auf zwei Knospen über einem Knospenbüschel zurück.

Ein Schnitt fördert die Bildung von Blütenknospen an der Basis zurückgeschnittener Äste.

SCHRITT FÜR SCHRITT

SCHWARZE JOHANNISBEEREN

Die robusten Sträucher tragen im Sommer lange Trauben mit überaus aromatischen Beeren. Sie schmecken frisch hervorragend und sogar noch besser, wenn sie eingekocht und zu Fruchtsoßen, Marmelade oder Kuchen verarbeitet sind. Schwarze Johannisbeeren sind einfach in der Kultur, sie fruchten sogar in kühleren Gegenden sehr zuverlässig. Kultur sowie Schnitt sind einfach und die gängigen Sorten erweisen sich als widerstandsfähig gegenüber Krankheiten und Schädlingen.

	FRÜHLING	SOMMER	HERBST	WINTER
PFLANZEN				
ERNTE				

VON DER BLÜTE BIS ZUR ERNTE: 10–12 WOCHEN

GEEIGNET FÜR: BEET UND PFLANZGEFÄSS

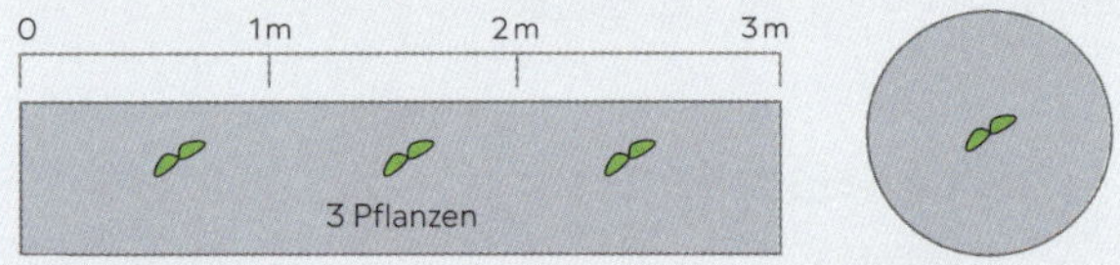

3 M LANGE REIHE
Pflanzabstand 1 m

TOPF
je 1 Pflanze

1 KULTURBEGINN

Schwarze Johannisbeeren kann man das ganze Jahr über in Töpfen kaufen, wurzelnackte Ware erhält man im Herbst für die Pflanzung. Wurzelnackte Pflanzen kommen günstiger – für den Fall, dass Sie mehrere im Garten ziehen wollen. Halten Sie Ausschau nach krankheitsresistenten Sorten, die »Ben« im Namen tragen.

'Ben Sarek' trägt reich, wächst kompakt und passt perfekt auf kleine Flächen.

'Ben Connan' fruchtet ab Hochsommer und liefert reichlich säuerlich aromatische Beeren.

'Ebony' ist eine frühe Sorte. Ab Frühsommer bringt der Strauch sehr große, süße Beeren.

'Ben Lomond' liefert ab Hochsommer viele große aromatische, leicht säuerliche Beeren.

Mithilfe einer Latte pflanzen Sie ein wenig tiefer, als der Strauch zuvor in der Baumschule oder im Topf stand.

Füllen Sie das Pflanzloch mit Erde auf. Achten Sie darauf, dass keine Hohlräume bleiben und dass die Pflanze aufrecht steht.

Treten Sie leicht an und gießen Sie gut. Junge Sträucher sollten Sie unmittelbar nach dem Einpflanzen schneiden.

2 PFLANZUNG

Die beste Zeit fürs Pflanzen ist ab Spätsommer oder in der ersten Frühjahrshälfte. Die Erde sollte feucht sein. Sie können auch im Sommer pflanzen, sofern Sie danach gut gießen. Wählen Sie einen sonnigen, geschützten Platz und jäten Sie gründlich. In kleinen Gärten können Sie in 50 cm große Töpfe mit tonigem Substrat pflanzen. Gießen Sie gut an, mulchen Sie und schneiden Sie alle Trieben bodeneben zurück, damit sich kräftiger Neuaustrieb entwickelt.

TIPP Pflanzen Sie tief genug, sodass alle Triebe aus der Erde kommen.

3 PFLEGE

Gießen Sie junge Pflanzen im ersten Jahr gut. Eingewachsene Pflanzen vertragen Trockenheit besser, doch sie tragen reicher, wenn sie in Trockenperioden Wasser erhalten. Mulchen Sie im Frühling mit gut verrottetem organischem Material wie Kompost, geben Sie Beerendünger, ebenfalls nach der Ernte. Stützen Sie fruchtbeladene Triebe.

Mulchen Sie, damit im Sommer die Feuchtigkeit im Boden bleibt und um Unkraut zu unterdrücken. Beim Abbau des Mulchs werden Nährstoffe frei.

Stützen Sie die Triebe mit Stäben, um die Sie eine Schnur spannen. Dies verhindert, dass die Zweige unter dem Fruchtgewicht einknicken.

4 FRÜCHTE SCHÜTZEN

Vögel können die Beeren innerhalb weniger Tage abräumen. Sobald die Reife beginnt, überziehen Sie die Pflanzen mit Netzen. Die Vögel dürfen nicht unten hindurchschlüpfen können. Prüfen Sie auf Löcher.

Mit Netzen halten Sie gefräßige Vögel von den Beeren fern. Halten Sie sie so straff wie möglich.

5 ERNTE

Bei älteren Sorten reifen die Beeren einzeln, sie werden – jede für sich – gepflückt, wenn sie reif sind. Bei neueren Sorten wird geerntet, wenn die ganze Traube ausgereift ist. Die Stängel sollten sich leicht vom Holz lösen.

Reife Beeren lassen sich leicht abnehmen. Seien Sie vorsichtig, sie quetschen leicht.

6 SCHNITT

Schwarze Johannisbeeren fruchten vorwiegend an einjährigen Trieben. Pflücken und Schneiden lassen sich zur selben Zeit vornehmen. Schneiden Sie Triebe, die getragen haben, bis zum Grund zurück, Neuaustrieb bleibt für die Ernte im nächsten Jahr stehen. Derart geschnittene Pflanzen müssen gut mit ausgewogenem Dünger versorgt werden. Man kann die Zweige drei Jahre lang fruchten lassen und dann im Winter kappen. Es entwickeln sich so größere Pflanzen.

SCHRITT FÜR SCHRITT

STACHELBEEREN

Die einfache, zuverlässige Kultur trägt normalerweise im Frühsommer, doch Sie kommen in den Genuss einer früheren Ernte, wenn Sie im Spätfrühling die ausgedünnten sauren Früchtchen verarbeiten. Die einzelnen Sorten unterscheiden sich in ihrer Eignung für verschiedene Zubereitungen, ob roh oder gekocht. Meist fruchten sie zuverlässig. Die Züchter entwickeln beständig neue Sorten, die krankheitsfester sind und dankenswerterweise weniger Stacheln haben.

	FRÜHLING	SOMMER	HERBST	WINTER
PFLANZEN				
ERNTE				
VON DER BLÜTE BIS ZUR ERNTE: 10 WOCHEN				

GEEIGNET FÜR: BEET UND PFLANZGEFÄSS

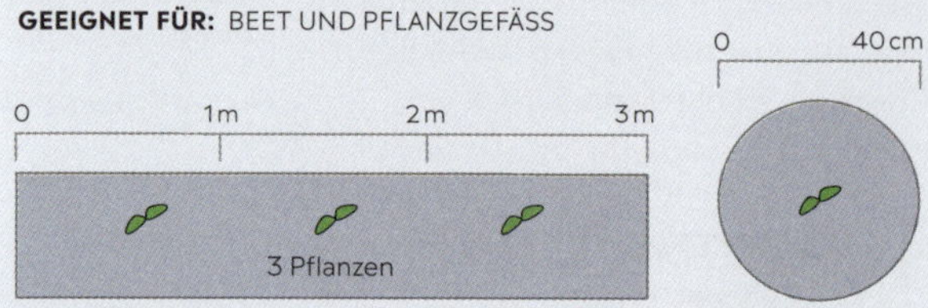

3 M LANGE REIHE
Pflanzabstand 1m

TOPF
je 1 Pflanze

1 KULTURBEGINN

Junge Pflanzen im Topf erhält man das ganze Jahr über, wurzelnackte im Herbst. Die vielen Sorten unterscheiden sich in Größe, Form, Geschmack und Färbung der Früchte. Manche weisen allerdings spitze Stacheln auf, die Sie vielleicht lieber meiden, besonders in kleinen Gärten und wenn Sie kleine Kinder haben.

'Careless' schmeckt roh und gekocht. Die Sorte liefert früh schmackhafte, grüne Früchte.

'Invicta' bringt im Früh- bis Hochsommer einen hohen Ertrag schmackhafter Früchte.

'Early Sulphur' reift früh mit mittelgroßen Früchten, deren Schale gelb behaart ist.

'Hinnonmäki Rot' ist einfach in der Kultur. Die schmackhaften Früchte reifen rot.

Graben Sie das Pflanzloch so groß, dass Sie die Wurzeln wurzelnackter Pflanzen ganz ausbreiten können. Mischen Sie Erdaushub mit Kompost.

Setzen Sie die Pflanzen in derselben Tiefe ein, wie sie zuvor standen. Sie erkennen bei wurzelnackten Pflanzen eine Markierung am Übergang zum Boden.

2 PFLANZUNG

Stachelbeeren aus Topfkultur können Sie das ganze Jahr über pflanzen, wenn Sie gut gießen. Ansonsten wachsen in der ersten Frühjahrshälfte oder ab Spätsommer gepflanzte Sträucher am besten an. Anders als andere Obstgehölze kommen Stachelbeeren mit Halbschatten zurecht. Sie können an ostwärts ausgerichteten Flächen stehen. Lockern Sie den Boden, entfernen Sie alles Unkraut, mischen Sie den Erdaushub mit Kompost, gießen Sie gut an.

TIPP Gießen Sie Pflanzen in Töpfen gut, v. a. wenn sie Blüten oder Früchte tragen.

Drahtringe und gebogene Stäbe tragen ein Vogelschutznetz. Die Konstruktion kann sogar das ganze Jahr über bleiben.

3 PFLEGE

Gießen Sie im ersten Jahr neu gesetzte Pflanzen gut, eingewachsene brauchen in Trockenperioden Wasser. Mulchen Sie mit nährstoffreichem organischem Material, geben Sie im Frühjahr und gleich nach der Ernte Beerendünger. Schützen Sie die Früchte vor Vögeln mit einem Fruchtkäfig oder mit Netzen. Kontrollieren Sie öfter auf Löcher.

Gepflückte Stachelbeeren halten sich im Kühlschrank etwa eine Woche lang. Man kann sie auch einfrieren und Kompott daraus bereiten.

4 ERNTE

Um größere Früchte zu erhalten, dünnen Sie die sich entwickelnden Stachelbeeren im Spätfrühling aus. Verwenden Sie diese sauren Früchtchen zum Kochen. Entfernen Sie nicht mehr als die Hälfte aller Beeren, und wenn Ihr Strauch dazu übergeht, regelmäßig stark zu tragen, entnehmen Sie nur noch ein Viertel. Die verbliebenen Beeren werden vollreif geerntet. Pflücken Sie die Beeren mit Stiel, damit die Früchte nicht gequetscht werden und bald verderben. Pflücken Sie die Sträucher alle paar Tage durch, um die jeweils reifen Beeren zu ernten.

5 SCHNITT

Stachelbeeren fruchten am Grund von mindestens ein Jahr alten Trieben. Geschnitten wird zweimal pro Jahr. Im Hochsommer schneiden Sie alle diesjährigen Triebe auf 15–20 cm Länge zurück. Im Winter schneiden Sie diese Triebe noch einmal zurück, sodass nur zwei oder drei Knospen verbleiben, die dann im Folgejahr fruchten. Entfernen Sie dann auch alle abgestorbenen, kranken oder beschädigten Triebe und alle Zweige, die sich mit starkem Fruchtbehang zu Boden neigen würden.

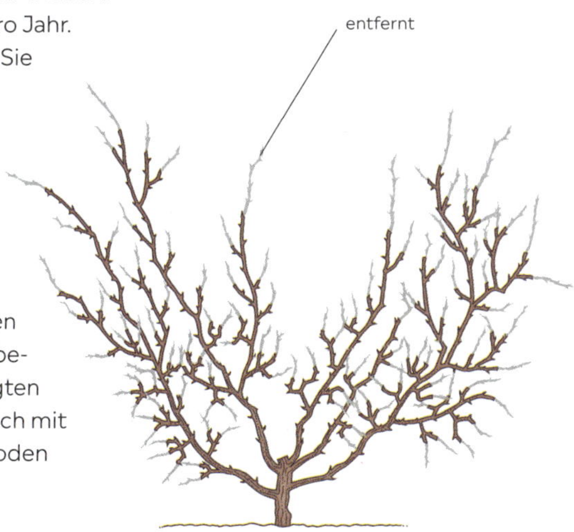

SCHRITT FÜR SCHRITT

HEIDELBEEREN

Heidelbeeren gehörten zu den ersten Kulturen, die den Status einer »Superfrucht« erlangten. Sie weisen einen hohen Gehalt an gesundheitsfördernden Antioxidantien und Vitaminen auf. Um gut zu tragen, brauchen sie einen sauren Boden oder Moorbeeterde und viel Wasser während der Wachstumszeit. Wenn Ihr Garten keinen sauren Boden hat, können Sie Heidelbeeren erfolgreich in Töpfen ziehen, was für kleine Gärten interessant ist.

	FRÜHLING	SOMMER	HERBST	WINTER
PFLANZEN				
ERNTE				
VON DER BLÜTE BIS ZUR ERNTE: 8–10 WOCHEN				

GEEIGNET FÜR: BEET UND PFLANZGEFÄSS

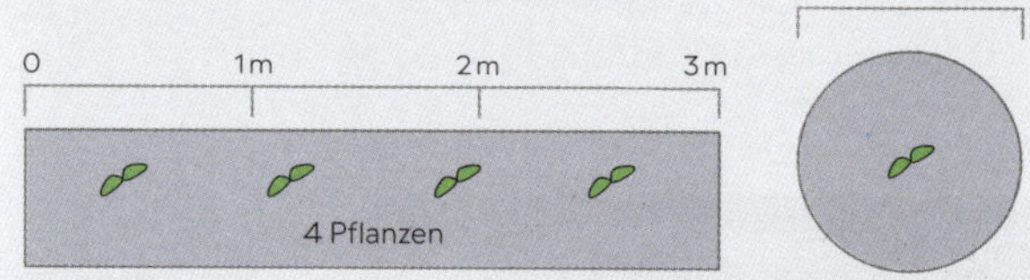

3 M LANGE REIHE
Pflanzabstand 75cm

TOPF
je 1 Pflanze

1 KULTURBEGINN

In Töpfen angezogene Heidelbeeren kann man das ganze Jahr über kaufen und pflanzen. Von den selbstfruchtbaren Pflanzen genügt eine, um zu fruchten. Allerdings ist der Fruchtertrag bei einer Bestäubung durch eine andere Sorte höher. Daher sollten Sie nach Möglichkeit zwei oder mehr Sorten pflanzen, sofern Sie den Platz dafür haben.

'Spartan' liefert im Hochsommer einen reichen Ertrag großer, aromatischer Beeren.

'Bluetta' wächst kompakt und eignet sich daher für kleine Gärten oder für Töpfe.

'Jersey' ist robust genug für kühlere Lagen. Sie braucht eine andere Sorte zum Fruchten.

'Herbert' trägt im Spätsommer viele süße, intensiv schmeckende Beeren.

Lösen Sie die Pflanze aus dem Topf und ziehen Sie die Wurzeln sanft nach außen, damit sie leichter ins Erdreich einwachsen.

Pflanzen Sie so tief, wie der Strauch im Topf stand. Drücken Sie den Strauch leicht an und gießen Sie gut.

Mulchen Sie mit organischem Material wie Nadelbaumkompost, das dazu beiträgt, das saure Milieu zu erhalten.

2 PFLANZUNG

Heidelbeeren sind an die Bedingungen in Hochmooren angepasst. Am besten wird im Spätsommer bis Herbst, im Spätwinter oder zeitigen Frühjahr gepflanzt, wenn der Boden feucht ist. Die Sträucher brauchen Erde mit einem pH-Wert unter 5 (Gewissheit erlangen Sie mit einem Testset). Sie können auch in Töpfen kultivieren, die mit Moorbeeterde befüllt sind. Arbeiten Sie vor der Pflanzung Rhododendrondünger ein.

TIPP Um die Feuchtigkeit zu halten, kleiden Sie poröse Töpfe mit Lochfolie aus.

3 PFLEGE

Mulchen Sie im Frühling die Pflanzen in Töpfen und in Beeten mit gut verrottetem organischem Material wie Rindenkompost. Gießen Sie das ganze Jahr über gut, vor allem zur Zeit der Blüte und Fruchtbildung, besonders aber Pflanzen in Töpfen. Düngen Sie von Früh- bis Hochsommer alle zwei Wochen mit einem löslichen Dünger für Moorbeetpflanzen.

Gießen Sie mit Regenwasser, damit die Erde sauer bleibt. Leitungswasser ist üblicherweise kalkhaltig, hartes Wasser bereitet Schwierigkeiten.

Säureliebende Pflanzen benötigen bestimmte Dünger, die es in flüssiger oder fester Form gibt. Verwenden Sie keine normalen Dünger.

4 FRÜCHTE SCHÜTZEN

Heidelbeeren blühen im zeitigen Frühjahr. In kühlen Regionen lohnt es sich, sie vor Frost mit einer Vliesabdeckung zu schützen. Reifende Früchte sollten Sie im Sommer vor Vögeln mit einem Netz oder Fruchtkäfig bedecken.

Ziehen Sie beim Pflücken Vogelschutznetze vorsichtig ab. Die reifen Früchte lösen sich leicht.

5 ERNTE

Kontrollieren Sie die Pflanzen alle paar Tage, um den jeweils optimalen Erntezeitpunkt zu erwischen. Die reifen Beeren lösen sich leicht ab, erleiden aber auch schnell Quetschungen. Überschüsse lassen sich einfrieren.

Heidelbeeren reifen über eine lange Zeit. Jeder Strauch fruchtet für mehrere Wochen.

6 SCHNITT

Heidelbeeren werden gewöhnlich als frei wachsende Sträucher gezogen, sie wachsen langsam. Geschnitten wird nach einigen Jahren in der Winterruhe vor dem Austrieb. Entfernen Sie tiefer stehende Zweige und schwache, abgestorbene, erkrankte oder beschädigte Triebe. Früchte bilden sich vorwiegend am ein-, zwei- oder dreijährigen Holz. Verwenden Sie eine scharfe Schere oder Säge, schneiden Sie wenig fruchtbare, ältere Zweige am Grund ab.

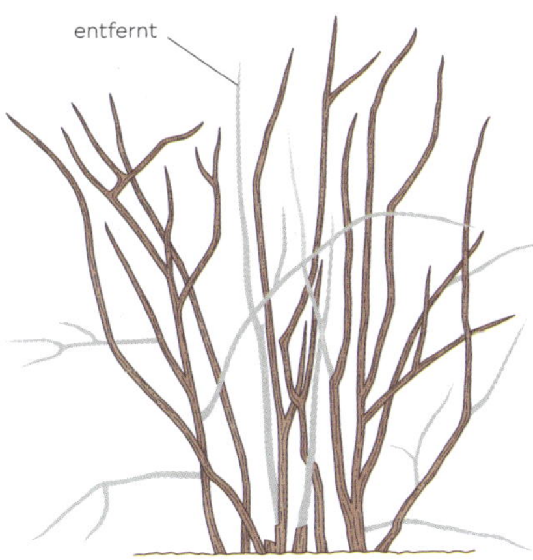

SCHRITT FÜR SCHRITT

ÄPFEL

Dieses traditionelle Gartenobst ist längst nicht mehr großen Gärten vorbehalten. Seit es schwachwüchsige Unterlagen gibt, kann man sie leicht auch auf beschränktem Raum kultivieren. Die Hunderte von Sorten unterscheiden sich in Bezug auf Geschmack, Verwendungsmöglichkeiten, Erntezeit, Ertrag und Krankheitsanfälligkeit. Viele gedeihen in Töpfen oder lassen sich platzsparend erziehen, etwa als Schnurbaum mit Kurztrieben.

	FRÜHLING	SOMMER	HERBST	WINTER
PFLANZEN				
ERNTE				

VON DER BLÜTE BIS ZUR ERNTE: 14–20 WOCHEN

GEEIGNET FÜR: BEET UND PFLANZGEFÄSS

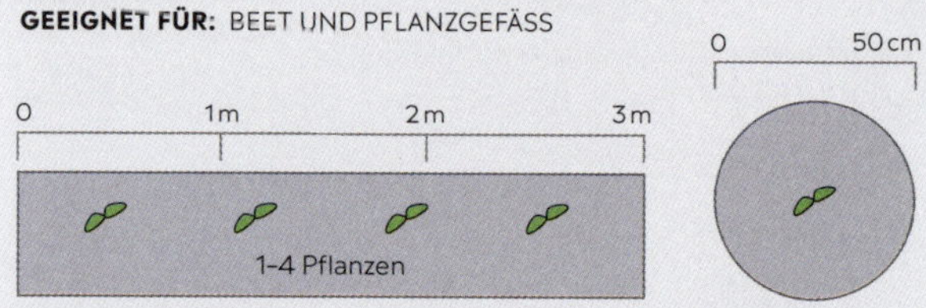

3 M LANGE REIHE
Pflanzabstand 75cm, je nach Unterlage

TOPF
je 1 Pflanze

1 KULTURBEGINN

Apfelbäume werden im Topf das ganze Jahr über angeboten, wurzelnackte Ware erhält man zur Pflanzzeit im Herbst oder zeitigen Frühjahr. Um zu fruchten, brauchen Apfelbäume eine Bestäubersorte. Wenn in der Nachbarschaft kein weiterer Baum steht, müssen Sie mehrere passende Sorten pflanzen.

'Cox's Orange' ist bekannt für seine aromatischen Früchte, die als Tafeläpfel dienen.

'Greensleeves' trägt im frühen Herbst viele süß-säuerliche Tafeläpfel.

'James Grieve' fruchtet im frühen Herbst. Der Tafelapfel gedeiht noch in kühleren Lagen

'Bramley's Sämling' braucht zur Bestäubung eine andere Sorte. Ein bekannter Kochapfel.

Legen Sie eine Latte über das Pflanzloch und setzen Sie den Baum ebenso tief ein, wie er zuvor stand.

Füllen Sie Erde ein, die mit organischem Material verbessert wurde, treten Sie vorsichtig an. Gießen Sie die Pflanze gut an.

Binden Sie den Baum an den Stützpfahl mit Gummiband. Prüfen Sie die Befestigung jährlich, um sie eventuell zu lockern.

2 PFLANZUNG

Apfelbäume wachsen besser an, wenn sie in der Ruhephase zwischen Herbst und Frühling gepflanzt werden, obwohl man Pflanzen aus dem Topf zu jeder Zeit setzen kann, sofern man sie feucht hält. Wählen Sie einen sonnigen, geschützten Platz, hacken Sie, um Unkraut zu entfernen, geben Sie organisches Material zu sandigen oder tonigen Böden. Bäume auf schwachwachsenden Unterlagen eignen sich für Töpfe mit tonreichem Substrat.

TIPP Bäume auf schwachwüchsigen Unterlagen behalten ihre Stütze dauerhaft.

3 PFLEGE

Gießen Sie vor allem im ersten Jahr gut. Bäume in Töpfen brauchen immer viel Wasser, im Boden eingewurzelte Gehölze kommen mit weniger Wassergaben aus. Mulchen Sie im Frühling und geben Sie kalireichen Dünger in fester Form. Apfelbäume in Töpfen erhalten eine flüssige kalibetonte Düngung zwischen April und Juni.

Häufiges Gießen ist essenziell für frisch gepflanzte Bäume. Das Wässern älterer Apfelbäume während Trockenperioden drängt Bitterfäule (siehe S. 246) zurück.

Ein Mulch mit organischem Material unterdrückt Unkrautaufkommen, bewahrt die Feuchtigkeit im Boden und hält die Wurzeln kühl. Er setzt beim Abbau Nährstoffe frei.

4 AUSDÜNNEN

Damit sich Äpfel in voller Größe entwickeln, dünnen Sie die jungen Früchte im Frühsommer aus, sobald sie Walnussgröße erreicht haben. Bei Tafeläpfeln verbleiben ein oder zwei Früchte pro 15 cm, bei Kochäpfeln nur eine. Entfernen Sie immer die mittlere Frucht.

Damit der Baum gut anwächst, entfernen Sie im ersten Jahr alle Früchte. In der Folgezeit dürfen sich Äpfel nach dem Ausdünnen entwickeln.

5 ERNTE

Erntereife Früchte nehmen Sie vorsichtig in die Hand, heben sie an und drehen sie ab. Die Frucht sollte sich ohne Ziehen ablösen, ansonsten warten Sie einen Tag länger. Pflücken Sie den Baum zur Reifezeit öfter durch. Vermeiden Sie Druckstellen.

Ernten Sie Äpfel regelmäßig ab. Früh reifende Sorten verzehrt man am besten frisch, Überschüsse späterer Sorten können Sie einlagern.

6 SCHNITT

Eingewachsene freistehende Apfelbäume werden im Winter geschnitten. Entfernen Sie dichten Wuchs im Kroneninnern, um eine offene Form zu erzielen. Entfernen Sie abgestorbene, erkrankte, beschädigte oder schwache Äste. Schneiden Sie junge Triebe auf die Hälfte zurück, um die Bildung von Fruchtspießen am Grund zu fördern.

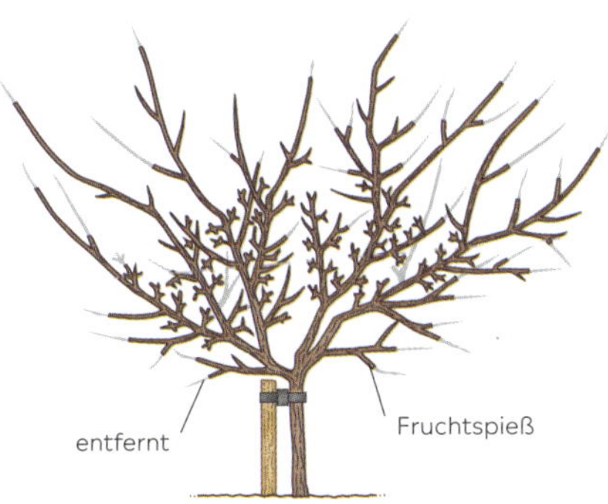

SCHRITT FÜR SCHRITT

BIRNEN

Eine voll ausgereifte Birne bedeutet eine Offenbarung, doch nur wer sie selbst kultiviert, kommt in den Genuss. Die Birnen aus dem Geschäft sind oft steinhart und reifen nicht mehr ganz, oder sie sind weich und haben ihren Höhepunkt überschritten. Birnen sind in der Kultur ähnlich einfach wie Äpfel, die einzelnen Sorten unterscheiden sich in Bezug auf Geschmack, Festigkeit und Verwendung. Die Bäume wollen geschützt stehen. Wenig Platz brauchen Spaliere oder Zwergbäume in Töpfen.

	FRÜHLING	SOMMER	HERBST	WINTER
PFLANZEN				
ERNTE				

VON DER BLÜTE BIS ZUR ERNTE: 16–20 WOCHEN

GEEIGNET FÜR: BEET UND PFLANZGEFÄSS

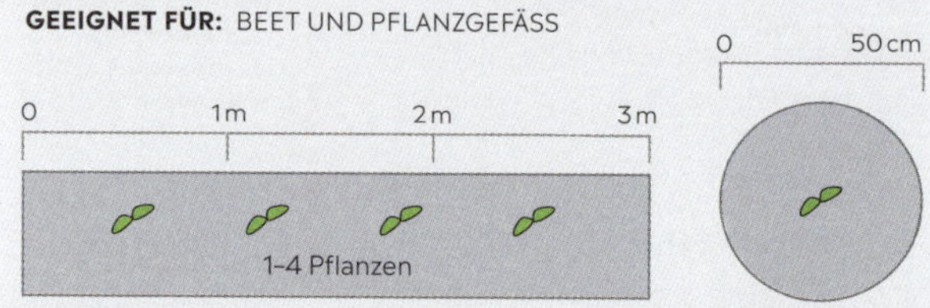

3 M LANGE REIHE
Pflanzabstand 75 cm, je nach Unterlage

TOPF
je 1 Pflanze

1 KULTURBEGINN

Im Topf gezogene Birnen erhält man das ganze Jahr über, wurzelnackte Ware zur Pflanzzeit. Erhältlich sind auch vorgezogene Spalierbäume, um sie vor Wände zu pflanzen. Die meisten Sorten benötigen für die Befruchtung eine passende Bestäubersorte. Sie müssen notfalls mehrere Bäume pflanzen.

'Concorde' mit gutem Geschmack und gedrungenen Früchten ist einfach in der Kultur.

'Vereinsdechantsbirne' will einen sonnigen Platz. Köstliche Früchte im Oktober.

'Hochfeine Butterbirne' bringt im Frühherbst aromatische Früchte.

'Packham's Triumph' trägt zur Herbstmitte geschmackvolle Früchte. Für geschützte Plätze.

Der Topf für einen Birnbaum wird zunächst mit etwas tonhaltigem Substrat befüllt, dem etwas Depotdünger beigefügt wurde.

Ziehen Sie die Wurzeln von Pflanzen aus Topfkultur nach außen, breiten Sie jene von wurzelnackten Gehölzen aus.

Pflanzen Sie genauso tief, wie der Baum zuvor stand. Stecken Sie einen Stützstab und gießen Sie gut an.

2 PFLANZUNG

Birnen blühen im zeitigen Frühjahr. Zur Fruchtreife brauchen sie viel Sonne, geben Sie ihnen daher einen sonnigen, geschützten Platz. Bereiten Sie vor der Pflanzung den Boden auf, entfernen Sie Unkraut, arbeiten Sie organisches Material und Universaldünger ein. Bringen Sie einen Stützstab an, treten Sie die Erde leicht an, gießen Sie gut. Birnen auf schwachwüchsigen Unterlagen können in 50 cm großen Töpfen in lehmiger Erde wachsen.

TIPP Schützen Sie die Blüten nachts mit Vlies, wenn Spätfrost bevorsteht.

3 PFLEGE

Birnen wollen es feucht, gießen Sie daher im ersten Jahr, später auch bei anhaltender Trockenheit. Mulchen Sie mit verrottetem organischem Material wie Kompost, damit Feuchtigkeit im Boden bleibt und um den Wurzelraum zu beschatten. Düngen Sie im Frühling ausgeglichen, geben Sie im Sommer eine kalibetonte Düngung.

Gießen Sie im Sommer gut, besonders Bäume in Töpfen. Wenn blühende oder fruchtende Bäume austrocknen, lässt der Ertrag nach.

Kalibetonte Düngung wie Tomatendünger fördert die Blüten- und Fruchtbildung. Man düngt flüssig während der Fruchtentwicklung.

4 AUSDÜNNEN

Die Bäume können viele Früchte ansetzen. Ausdünnen im Hochsommer führt zu großen Früchten. Man lässt pro Büschel nur noch eine Frucht stehen. Fruchttragende Äste werden gestützt, damit sie nicht brechen.

Birnen werfen überzählige Früchte im Frühsommer ab, man spricht von Junifruchtfall. Dünnen Sie den Fruchtansatz erst danach aus.

5 ERNTE

Die Früchte reifen je nach Sorte ab Spätsommer. Fürs Pflücken nimmt man die Frucht in die Hand, hebt sie und dreht sie ab. Sie sollte sich leicht lösen, ohne ziehen zu müssen. Ansonsten warten Sie noch ein wenig.

Frühe Sorten sollten Sie regelmäßig prüfen, weil sie schnell reifen. Spätsorten reifen bei Bedarf nach dem Pflücken im Lager nach.

6 SCHNITT

Eingewachsene, freistehende Birnbäume schneidet man im Winter. Entfernen Sie zu dichten Wuchs, um eine offene Krone zu erzielen. Schneiden Sie alle abgestorbenen, erkrankten, beschädigten oder sich kreuzende Äste aus. Kürzen Sie im Sommer diesjährige Triebe auf die Hälfte ihrer Länge ein, damit sich am Grund Fruchtspieße bilden.

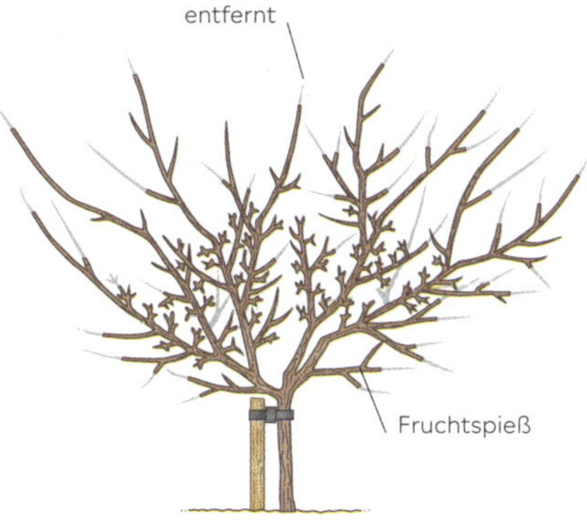

SCHRITT FÜR SCHRITT

PFLAUMEN UND ZWETSCHGEN

Pflaumen schmecken köstlich süß und saftig, die Bäume tragen so reich, dass Sie mit ziemlicher Sicherheit eine Schwemme erhalten – genug Früchte für Marmeladen, zum Einkochen und Einfrieren. Pflaumen, einschließlich Zwetschgen, Renekloden und Mirabellen, sind einfach zu ziehen und brauchen wenig Schnitt. Von selbstfruchtbaren Sorten genügt ein Baum. Neue Sorten, veredelt auf schwachwüchsigen Unterlagen, sind ideal für kleinere Gärten und eignen sich sogar für Töpfe.

	FRÜHLING	SOMMER	HERBST	WINTER
PFLANZEN				
ERNTE				

VON DER BLÜTE BIS ZUR ERNTE: 14–16 WOCHEN

GEEIGNET FÜR: BEET UND PFLANZGEFÄSS

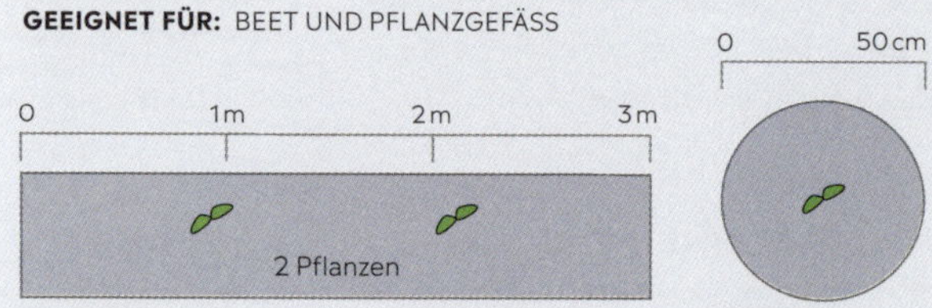

3 M LANGE REIHE
Pflanzabstand 1,5 m, je nach Unterlage

TOPF
je 1 Pflanze

1 KULTURBEGINN

Wurzelnackte Pflanzen können Sie während der Pflanzzeit im Herbst oder Spätwinter kaufen, Gehölze aus Topfkultur lassen sich jederzeit einpflanzen. Manche Sorten müssen durch eine andere Sorte befruchtet werden, daher müssen Sie zwei Bäume setzen. Selbstfruchtbare Sorten bestäuben sich selbst, fruchten aber vermutlich besser bei Fremdbestäubung.

'Victoria' ist eine typische Pflaume. Sie liefert im Spätsommer zahlreiche rote Früchte.

'Shropshire Damson' reift im Frühherbst. Von der selbstfruchtbaren Sorte genügt ein Baum

'Oullins Reneklode' bringt süße, goldgelbe Früchte, die im Spätsommer reifen.

'Marjorie's Seedling' trägt zuverlässig viele blaue Früchte. Eine selbstfruchtbare Sorte.

Legen Sie eine Latte über das Pflanzloch und setzen Sie das Gehölz genauso tief ein, wie es zuvor stand.

Füllen Sie Erde ein, besonders zwischen den Wurzeln bei wurzelnackten Pflanzen. Treten Sie sie leicht an, gießen Sie gut.

Binden Sie den Baum an den Stützpfahl mit einem verstellbaren Binder an. Prüfen Sie die Befestigungen gelegentlich.

2 PFLANZUNG

Wählen Sie einen sonnigen, geschützten Platz, lockern Sie den Boden, mischen Sie verrottetes organisches Material wie Kompost unter den Erdaushub. Bringen Sie einen Stützstab an, treten Sie die Erde leicht an, gießen Sie gut. Pflaumen können Sie in Töpfe pflanzen, dann müssen Sie aber viel gießen, denn die Pflanzen reagieren empfindlich auf Trockenheit. In den Topf von mindestens 50 cm Größe wird tonhaltiges Substrat eingefüllt.

TIPP Zwetschgen und Haferpflaumen verzehrt man am besten gekocht.

3 PFLEGE

Wässern Sie die Bäume im ersten Jahr gut, in den Folgejahren gießen Sie bei Trockenheit. Pflaumen wurzeln relativ flach, ihnen bekommt eine dicke Mulchauflage aus organischem Material im Frühling. Bei größerem Nährstoffbedarf geben Sie Mulch aus verrottetem Stallmist oder ausgewogenen Dünger in fester Form.

Junge Pflaumenbäume müssen häufig gegossen werden, bis sie eingewurzelt sind. Eingewachsene Bäume gießen Sie in Trockenperioden.

Mulchen Sie, doch lassen Sie die Stammbasis frei, um Fäulnis zu vermeiden. Verwenden Sie verrottetes Material, das Nährstoffe freisetzt.

4 AUSDÜNNEN

Die Erntemenge schwankt, weil Frost frühe Blüten vernichten kann. Ist der Fruchtansatz nach einem milden Frühjahr reich, dünnen Sie die Früchte auf 5–8 cm Abstand aus. Dadurch wachsen große Früchte und es schützt vor Astbruch.

Belassen Sie die Fruchtansätze bis zum Frühsommer, manche fallen von selbst herab. Späteres Ausdünnen führt zu größeren Früchten.

5 ERNTE

Lassen Sie Pflaumen und Renekloden voll ausreifen, damit ihr Zuckergehalt so hoch wie möglich ist. Haferpflaumen und Zwetschgen können Sie sauer ernten. Nehmen Sie sich beim Pflücken vor Wespen in Acht.

Ernten Sie regelmäßig den Baum ab, um das beste Reifestadium zu erwischen. Notfalls lassen sich unreife Pflaumen ein paar Tage lang lagern.

6 SCHNITT

Pflaumen werden möglichst wenig geschnitten, um die Ansteckungsgefahr durch Bleiglanz, eine Pilzkrankheit (siehe S. 246), gering zu halten. Gleich nach dem Abernten entfernen Sie mit einer sauberen Säge oder einem Astschneider alles abgestorbene, erkrankte oder beschädigte Holz, zusammen mit dünnen oder überkreuzten Trieben.

SCHRITT FÜR SCHRITT

KIRSCHEN

Frische Süßkirschen sind im Sommer ein echter Genuss, während Sauerkirschen hervorragend in Kuchen und eingekocht schmecken. Generell gibt es in der Züchtung Fortschritte mit schwachwüchsigen Unterlagen und es stehen allen Kirschenliebhabern selbstfruchtbare Sorten zur Verfügung. Moderne, kompakte Bäume eignen sich ideal für kleinere Gärten, man kann sie sogar im Topf ziehen. Durch ihre beschränkte Größe lassen sie sich zudem leichter vor Vögeln schützen.

	FRÜHLING	SOMMER	HERBST	WINTER
PFLANZEN				
ERNTE				
VON DER BLÜTE BIS ZUR ERNTE: 10–14 WOCHEN				

GEEIGNET FÜR: BEET UND PFLANZGEFÄSS

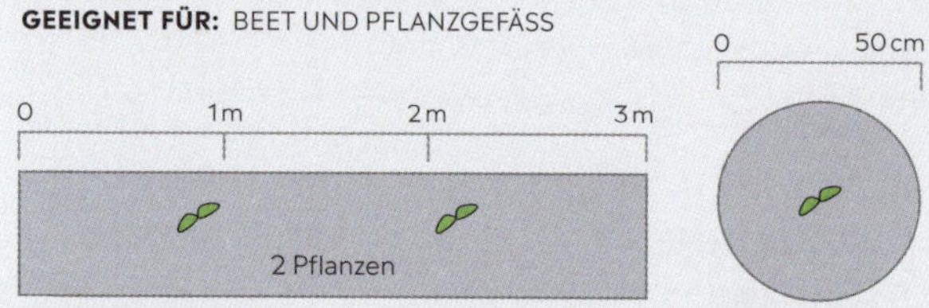

3 M LANGE REIHE
Pflanzabstand 1,5 m, je nach Unterlage

TOPF
je 1 Pflanze

1 KULTURBEGINN

Bäume aus Topfkultur erhält man das ganze Jahr über, man kann sie jederzeit pflanzen. Wurzelnackte Ware wird zur Pflanzzeit im Herbst oder Spätwinter bis ins zeitige Frühjahr angeboten. Selbstfruchtbare Kirschen setzen ohne Bestäubersorte Früchte an, es genügt ein Baum. Manche ältere Sorten brauchen einen Bestäubungspartner, um zu fruchten.

'Lapins' bringt im Hochsommer große, dunkelrote Süßkirschen. Selbstfruchtbar.

'Morello' trägt Sauerkirschen zwischen Spätsommer und Frühherbst. Selbstfruchtbar.

'Sweetheart' ist eine dunkle Süßkirsche. Sie braucht keine andere Bestäubersorte.

'Rote Maikirsche', eine Süßweichsel, die ziemlich früh reift, schmeckt süßsäuerlich.

Legen Sie eine Latte über das Pflanzloch und setzen Sie den Baum genauso tief ein, wie er zuvor stand.

Füllen Sie Erde ein, die mit organischem Material verbessert worden ist. Treten Sie die Erde leicht an, gießen Sie gut.

Schlagen Sie einen Pfahl ein, den Sie mit einem verstellbaren Baumbinder befestigen. Prüfen und lockern Sie diesen jährlich.

2 PFLANZUNG

Süßkirschen brauchen einen sonnigen, geschützten Platz, Sauerkirschen sind weniger anspruchsvoll und kommen auch mit Halbschatten zurecht. Richten Sie vor der Pflanzung den Boden her, indem Sie lockern, Unkraut entfernen und Kompost einarbeiten, besonders schwere Böden werden mit Rindenkompost verbessert. Schlagen Sie einen Stützpfahl ein und gießen Sie gut an. Auf schwachwüchsige Unterlagen veredelte Bäumchen wachsen auch in Töpfen.

TIPP In kühleren Lagen sind Sauerkirschen einfacher zu ziehen.

3 PFLEGE

Gießen Sie neue Bäume im ersten Jahr, wässern Sie ältere Exemplare während Trockenperioden. Mulchen Sie im Frühling mit verrottetem organischem Material, am besten mit Stallmist. (Falls Sie anderes Material verwenden, geben Sie zusätzlich ausgeglichenen Dünger.) Um eine reiche Ernte zu erzielen, düngen Sie im Sommer kalibetont, etwa mit Beerendünger.

Kirschen blühen im zeitigen Frühjahr, Frost kann die Blüten zerstören. Vlies schützt, doch an milden Tagen brauchen Bienen freien Zugang.

4 FRÜCHTE SCHÜTZEN

Vögel räubern Kirschen nur zu gern. Netzen Sie die Bäume ein, sobald sich die Früchte zu färben beginnen – ein Netzkäfig über jedem Baum wäre ideal. Halten Sie das Netz gespannt und prüfen Sie es auf Löcher.

5 ERNTE

Wenn die ersten Früchte ausreifen, hüllen Sie den Baum zum Schutz in Folie, damit kein Regen zu den Früchten dringt. Reife Kirschen nehmen Feuchtigkeit über ihre Schale auf, das führt zum Platzen und zu Fäulnis.

Ein Netz, das am Boden gesichert ist, verhindert, dass Vögel unten hindurchschlüpfen. Wespen mögen Kirschen auch, hängen Sie Fallen auf.

Fassen Sie reife Früchte vorsichtig an, damit sie nicht gequetscht werden. Kirschen lassen sich bis zu einer Woche im Kühlschrank lagern.

6 SCHNITT

Um die Pilzkrankheit Bleiglanz (siehe S. 246) zu vermeiden, schneiden Sie nach der Ernte, also wenn der Baum Blätter trägt, doch beschränken Sie den Schnitt nach Möglichkeit. Bei Süßkirschen kürzen Sie nur zu lange Triebe ein. Bei Sauerkirschen schneiden Sie ein Viertel aller Fruchttriebe auf den nächsten Zweig zurück, entfernen Sie krankes Holz.

PFIRSICHE, NEKTARINEN UND APRIKOSEN

	FRÜHLING	SOMMER	HERBST	WINTER
PFLANZEN				
ERNTE				
VON DER BLÜTE BIS ZUR ERNTE: 16–20 WOCHEN				

GEEIGNET FÜR: BEET UND PFLANZGEFÄSS

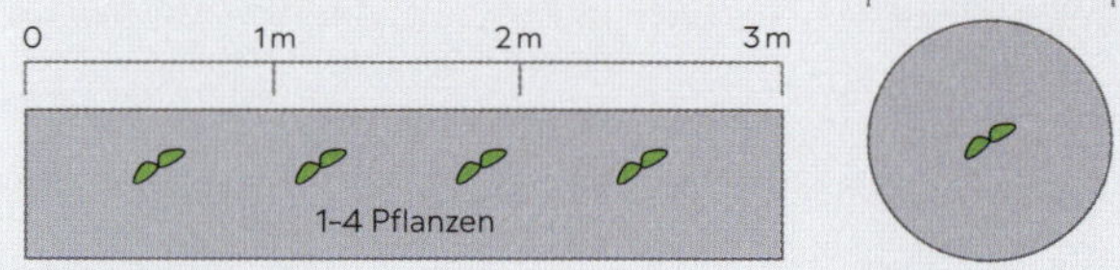

3 M LANGE REIHE
Pflanzabstand 75 cm–3 m, je nach Sorte

TOPF
je 1 Pflanze

An einem sonnigen, geschützten Platz werden diese Bäume zu köstlichen Hotspots im Garten. Ein einzelner Baum kann einen nennenswerten Ertrag saftiger Früchte bringen, die bei der Reife ihr typisches, kräftiges Aroma verströmen. Viele neuere Sorten wachsen extrem kompakt, dadurch sind sie leicht zu pflegen, sie passen in kleine Gärten und wachsen sogar in Töpfen.

1 KULTURBEGINN

Wurzelnackte Ware kann man ab Spätherbst und bis ins zeitige Frühjahr pflanzen, Gehölze in Töpfen kann man zu jeder Zeit kaufen und einpflanzen. Zwergformen werden häufig im Topf verkauft, sie eignen sich als einzige für die Kultur in Pflanzgefäßen. Von dem selbstfruchtbaren Obst genügt jeweils ein Baum.

Aprikose 'Tomcot' liefert viele große Früchte. Die Sorte eignet sich gut für kühleres Klima.

Nektarine 'Lord Napier' gedeiht auch in kühleren Lagen. Große, saftige Früchte im Hochsommer.

Pfirsich 'Garden Lady' Die Sorte mit zwergigem Wuchs reift im Hoch- bis Spätsommer.

Pfirsich 'Peregrine' eignet sich für kühlere Lagen. Große Früchte ab Hochsommer.

2 PFLANZUNG

Wählen Sie für das Auspflanzen einen sonnigen, geschützten Platz, etwa vor einer besonnten Wand. Lockern Sie den Boden, entfernen Sie alles Unkraut, arbeiten Sie gut verrottetes organisches Material unter. Für eine Pflanzung in ein Pflanzgefäß muss der Topf mindestens 50 cm groß sein.

Mit einem Stab kontrollieren Sie die Pflanztiefe. Setzen Sie so tief ein, wie die Pflanze zuvor stand.

Füllen Sie Erde ein, während Sie den Baum aufrecht halten. Binden Sie ihn an einen Stützstab an.

3 PFLEGE

Gießen Sie während Trockenperioden, mulchen Sie und geben Sie im Frühling kaliumbetonten Dünger. Damit Spätfrost nicht die Blüten zerstört, bedecken Sie den Baum vor kalten Nächten mit Vlies, das Sie an milden Tagen für die Bestäubung abnehmen. Um der Kräuselkrankheit vorzubeugen, schützen Sie die Bäume bis ins späte Frühjahr mit Folie vor Regen. Pflanzen in Töpfen rücken Sie an einen vor Frost und Regen geschützten Platz.

Insekten müssen zur Bestäubung an die Blüten herankommen, oder Sie besorgen das mit einem Pinsel.

4 AUSDÜNNEN

Pfirsiche und Nektarinen setzen oft viele Früchte an. Man dünnt sie aus, sobald sie Walnussgröße haben, um größere Früchte zu erhalten. Bei gewöhnlichen Bäumen belässt man etwa alle 15–20 cm eine Frucht, bei Zwergformen hält man einen Abstand von 10 cm ein. Reifende Früchte locken Wespen an, hängen Sie daher Fallen in die Krone.

Die Attrappe eines Wespennestes soll Wespen täuschen. Sie fürchten Angriffe von rivalisierenden Wespen und bleiben fern.

Durch das Ausdünnen von Pfirsichen und Nektarinen bildet der Baum größere Früchte, die dann zuverlässiger ausreifen.

5 ERNTE

Die Ernte reifender Früchte beginnt ab Hochsommer. Bei der Reife fühlen sich die Früchte etwas weich an und duften typisch. Lassen Sie die Früchte so lange wie möglich am Baum reifen, obwohl eine frühere Abnahme vor Wespenschäden schützt. Nehmen Sie zum Pflücken die Frucht in die Hand und drehen Sie leicht.

TIPP Bei Bedarf reifen Früchte im Haus auf einem besonnten Fensterbrett voll aus.

Pfirsiche und Nektarinen gehören derselben Art an, nur haben Pfirsiche eine flaumbedeckte Schale. Anbau und Verzehr sind gleich.

6 SCHNITT

Pfirsiche, Nektarinen und Aprikosen fruchten vorwiegend an den Zweigen des Vorjahres. Jährlicher Schnitt führt zur Bildung von neuen Trieben. Eingewachsene Bäumen schneidet man unmittelbar nach der Ernte im Sommer. Entfernen Sie mit einer sterilisierten Schere ein Drittel der Fruchttriebe, sodass ein Gerüst aus gut verteilten, gesunden Ästen verbleibt. Um die Krankheit Bleiglanz zu vermeiden (siehe S. 246), schneiden Sie diese Obstbäume zu keiner anderen Jahreszeit.

SCHRITT FÜR SCHRITT

FEIGEN

Feigen schmecken so ganz nach Mittelmeer. Obwohl sie einen sonnigen Platz und zum Ausreifen lange Zeit brauchen, gedeihen sie fast überall. Lässt man sie einfach wachsen, werden Feigen große Bäume, doch man kann ihre Größe beschränken, indem man das Wurzelwerk begrenzt. Das fördert auch den Fruchtansatz. In kühleren Regionen kann man Feigen in Töpfen ziehen und im Winter schützen. Platzsparend gedeihen sie am Spalier.

	FRÜHLING	SOMMER	HERBST	WINTER
PFLANZEN				
ERNTE				
VON DER BLÜTE BIS ZUR ERNTE: 32–40 WOCHEN				

GEEIGNET FÜR: BEET UND PFLANZGEFÄSS

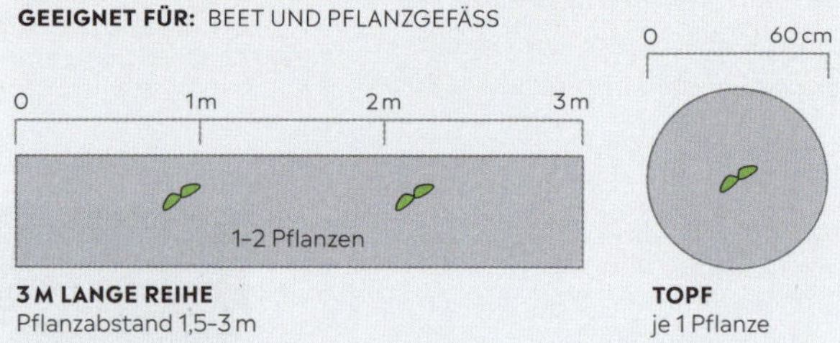

1 KULTURBEGINN

Feigen werden in der Regel als Topfware angeboten. Sie wachsen am besten bei einer Pflanzung im April an. Von den vielen Sorten werden nur wenige häufiger angeboten, vielleicht müssen Sie in einer spezialisierten Baumschule nachfragen. Die Blüten müssen nicht bestäubt werden, es genügt ein Baum.

'Brunswick' braucht für eine gute Ernte einen milden Platz. Große, süße Feigen im Hochsommer.

'Panachee' entwickelt gestreifte Früchte. Gedeiht am besten an einer warmen Wand.

'Brown Turkey' wächst auch in kühleren Regionen. Die Sorte fruchtet im Spätsommer.

'Rouge de Bordeaux' bringt köstliche Feigen, gedeiht aber nur an einem warmen Platz gut.

Graben Sie eine Grube, die Sie am Rand mit Steinplatten auskleiden. Für eine gute Dränage füllen Sie 20 cm hoch Steine und Scherben ein.

Pflanzen Sie den Baum so tief, wie er im Topf stand, füllen Sie rundum Erde ein. Gießen Sie gut und schlagen Sie einen geeigneten Stützpfahl ein.

2 PFLANZUNG

Wenn Sie den Baum auspflanzen wollen, lockern Sie den Boden, entfernen Sie Unkraut und mischen Sie für einen guten Wasserabzug Splitt, Rindenkompost oder Mist unter. Um das Wurzelwerk zu begrenzen, legen Sie eine 60 × 60 cm große Pflanzgrube für den Baum an (siehe links). Ein Gefäß zum Bepflanzen muss mindestens 60 cm groß und tief sein. Füllen Sie unten Steine oder Tonscherben für den Wasserabzug ein, verwenden Sie Substrat mit Tonanteil.

TIPP Richtig eingewachsene Feigenbäume vertragen Trockenheit recht gut.

3 PFLEGE

Neu gepflanzte Feigen sollten Sie im ersten Jahr gießen, später, wenn die Früchte reifen. Zwar sind die Bäume winterhart, doch die Fruchtansätze, die überwintern (siehe unten), können Schäden durch Frost erleiden. Nach Möglichkeit sollte man die Gehölze zum Schutz mit Vlies bedecken. Ein jährlicher Schnitt empfiehlt sich.

Feigen gedeihen gut in Töpfen. In kühleren Regionen kann man sie dann während des Winters ins Haus stellen, um die Früchte zu schützen.

4 AUSDÜNNEN

In unserem kurzen Sommer reifen Feigen nicht binnen eines Jahres. Kleine Fruchtansätze, die im Spätsommer entstehen, überwintern am Baum, um erst im folgenden Sommer zu reifen. Alle Fruchtansätze, die größer als eine Erbse sind, sollten im Spätherbst durch Abzwicken entfernt werden.

Alle größeren Früchte entfernen Sie im Herbst. Dies verhindert, dass der Baum Energie für Früchte vergeudet, die nicht ausreifen werden.

5 ERNTE

Feigen sollen vor dem Pflücken so lange wie möglich ausreifen, weil sie im Haus nicht mehr viel nachreifen. Reife Früchte hängen vom Ast herab, klebriger Saft erscheint am Grund, sie werden weich und duften dezent. Sie lassen sich leicht abnehmen. Womöglich werden Vögel angelockt.

Reife Feigen verderben rasch. Verzehren Sie die Früchte zum optimalen Zeitpunkt so schnell wie möglich. Überschüsse können Sie trocknen.

6 SCHNITT

Junge Bäume benötigen nur einen Formschnitt. Ältere Bäume schneidet man zweimal. Im zeitigen Frühjahr werden einige der älteren Äste geschnitten, um Neuaustrieb anzuregen. Im Sommer werden die Spitzen des Neuaustriebs abgezwickt, um den Fruchtansatz zu fördern.

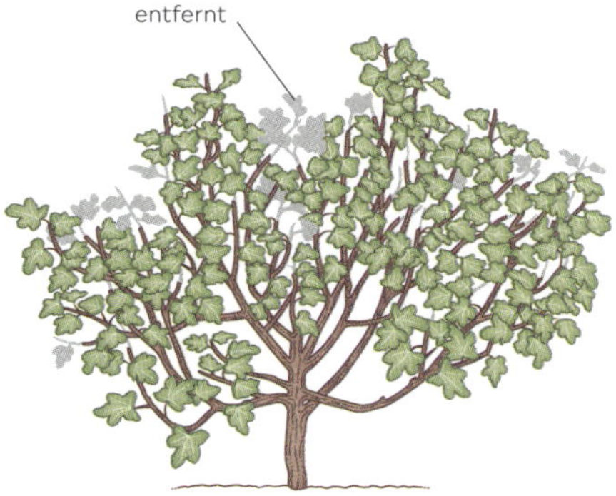

PROBLEME

BEEREN UND OBSTBÄUME

Beim Obst unterscheidet man Sonnenanbeter und Arten, die etwas Schatten aushalten. Süße Früchte wie Feigen und Pfirsich gedeihen in voller Sonne, die Wärme treibt ihren Zuckergehalt in die Höhe. Sauerere Kulturen wie Johannis- und Stachelbeeren halten ein wenig Schatten aus. Ausreichend Feuchtigkeit ist zur Zeit der Fruchtentwicklung besonders wichtig.

Kann man Obstgehölze auch in einem kleinen Innenhof ziehen?
Die Kultur von Obst auf engem Raum ist auf vielerlei Weise möglich. Die Haltung im Topf beschränkt das Wurzelwachstum und führt von Natur aus zu einem kompakten Wuchs. Außerdem erhält man viele Obstbäume auf schwachwüchsige Unterlagen veredelt (etwa Apfel M27, Pflaume Pixy, Kirsche GiSelA 5). Man kann Obstgehölze auch platzsparend als Schnurbaum oder Fächerspalier erziehen. Manche Beerensträucher wie Stachel- und Johannisbeeren kann man ähnlich schneiden.

Der Ertrag des Erdbeerbeetes lässt immer mehr nach. Man muss es neu anlegen. Was ist dabei zu beachten?
Die Pflanzen brauchen alle drei bis fünf Jahre eine Erneuerung. Senken Sie Ausläufer im Hochsommer in Töpfe herab, kultivieren Sie sie weiter, bis sie im Herbst oder zeitigen Frühjahr auf das neu hergerichtete Beet kommen. Vermehren Sie nur gesunde Pflanzen oder kaufen Sie neue, virusfreie Pflanzen. Zur Beetvorbereitung graben Sie gut abgelagerten Stallmist unter oder pflanzen Sie die Erdbeeren auf einen kleinen Damm wegen des besseren Wasserabzugs.

Eine namenlose Pflaume im Garten trägt unregelmäßig Früchte. Woher kommt das?
Pflaumen sind entweder selbstfruchtbar und setzen allein Früchte an oder sie brauchen einen Bestäubungspartner, der zur selben Zeit blüht, kompatibel ist und in der Nähe steht. Weil die Pflaume von Zeit zu Zeit Früchte trägt, findet anscheinend eine Bestäubung statt, aber ein anderer Faktor stimmt nicht. Zum Beispiel kann Frost während der Blütezeit schädigen oder windige, stürmische Witterung verhindert den Flug bestäubender Insekten. In den Jahren mit starkem Fruchtansatz sollten Sie zum Ausgleich im Frühsommer kleine Fruchtansätze ausdünnen.

Massen von winzigen Maden in den reifenden Kirschen haben die Ernte vernichtet. Es waren auch Fruchtfliegen zu sehen. Sind sie schuld?
Die Kirschessigfliege, die erst seit relativ kurzer Zeit auftritt, ruft solche Symptome hervor. Die Weibchen legen Eier an reifende Früchte (Trauben, Pflaumen, Kirschen und alles Beerenobst). Netzen Sie Obstgehölze mit reifenden Früchten mit einem feinmaschigen Netz ein. Eine Bekämpfung mit Insektiziden verspricht kaum Erfolg, aber Sie können viele Fallen aufstellen. Werfen Sie infizierte Früchte nicht auf den Kompost.

KRANKHEITEN UND SCHÄDLINGE

Bei dieser großen Gruppe von Kulturpflanzen können folgende Probleme auftreten:

- Raupen, die in Äpfeln oder Birnen fressen, deuten auf den Apfelwickler (siehe S. 240) hin.
- Grauweiße Punkte auf Himbeeren und Brombeeren können vom Himbeerkäfer (siehe S. 240) stammen.
- Bei Stachelbeeren frisst die Sägewespe (siehe S. 242) das Laub bis zum Skelett ab.
- Rosa Maden in Pflaumen und braune Ausscheidungen weisen auf den Pflaumenwickler (siehe S. 242) hin.
- Unreife Birnen werden wegen der Birnengallmücke (siehe S. 242) schwarz und fallen ab.
- Auf Äpfeln und Birnen bewirkt der Schorfpilz (siehe S. 244) schwarze korkige Flecken auf der Schale.
- Monilia-Fruchtfäule (siehe S. 244) tritt in braunfauligen Früchten mit cremeweißen Pusteln zutage.
- Beim Obstbaumkrebs (siehe S. 246) sterben Astpartien ab, die Borke hat korkige, eingesunkene Stellen.
- Sterben ganze Pflanzen plötzlich, könnte der Hallimaschpilz (siehe S. 246) die Ursache sein.
- Grau glänzend verfärbtes Laub entsteht durch Bleiglanz (siehe S. 246) auf Steinobst (v. a. Pflaumen).

OBST

ANBAUPLANUNG

Mithilfe dieser Tabelle können Sie die Pflanz-, Schnitt- und die Erntezeiten Ihrer Obst- und Beerengehölze planen. Die Termine für Ihre Region können ein wenig davon abweichen. Gießen Sie wurzelnackte Gehölze nach dem Einpflanzen gründlich, sogar im Winter.

KULTUR		FRÜHLING			SOMMER			HERBST			WINTER		
		FRÜH	MITTEL	SPÄT	FRÜH	MITTEL	SPÄT	FRÜH	MITTEL	SPÄT	FRÜH	MITTEL	SPÄT
ERDBEEREN	PFLANZEN (T)	■	■	■	■	■	■	■	■	■			■
	PFLANZEN (W)				■	■							
	ERNTE			■	■	■	■	■					
	SCHNITT												
MONATSERDBEEREN	PFLANZEN (T)	■	■	■	■	■	■	■	■	■			■
	PFLANZEN (W)		■		■	■							
	ERNTE				■	■	■	■					
	SCHNITT												
HIMBEEREN (SOMMER)	PFLANZEN (T)	■	■	■	■	■	■	■	■	■			■
	PFLANZEN (W)	■							■				■
	ERNTE				■	■	■						
	SCHNITT				■	■		■	■	■			■
HIMBEEREN (HERBST)	PFLANZEN (T)	■	■	■	■	■	■	■	■	■			■
	PFLANZEN (W)	■											■
	ERNTE						■	■					
	SCHNITT											■	■
BROMBEEREN UND HYBRIDEN	PFLANZEN (T)	■	■	■	■	■	■	■	■	■			■
	PFLANZEN (W)	■							■				■
	ERNTE					■	■	■					
	SCHNITT								■	■	■	■	■
ROTE UND WEISSE JOHANNISBEEREN	PFLANZEN (T)	■	■	■	■	■	■	■	■	■			■
	PFLANZEN (W)	■	▌						■				■
	ERNTE				■	■							
	SCHNITT				■	■			■	■	■	■	■
SCHWARZE JOHANNISBEEREN	PFLANZEN (T)	■	■	■	■	■	■	■	■	■			■
	PFLANZEN (W)	■	▌						■				■
	ERNTE				■	■							
	SCHNITT								■	■	■	■	■
STACHELBEEREN	PFLANZEN (T)	■	■	■	■	■	■	■	■	■			■
	PFLANZEN (W)	■	▌						■				■
	ERNTE				■	■							
	SCHNITT				■	■			■	■	■	■	■

LEGENDE	
PFLANZEN (T):	PFLANZE AUS TOPFKULTUR
PFLANZEN (W):	WURZELNACKTE

KULTUR		FRÜHLING			SOMMER			HERBST			WINTER		
		FRÜH	MITTEL	SPÄT	FRÜH	MITTEL	SPÄT	FRÜH	MITTEL	SPÄT	FRÜH	MITTEL	SPÄT
HEIDELBEEREN	PFLANZEN (T)	■	■	■	■	■	■	■	■	■			■
	PFLANZEN (W)	■											■
	ERNTE				■	■	■						
	SCHNITT	■											■
ÄPFEL	PFLANZEN (T)	■	■	■	■	■	■	■	■	■			■
	PFLANZEN (W)	■							■	■			■
	ERNTE					■	■	■	■				
	SCHNITT	■				■	■	■		■	■	■	■
BIRNEN	PFLANZEN (T)	■	■	■	■	■	■	■	■	■			■
	PFLANZEN (W)	■							■	■			■
	ERNTE						■	■	■				
	SCHNITT	■					■	■		■	■	■	■
PFLAUMEN, RENEKLODEN	PFLANZEN (T)	■	■	■	■	■	■	■	■	■			■
	PFLANZEN (W)	■							■	■			■
	ERNTE					■	■	■					
	SCHNITT			■	■	■	■						
SÜSS- UND SAUERKIRSCHEN	PFLANZEN (T)	■	■	■	■	■	■	■	■	■			■
	PFLANZEN (W)	■							■	■			■
	ERNTE				■	■							
	SCHNITT	■				■							
PFIRSICHE, NEKTARINEN	PFLANZEN (T)	■	■	■	■	■	■	■	■	■			■
	PFLANZEN (W)	■							■	■			■
	ERNTE					■	■						
	SCHNITT					■	■						
APRIKOSEN	PFLANZEN (T)	■	■	■	■	■	■	■	■	■			■
	PFLANZEN (W)	■							■	■			■
	ERNTE					■							
	SCHNITT					■	■						
FEIGEN	PFLANZEN (T)	■	■										
	PFLANZEN (W)												
	ERNTE						■	■					
	SCHNITT	■				■							■

KULTUR-
PROBLEME

ERFOLGREICH
BIOLOGISCH ANBAUEN

Wenn Sie Obst und Gemüse selbst anbauen, haben Sie den großen Vorteil, sich für oder gegen eine biologische Kultur entscheiden zu können. Biologisch angebaute Nahrungsmittel sind im Handel kostspielig, doch Sie können sie selbst ziehen, wenn Sie gut planen und naturgemäße Produkte sowie Strategien einsetzen. Beim biologischen Anbau wird jedes bisschen Abfall im Kompost wiederverwertet. Wenn Sie Schnecken von Hand absammeln und von Hand jäten, schonen Sie die Tierwelt.

VERSCHIEDENE METHODEN

Im herkömmlichen Anbau kommen synthetische Dünger und synthetische Pflanzenschutzmittel zum Einsatz. Im biologischen Gartenbau nutzt man natürliche Methoden, um die Bodenfruchtbarkeit zu erhalten und um Krankheiten und Schädlinge in einem natürlichen Gleichgewicht unter Kontrolle zu halten. Natürliche Ressourcen kommen überlegt und nachhaltig zum Einsatz, mit möglichst geringen Auswirkungen auf die Umwelt.

DÜNGUNG

Es steht eine ganze Bandbreite an organischen und synthetischen Düngern zur Verfügung. Doch nichts übertrifft organisches Material, etwa Kompost oder verrotteten Mist, als Bodenverbesserer oder Mulchauflage.

PFLANZENSCHUTZ

Gärtnern ohne den Einsatz von chemisch-synthetischen Stoffen gegen Krankheiten und Schädlinge verlangt vorausschauende Planung und zugleich stets ein wachsames Auge. Mischkultur setzt sich immer mehr in Nutzgärten durch, wobei man Nutzpflanzen und Blumen nebeneinander zieht. Man stützt sich dabei auf die teilweise unbewiesene Ansicht, dass damit Schädlinge von Kulturpflanzen weggelockt werden oder man hofft, dass Düfte für Abwehr sorgen. Sie haben vielleicht schon Kapuzinerkresse zwischen Bohnen gesehen, die die Schwarze Bohnenlaus ablenken soll, Fenchel zwischen Kohl soll vor Wurzelläusen schützen und Studentenblumen setzt man zwischen Tomatenpflanzen zum Schutz vor Weißer Fliege.

Mehr Nutzen mag es bringen, Pflanzen zur Schneckenabwehr zu setzen. Unter Glas erweist sich der Einsatz von Raubinsekten oder Parasiten als schlagkräftig gegen Schädlinge.

UNKRAUT BEKÄMPFEN

Wenn Sie keine synthetischen Verbindungen ausbringen wollen, stellt das Jäten von Hand die beste Möglichkeit dar. Entfernen Sie unerwünschte Kräuter frühzeitig. Wenn sie Samen bilden, haben Sie jahrelang Mühe damit.

(Links) **Kapuzinerkresse** kann man als Begleitpflanze setzen, doch stellt sie eine wertvolle Nutzpflanze dar: Blüten, Blätter und Samen haben ein leicht scharfes Aroma.

(Rechts) **Eine Mulchauflage** aus Rindenschnitzel unterdrückt das Unkrautaufkommen zwischen Pflanzen. Bei einem gemischten Anbau treten weniger Schädlinge auf.

PROBLEMEN

VORBEUGEN

Bei jeder Form des Anbaus sollten Sie bestrebt sein, kräftige, gesunde Pflanzen zu ziehen. Denn sie sind am ehesten geeignet, sich gegen die Konkurrenz durch Unkräuter zu behaupten. Wählen Sie Kulturen, die sich für Ihren Standort eignen. Bessern Sie verdichteten Boden durch Zufuhr von reichlich organischem Material auf, sorgen Sie für eine gute Durchlüftung und weite Pflanzabstände. Reichern Sie nährstoffarme Flächen mit geeignetem Dünger an.

VERBREITETE PROBLEME

Viele Faktoren beeinflussen das Wachstum. Dazu gehören Ernährung, Boden und Klima. Wirken Pflanzen kränklich, braucht es manchmal detektivischen Spürsinn, um die genaue Ursache zu finden. Zum Beispiel kann es auf sandigen, sehr sauren oder alkalischen Böden zu Nährstoffmangel kommen (siehe S. 248), während durch Übernutzung ein bestimmter Nährstoff ausgelaugt wird. Unüberlegte Ausbringung von Dünger ohne die Grundlage einer Laboranalyse (siehe S. 26) bedeutet Verschwendung und belastet die Umwelt.

Verdichtungen im Boden behindern das Wurzelwachstum und verhindern den Wasserabfluss. Wurzeln entwickeln sich an solchen Stellen nicht gut. Andererseits entstehen im Regenschatten von Wänden oder Zäunen trockene Bereiche. Die Zufuhr von organischem Material verbessert die Bodenstruktur. Schäden entstehen auch durch die Witterung, etwa Frostschäden, Sonnenbrand, Reibung durch Wind. Das kann dramatisch aussehen, doch das Wurzelsystem bleibt dabei intakt und die Pflanzen treiben oft wieder aus und erholen sich (siehe S. 246).

UNKRAUT VERHINDERN

Im Idealfall verhindert man das Erscheinen von Unkraut und muss es nicht schon aufgewachsen jäten. Zum Glück gibt es für beide Situationen Wege, wie man damit umgeht.

Eine Mulchschicht um eingewachsene Pflanzen oder auf blanker Erde verhindert das Aufkommen unerwünschter Kräuter. Im Sommer explodiert das Unkraut auf offener Erde, wenn man es lässt. Um die weniger problematischen im Winter wachsenden Kräuter zurückzudrängen, können Sie offene Erde mit schwarzer Folie oder Pappkarton bedecken. Sie können auch Gründüngungspflanzen einsäen. Eine 5–8 cm dicke Auflage aus Kompost oder

Ältere Zucchini-Pflanzen und andere rankende Kulturen unterdrücken Unkraut auf natürliche Weise. Ähnliches gilt für Kartoffeln, Riesen- und Winterkürbis und wüchsiges Blattgemüse wie Mangold.

Gute Vorbereitung zahlt sich aus. Lockern Sie den Boden zu Beginn der Wachstumszeit gründlich und entfernen Sie alles Unkraut.

gut abgelagertem Mist unterdrückt Unkräuter und setzt beim Verrotten Nährstoffe frei. Besonders junge Pflanzen sind empfindlich gegen Konkurrenz durch Unkräuter. Bereiten Sie daher das Beet ein oder zwei Wochen vor der Aussaat oder dem Bepflanzen vor, gießen Sie gut und halten Sie die Fläche feucht. Unkrautsamen keimen daraufhin im falschen Saatbett. Die Sämlinge werden entfernt und erst dann säen Sie die gewünschten Kulturen ein.

UMGANG MIT UNKRAUT

Etliche biologische Methoden helfen gegen Unkraut vorzugehen. Das Ausgraben mit einer Hacke oder Handgabel stellt oft die beste Methode dar, jedoch können flach wurzelnde Kulturpflanzen wie Kirschen und Himbeeren Schäden an den Wurzeln erleiden.

Mithilfe von Abflammgeräten kann man einjähriges Unkraut verbrennen, mehrjährige Pflanzen kann man unter Bändchengewebe ersticken. Bestimmte organische Säuren wirken als Herbizide. Beachten Sie beim Einsatz sorgfältig die Anweisungen auf der Packung.

TIPPS FÜRS JÄTEN

Tun Sie Ihr Möglichstes, um Unkraut auf Ihrer Fläche zu vermeiden oder zu entfernen. Es stellt eine Konkurrenz um Wasser, Nährstoffe, Platz dar und es kann Krankheiten und Schädlinge bergen. Beseitigen Sie Unkraut, bevor es Samen bildet.

1 Hacken und Jäten von Hand
Wenn Sie mit einer Hacke zwischen den Reihen Unkraut entfernen, bewältigen Sie in kurzer Zeit eine große Fläche. Jäten Sie nach Möglichkeit an einem trockenen Tag, lassen Sie das Unkraut auf der Erde liegen und welken. Mehrjährige Unkräuter graben oder stechen Sie aus. Beseitigen Sie das komplette Wurzelwerk.

2 Düngen Kräftige, gesunde Pflanzen halten der Konkurrenz durch Unkraut am besten Stand. Mischen Sie dem Boden vor dem Säen oder Pflanzen reichlich organisches Material in Form von Kompost oder gut abgelagertem Mist unter. Jäten Sie vor weiteren Düngergaben gründlich.

3 Mulchen Sogar bei wüchsigen, blattreichen Pflanzen wie Kartoffeln lohnt eine organische Mulchschicht, etwa aus Stroh, die das Aufkeimen von Unkraut unterdrückt.

4 Mulchmatten Die wiederverwendbaren Matten verhindern das Aufkommen von Unkraut und schützen Früchte wie Erdbeeren vor Verschmutzung, Sie sind etwa 40 cm groß, es gibt sie aus verschiedenen Materialien. Man kann sie selbst aus unbehandelten natürlichen Werkstoffen oder aus dickem Stoff herstellen.

HÄUFIGE UNKRÄUTER

1 Brennnessel Die hohen Pflanzen können ein weit verzweigtes Wurzelwerk entwickeln, die Blätter brennen schmerzhaft. Graben Sie die Pflanzen komplett aus, um sie loszuwerden.

2 Sauerampfer Die breiten, wenig ansehnlichen Blätter dieser Staude verunstalten den Nutzgarten. Die Pflanzen haben lange Pfahlwurzeln, die man völlig ausstechen muss.

3 Kriechender Hahnenfuß Die Ausläufer der einjährigen Art durchziehen den Boden in vielen Gärten. Graben Sie alle Wurzeln aus, sonst kommt das Kraut wieder.

4 Hirtentäschel Das einjährige Unkraut trägt typische violette, herzförmige Samenkapseln. Damit es sich nicht ausbreitet, ziehen Sie die Pflanzen vor dem Aussamen.

5 Gewöhnliches Greiskraut Aus gelben Blütenkörbchen entwickeln sich bei dem einjährigen Unkraut fedrige weiße Samenstände. Ziehen Sie die Pflanzen rechtzeitig.

6 Kletten-Labkraut Das einjährige Unkraut mit klebrigen, hakig-borstigen Trieben, die sich anheften, verbreitet sich schnell im Nutzgarten. Man zieht es von Hand.

7 Löwenzahn Das mehrjährige Unkraut muss ausgestochen werden, bevor es Samen freisetzt. Entfernen Sie die ganze Pfahlwurzel; jedes verbliebene Stück treibt wieder aus.

8 Behaartes Schaumkraut Jung lässt sich das einjährige, schnell wachsende Unkraut leicht herausziehen.

9 Acker-Kratzdistel Für das hartnäckige mehrjährige Unkraut braucht man manchmal Herbizide.

10 Zaunwinde Entfernen Sie bei dem ausdauernden Unkraut die ganze Wurzel. Oft hilft nur ein systemisches Herbizid.

11 Einjähriges Rispengras Das bekannte Rasengras tritt im Nutzgarten als Unkraut auf. Es wird immer wieder herausgehackt, damit es nicht blüht und Samen ansetzt.

12 Jakobs-Greiskraut Das einjährige Unkraut entwickelt hübsche gelbe Blütenköpfchen, aus denen sich Unmengen von Samen entwickeln. Rechtzeitig ausgraben.

1

4

7

10

2

3

5

6

8

9

11

12

VERMEIDEN

KRANKHEITEN UND SCHÄDLINGE

Krankheiten und Schädlinge können in jedem Garten auftreten, allerdings lässt sich das Risiko dafür senken. Es gibt Methoden, um gegen auftretende Probleme vorzugehen. Maßnahmen zum Erhalt der Hygiene im Garten und kräftige Kulturen, die ausreichend gegossen, ernährt und belüftet sind, bedeuten eine gute Ausgangslage. Bedenken Sie: Es ist besser, Krankheiten und Schädlingen vorzubeugen, als sich mit ihren Folgen auseinandersetzen zu müssen.

Das Entfernen befallener Pflanzen kann sich entscheidend auf Folgekulturen auswirken. Werden erkrankte Pflanzen entfernt, sinkt das Risiko einer Infektion im nächsten Jahr.

Zu den wirkungsvollsten biologischen Vorbeugemaßnahmen gehört das Abdecken der Kulturen mit Kulturschutznetz oder Hauben. Ein Kupferband rund um den Topfrand soll Schnecken abwehren und Mischkultur (siehe S. 234) gewinnt an Anhängern, obwohl die Wirksamkeit unbewiesen ist. Ein Wechsel des Anbauortes ist wichtig, um den Lebenszyklus bodenbürtiger Probleme zu unterbrechen. Größere Schädlinge wie Schnecken und Raupen können Sie von Hand absammeln.

Pflanzenschutzmittel können sich als hilfreich erweisen: Sofern sich ein Schädling jenseits aller Kontrollmöglichkeiten ausbreitet, bietet sich hier eine schnelle, effektive Lösung. Zur Auswahl stehen Spritzmittel auf der Basis organischer Fettsäuren, natürliche Pyrethrine, Insektizidseife oder synthetische Wirkstoffe, die Sie genau nach Anweisung einsetzen.

ABWEHR VON SCHÄDLINGEN

Nützlinge halten Schädlinge auf ganz natürliche Weise in Schach. Fördern Sie nützliche Kreaturen, indem Sie ihnen Lebensräume zur Verfügung stellen. Dazu zählen Teiche und Holzstücke für Feinde von Schädlingen wie Schnecken und geeignete Blüten für bestäubende Insekten wie Schwebfliegen und Bienen. In Betracht kommen biologische Bekämpfungsmethoden, etwa schädigen Schlupfwespen die Weiße Fliege, Raubmilben jagen Spinnmilben, winzige Fadenwürmer töten Schnecken ab. Nützlinge müssen Sie einsetzen, bevor die Schädlinge überhandnehmen.

ABWEHR VON KRANKHEITEN

Für den Hausgarten ist nur eine beschränkte Zahl von Fungiziden zugelassen. Daher kommt es darauf an, Krankheiten im Vorfeld zu vermeiden. Es stehen biologische und herkömmliche Methoden zur Verfügung, doch das wichtigste Ziel besteht darin, Hygiene im Garten zu verwirklichen: Desinfizieren Sie das Werkzeug, gießen Sie gut und sorgen Sie für eine ausreichende Belüftung. Wer nicht biologisch wirtschaftet, kann auf Fungizide zurückgreifen, doch richten Sie sich immer nach den Vorgaben des Herstellers. Stark in Anspruch genommene Pflanzen sollten Sie entfernen.

RESISTENTE SORTEN

Einer Infektion beugen Sie vor, wenn Sie resistente Sorten in nicht infizierte Erde setzen. Das kann für manche Kulturen wesentlich sein. Der Kohl 'Kilaxy' zeigt sich recht widerstandsfähig gegen Kohlhernie. Das ist wichtig, weil es kein Pflanzenschutzmittel zur Bekämpfung der Krankheit gibt und die Sporen im Boden bis zu 20 Jahre überdauern.

Resistente Sorten gibt es von vielen Kulturpflanzen, darauf sollten Sie in den Saatgutkatalogen achten. Resistenz bedeutet allerdings nicht Immunität, die Pflanzen können dennoch leiden.

Um die Gefahr von Neuinfektionen zu senken, kompostieren Sie kein krankes Pflanzenmaterial. Als vorbeugende Maßnahme entfernen Sie alle erkrankten Pflanzen von Ihrem Grundstück.

EINFACHE MASSNAHMEN

Beugen Sie einem Befall durch Schädlinge vor. Kontrollieren Sie Ihre Kulturen täglich, um auftretende Probleme frühzeitig zu erkennen. Halten Sie Geräte zur Bekämpfung bereit. Weitere Informationen zu bestimmten Krankheiten und Schädlingen finden Sie auf den Seiten 240–249.

1 Bestäubende Insekten Wenn Sie Einjährige und ausdauernde Pflanzen mit nektarreichen Blüten setzen, locken Sie Schwebfliegen an, deren Larven Blattläuse massenweise vernichten. Die Blüten sehen nicht nur schön aus – sie locken weitere bestäubende Insekten in den Garten. Sorgen Sie für geeignete Überwinterungsplätze.

2 Nützliche Tiere Gestalten Sie Ihren Garten geeignet für Amphibien. Ein Teich, Holzstapel oder eine schattige, feuchte Ecke behagen Fröschen, Kröten, Käfern, Tausendfüßlern und etlichen anderen Räubern, die viele verschiedene Schädlinge vertilgen.

3 Kulturschutznetz Ein feinmaschiges Netz schützt vor vielen Schädlingen, es hält Kohlweißlinge von Kohl ab. Stützen Sie das Netz mit Stäben und graben Sie es rundum ein, damit die Schmetterlinge nicht unten hindurchschlüpfen.

4 Mischkultur Reihen mit Kapuzinerkresse sehen hübsch aus, sie ziehen zudem Schädlinge, etwa Schwarze Bohnenläuse, von den Ertrag bringenden Pflanzen ab, obwohl ihr Nutzen umstritten ist.

HÄUFIGE SCHÄDLINGE

1 Kohlerdfloh Die winzigen Käfer durchlöchern die Blätter von Kohlsämlingen. Setzen Sie größere Pflanzen und gießen Sie gut. Abwehr bietet ein Kulturschutznetz.

2 Kohlweißlingsraupen Die Larven fressen Blätter an und bohren sich in den Kohl ein. Man kann versuchen, sie abzusammeln, oder sie mit Kulturschutznetz abwehren.

3 Zwiebelfliege Die Maden fressen an Wurzeln und an der Basis von Zwiebeln und Lauch, was zu Fäulnis führt. Vernichten Sie betroffene Pflanzen, sorgen Sie für Fruchtwechsel.

4 Lauchmotte Die Raupen fressen Gänge im Laub und im Fleisch von Lauch und Zwiebeln. Töten Sie alle Motten ab, die Sie finden, und setzen Sie Kulturschutznetz ein.

5 Kartoffelkäfer Der in Amerika heimische, schwarz-gelb gestreifte Käfer hat sich weit verbreitet. Vor allem die hellroten Larven fressen am Laub von Kartoffeln und Tomaten.

6 Erbsenwickler Nach der Eiablage im Sommer bohren sich die Raupen in die Hülsen ein. Säen Sie frühe oder späte Sätze, spannen Sie Kulturschutznetz.

7 Möhrenfliege Die Maden fressen Gänge in die Wurzeln von Möhren und Pastinaken. Spannen Sie Kulturschutznetz oder wählen Sie tolerante Sorten.

8 Apfelwickler Die Raupen legen Fraßgänge in Äpfeln und Birnen an und fressen im Kern. Setzen Sie Pheromonfallen ein.

9 Drahtwurm Die Larven des Schnellkäfers töten Sämlinge ab und fressen an Kartoffeln und Zwiebeln. Sie treten oft nur auf kürzlich umgebrochenem Grasland auf.

10 Mehlige Kohlblattlaus An der Unterseite von Kohlblättern können die Läuse in Massen auftreten. Die äußeren Blätter vergilben, die ganze Pflanze leidet.

11 Weiße Fliege Das Insekt saugt an den Blattunterseiten und scheidet Honigtau aus, auf dem sich Schwärzepilze ansiedeln. Man sollte sie tolerieren.

12 Himbeerkäfer Auf den Beeren zeigen sich graubraune Flecken. Spritzbehandlungen dürfen nicht während der Blütezeit stattfinden.

1

4

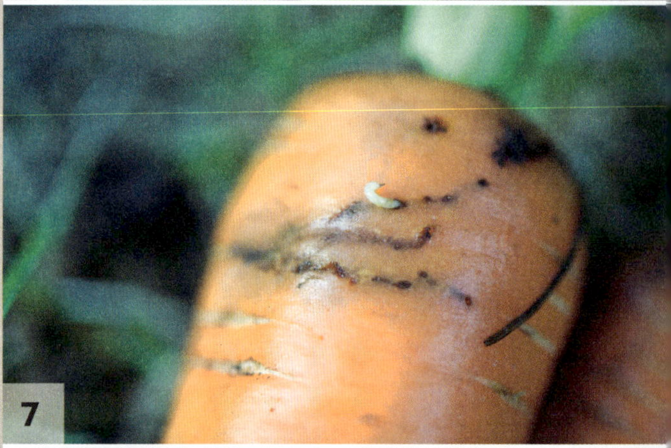
7

10

2

3

5

6

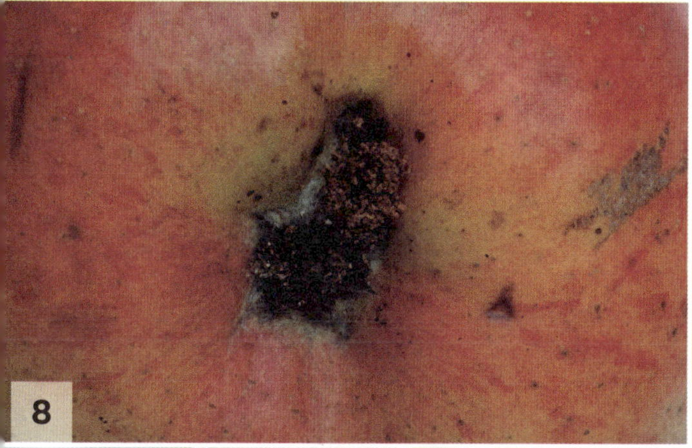
8

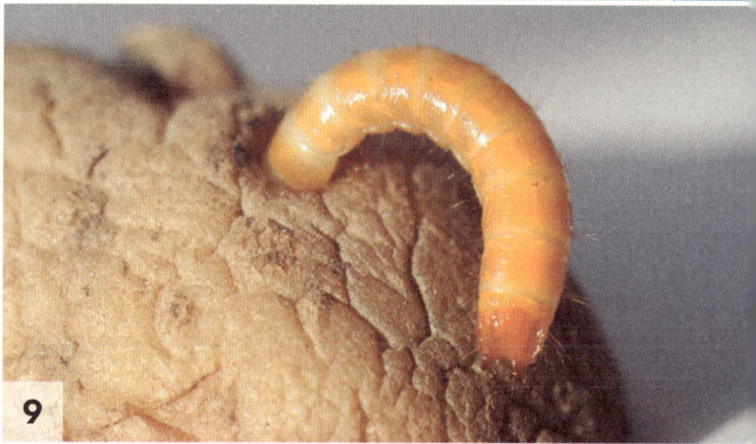
9

11

12

13 Erbsenblattrandkäfer Die Blätter von Erbsen und Bohnen frisst dieser Käfer am Rand buchtenförmig an. Die Pflanzen tolerieren gewöhnlich den Schaden.

14 Stachelbeersägewespe Beträchtlicher Schaden entsteht, wenn Sträucher von Stachelbeeren und Roten Johannisbeeren entblättert werden. Sammeln Sie die Raupen ab.

15 Pflaumenwickler Die rötlichen Raupen fressen in Zwetschgen, Pflaumen, Renekloden. Pheromonfallen, die im Frühsommer aufgehängt werden, fangen Männchen.

16 Birnengallmücke Die Larven schlüpfen aus Eiern in den Blüten und fressen im Innern der Früchte, die schwarz werden und einschrumpeln. Entfernen Sie befallene Früchte.

17 Wanzen Je nach Art saugen sie an Äpfeln oder Gemüse und dadurch entstehen verkorkte, bräunliche Stellen. Betroffene Früchte bleiben essbar.

18 Kohlfliege Die weißen Larven fressen an den Wurzeln und schädigen junge Pflanzen von Kreuzblütlern schwer. Die beste Abwehr sind Kulturschutznetze.

19 Blattläuse Die grünen oder schwarzen Läuse saugen an vielen Pflanzen. Sie bewirken, dass Neuaustrieb verkrüppelt. Fördern Sie natürliche Gegenspieler.

20 Rote Spinne Vor allem im Sommer und in Gewächshäusern führt ein Befall zum Vergilben und Vertrocknen der Blätter. Zur biologischen Bekämpfung kann man Raubmilben einsetzen.

21 Erdraupen Die weißlich braunen Raupen fressen an den Wurzeln von Jungpflanzen und verursachen Löcher in Wurzelgemüse. Sammeln Sie die Schädlinge von Hand ab.

22 Schnecken Häufig schädigen sie an Blattgemüse, Sämlingen und Kartoffeln. Man kann sie absammeln, Bierfallen aufstellen oder man streut Schafwollpellets. Parasitäre Nematoden wirken recht gut.

23 Wurzelläuse Möhren und Salat sind dafür anfällig. Die Läuse saugen an den Wurzeln, was zum Welken der Pflanzen führt. Halten Sie eine Fruchtfolge ein und gießen Sie gut.

24 Spargelhähnchen Erwachsene Käfer und die Larven schädigen. Spargelpflanzen werden rasch entblättert, die Triebe können absterben. Sammeln Sie möglichst viele der Schädlinge ab.

13

16

19

22

14

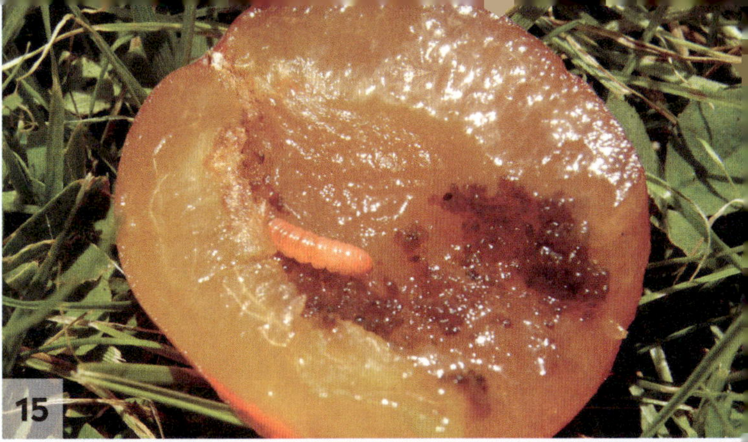
15

17

18

20

21

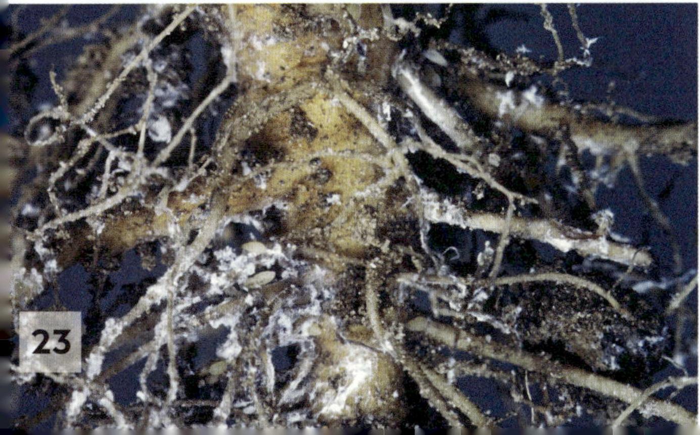
23

24

HÄUFIGE KRANKHEITEN

1 Schorf Braune Flecken entstehen auf der Schale von Äpfeln und Birnen. Entfernen Sie infizierte Früchte, Blätter und Triebe, denn dort kann der Pilz überwintern.

2 Amerikanischer Stachelbeermehltau Der graue Pilzbelag auf Blättern, Früchten und Stängeln verbräunt. Sorgen Sie für Durchlüftung, schneiden Sie die Pflanzen, gießen Sie gut.

3 Rost Diese Pilze rufen auf vielen Pflanzen orangefarbene Pusteln auf Blättern oder Stielen hervor. Entfernen Sie befallene Pflanzenteile, sorgen Sie für Belüftung und Fruchtwechsel.

4 Bakterielle Blattflecken Abgestorbene, von einem gelben Ring umgebene Zonen entstehen auf Blättern von Kulturpflanzen wie Bohnen und Erbsen. Entfernen Sie krankes Laub.

5 Kohlhernie Der Schleimpilz tritt an Kreuzblütlern auf. Die Wurzeln schwellen an, das Laub welkt. Erhöhen Sie den pH-Wert, sorgen Sie für Dränage. Wählen Sie resistente Sorten.

6 Falscher Mehltau Braune Flecken entstehen auf den Blättern verschiedener Kulturen mit pelzigem Belag auf den Unterseiten. Entfernen Sie krankes Laub, belüften Sie gut.

7 Krautfäule an Tomaten Vor allem bei Pflanzen im Freiland faulen Stängel, Blätter und Früchte. Entfernen Sie kranke Teile, achten Sie auf Fruchtwechsel, schützen Sie vor Regen.

8 Gurkenmosaikvirus Die Blätter wirken gescheckt und verkrüppelt, das Fruchtwachstum stockt. Erkrankte Pflanzen vernichten.

9 Zwiebelhalsfäule Zwiebeln werden weich und sind mit grauem Pilzbelag bedeckt, darin finden sich schwarze Dauersporen. Sorgen Sie für Fruchtwechsel und gießen Sie gut.

10 Zwiebelweißfäule Die Krankheit kann jahrelang im Boden überdauern. Die Zwiebeln faulen, das Laub stirbt ab. Entfernen Sie kranke Pflanzen behutsam, um Ansteckung zu vermeiden.

11 Monilia-Fruchtfäule An verschiedenen Obstbäumen (Äpfel, Birnen) bewirkt der Pilz faulendes Fruchtfleisch und helle Pusteln auf der Schale. Entfernen Sie betroffene Früchte sofort.

12 Pilzliche Blattflecken Bei einer Reihe von Kulturen, wie Sellerie, Salat, Erbsen und Erdbeeren, bilden sich Blattverfärbungen. Entfernen und vernichten Sie befallenes Laub.

1

4

7

10

2

3

5

6

8

9

11

12

13 Sklerotinia-Fäule Pflanzen vergilben und welken, es zeigt sich weißer, wattiger Pilzbelag. Schwarze Dauersporen überdauern im Boden, entfernen Sie befallene Pflanzen sofort.

14 Erdbeerviren Sie rufen zahlreiche Symptome hervor, etwa vergilbende Blätter und gestauchten Wuchs. Entfernen Sie betroffene Pflanzen, sorgen Sie für Fruchtwechsel.

15 Obstbaumkrebs Verletzungen an Baumstämmen wuchern, oft kommt es zu Gummifluss an der Borke. Schneiden Sie infizierte Stellen großzügig aus.

16 Blütenendfäule Als Folge von gestörter Nährstoffaufnahme entstehen dunkle, später verhärtete Stellen auf Tomaten und Paprika. Entfernen Sie befallene Früchte und gießen Sie gut.

17 Bitterfäule Schwarze, oft eingesenkte Flecken erscheinen auf der Schale von Äpfeln, das Fleisch schmeckt bitter. Mulchen Sie befallene Obstbäume und gießen Sie gut, denn die Erscheinung geht auf Trockenheit zurück.

18 Kartoffelschorf In trockenen Böden mit wenig organischer Substanz ruft die Krankheit unansehnliche, verkorkte braune Stellen auf der Schale hervor. Wählen Sie resistente Sorten.

19 Vertrocknungen Pralle Sonne oder kalte, trockene Winde führen zu Wasserverlust, das Gewebe wird braun und dürr. Schirmen Sie Pflanzen ab, gießen Sie am kühlen Abend.

20 Himbeerrutensterben Die Ruten werden spröde und reißen auf, das Laub welkt. Schneiden Sie alles erkrankte Holz aus. Lichten Sie für eine gute Durchlüftung aus.

21 Echter Mehltau Die kulturspezifischen Pilzarten befallen viele Nutzpflanzen, etwa Gurken. Entfernen Sie Blätter und Früchte mit dem weißen Belag. Gießen Sie gut. Verbessern Sie die Durchlüftung mit weiten Pflanzabständen.

22 Hallimasch Der Pilz kann Gehölze zum Absterben bringen. Ockergelbe Gruppen von Hutpilzen erscheinen oft im Herbst. Entfernen Sie Pflanzen mit weißem Pilzwachstum.

23 Bleiglanz Das Laub von Steinobst wirkt grau-silbrig, Äste können absterben. Schneiden Sie im Sommer, um die Infektionsgefahr gering zu halten.

24 Grauschimmel Der Pilz *Botrytis* ruft einen grauen, pelzigen Belag hervor. Das Gewebe fault und stirbt ab. Entfernen Sie alle erkrankten Pflanzenteile unverzüglich.

13

16

19

22

14

15

17

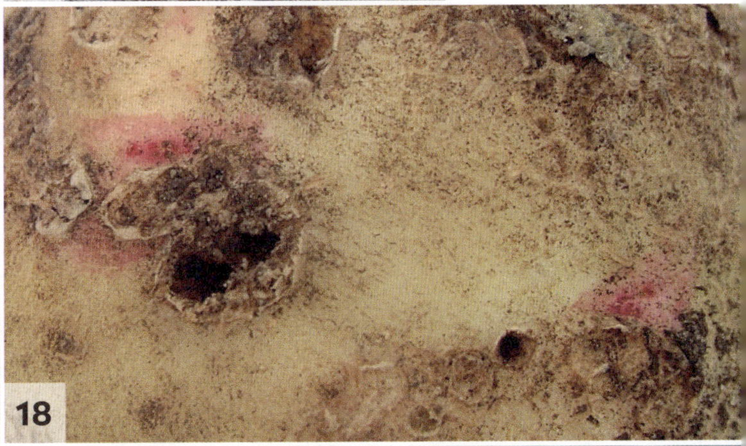
18

20

21

23

24

25 Brennflecken Auf Blättern, Stängeln und Hülsen von Dicken Bohnen entstehen braune oder graue Flecken, die sich ausdehnen. Sorgen Sie für bessere Durchlüftung, entfernen Sie infizierte Pflanzen aus dem Garten.

26 Schwarzbeinigkeit Die Blätter von Kartoffeln vergilben, die Triebe faulen und werden am Grund schwarz. Entfernen Sie alle infizierten Pflanzen und wechseln Sie die Anbaufläche.

27 Geisterflecken Auf der Haut von Tomatenfrüchten bilden sich aufgehellte Ringe. Sie bleiben essbar.

28 Umfallkrankheit Sämlinge im Gewächshaus brechen zusammen, die Wurzeln werden geschädigt. Verwenden Sie saubere Gefäße und gießen Sie mit Leitungswasser.

29 Pastinakenkrebs Auf Wurzeln erscheinen orangebraune Läsionen, Blätter haben Flecken. Ursachen sind Verletzungen, Dürre, Nährstoffüberversorgung. Achten Sie auf Resistenzen, Wasserabzug und Fruchtwechsel.

30 Kraut- und Knollenfäule Kartoffelkraut wird fleckig, später werden Knollen infiziert. Entfernen Sie erkrankte Blätter, achten Sie auf Fruchtwechsel. Wählen Sie resistente Sorten.

25

28

NÄHRSTOFFMANGEL

1 Eisen Wenn Blätter zwischen den Adern aufhellen und später am Rand braun werden, kann Eisenmangel der Grund sein. Geben Sie Eisenchelat zur Erde.

2 Kalzium Wassermangel auf sauren Böden kann die Aufnahme stören. Es kann zur abgebildeten Blütenendfäule kommen. Gießen Sie gut, kalken Sie den Boden.

3 Magnesium Das Laub vergilbt und wird zwischen den Blattadern braun. Zuerst sind die ältesten Blätter betroffen. Sprühen Sie Magnesiumsulfat auf die Blätter.

4 Bor Ein Mangel kann an vielen Kulturen auftreten, Wurzeln spalten sich auf, Zuckermais entwickelt sich nicht vollständig. Geben Sie Bor über die Düngung.

5 Kalium Blätter werden braun, die Pflanzen blühen und fruchten schwach. Kalium wird im Boden leicht ausgewaschen. Düngen Sie mit Kaliumsulfat oder Tomatendünger.

6 Stickstoff Das Laub wird gelb, das Wachstum ist schwach. Mischen Sie gut verrotteten Stallmist unter die Erde oder geben Sie ausgewogenen Dünger.

1

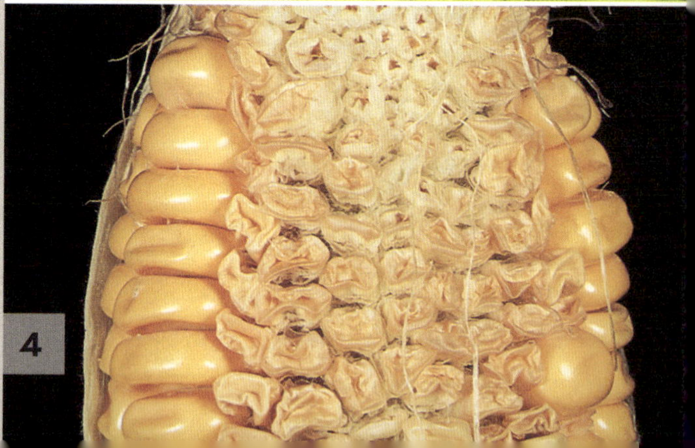
4

26

27

29

30

2

3

5

6

REGISTER

Die Beschreibungen der Kulturen sind mit **fetten Seitenzahlen** angegeben. Darin finden sich Angaben zur Aussaat, Anzucht, Düngung, Kultur, Ernte und zum Gießen. Diese Angaben sind nicht weiter aufgeführt.

A

B

C D

E

L

M

N

OPQ

T

UV

W

XYZ

BILDNACHWEIS UND DANK

Der Verlag dankt folgenden Personen und Institutionen für ihre freundliche Genehmigung zum Abdruck der Fotografien:

(o = oben, u = unten, m = Mitte, l = links, r = rechts, a = außen, g = ganz)

123RF.com goldfinch4ever 70m; **Alamy Stock Photo:** ableimages 120ur, Andrea Jones Images 184um, Avalon / Photoshot License 117um, Avalon / Photoshot License / Photos Horticultural 200mr, Bon Appetit 225m, Richard Becker 142mr, Brigette Sullivan / Outer Focus Photos, 180mra, Karen Cairns 203gom, 209ml, CJG 213m, Elena Elisseeva 221m, foodimagecollection 209mo, funkyfood London - Paul Williams 169ur, Tim Gainey 169gom, Trish Gant 211gom, 163mlo, Brian Hoffman 66ml, Martin Hughes-Joes 104mr, John Martin 170m / Kohlrabi Olivia, Marvin Dembinsky Photo Associates 223m, Peter Titmuss 181m, Rob Walls 118mra; **Avalon:** Photos horticultural / Michael Warren 246mru; **Lucy Chamberlain:** 120mr, 120um, 120ur, 223gom, 256mro; **Corbis:** Klaus Hackenberg 210mra, Jacqui Hurst 242ur, Image Source 201mo, Emma Shervington 219m; **Dobies of Devon:** 46ur, 60m, 60mr, 72mr, 77mr, 169m, 186ml, 186m, 202m; **Dorling Kindersley:** Alan Buckingham 13um, 49mru, 49ur, 51mru, 51ur, 145mru, 201ur, 202ml, 202m, 202um, 203gom, 203m, 203ur, 204m, 204mr, 205gom, 205mra, 206ml, 206m, 206mra, 207mlo, 207mo, 207um, 208mr, 208mra, 210ml, 210m, 210mr, 211mra, 212ml, 212m, 212mr, 212mra, 214ml, 214m, 214mr, 214ul, 214mra, 215gom, 215mlo, 216m, 216mr, 216mra, 216-217ml, 217ml, 218m, 218mr, 218mr, 218ul, 219gom, 219mlo, 219ur, 220ml, 220m, 220mr, 221mlo, 222mr, 222m, 224ml, 243mlo, Caroline Reed 32gom, 213gom; Chauney Dunford 28ur, 28mgra, 239gor; Emma Callery 243gom; Jan Van Der Voort 239mro; Jo Whittingham 189mo, 185mo; Mel Shackleton 185ml; RHS Hampton Court Flower Show 2014 / Peter Anderson 11gol; **Dreamstime.com:** David Schliepp 170m, Vitaliy Parts 214mru, Whiskybottle 246ur; **DT Brown Seeds:** 78m, 78mr, 86m, 100ml, 110mra, 158ml, 158m; **FLPA:** Nigel Cattlin 243gol, 245mro, 245mlu, 245ur, 248mro, 249ur; **Fothergills:** 138m, 138mr, 140ml, 154m; **GAP Photos:** Maxine Adcock 155mo, Thomas Alamy 191m, Lee Avison 146m, BBC Magazines Ltd 163m, Dave Bevan 140um, 249mro, Richard Bloom 19gom, Christina Bollen 187mo, Mark Bolton 233m, Elke Borkowski 18mlu, 50um, 170mra, Jonathan Buckley 86mr, 143mr, Sarah Cuttle 50ul, 131mra, Lydia Evans 14ul, FhF Greenmedia 19ur, 48mlo, 130um, 141mrau, 145gom, Victoria Firmston 191um, Suzie Gibbons 24mlu, 30mr, Marcus Harpur 25mlo, 155ur, Michael Howes 101um, Martin Hughes-Jones 176mra, Lynn Keddie 65ur, 131mlo, Geoff Kidd 128mra, Michael King 19um, 159um, 186ul, 186um, Jenny Lilly 155ul, Howard Rice 185mra, Gary Smith 145ml, Friedrich Strauss 31gom, 19mr, 15gom, John Swithinbank 175um, 193mlo, Juliette Wade 25m, 90–91gom, 120ul, 177um, Jo Whitworth 22–23mo, Mark Winwood 120m, 130mra, 143m, 144um; **Garden World Images:** Dave Bevan 241ur, 244mro, 247, Sine Chesterman 225mra, Françoise Davis 225gom, Giles DelaCroix 124m, Glenn Harper 224mra, Martin Hughes-Jones 128lm, Andrea Jones 224m, Trevor Sims 15um, 66mr, 92–93mr, 124ml; **The Garden Collection:** Torie Chugg 66m, Liz Eddison 31gol, 19gom, Nicola Stocken Tomkins 31mro; **Getty Images:** Ben Bloom 223ur, Richard Bloom 181ml, Sarah Cuttle 131mo, Michael Davis 170mr, Jan Tove Johansson 241gol, Photos Lamontagne 184m, Cora Niele 176ml, Howard Rice 187mra, Gary K Smith 50, Mark Turner 118um, Juliette Wade 182um; **Kings Seeds** 2, 52um, 72m, 78mr, 82m, 82mr, 84mr, 100mr, 104m, 110m, 138m, 138mr, 160m, 169ur, 180m; **Marshalls Seeds:** 64gom, 77ul, 99gom, 99ul, 99ur; **Photolibrary:** 144mra, 184ul, 184mra; **Photoshot:** Photos Horticultural 82mra; **RHS The Garden:** Tim Sandall 10ul; **Ron Ludekens:** 224mr; **Royal Horticultural Society:** 242gom, 247ul, 249gom, P. Becker 240ur, 243mru, Andrew Halstead 243mro, Horticultural Science 245mru, 248gom, 249gol, 249mlo, Joyce Maynard 241gom, 241mlo, 242mro, 243ul, Pathology 244gom, 247mlu; **Science Photo Library:** Dr Jeremy Burgess 247gol; **Superstock:** Biosphoto 168gom; **Suttons Seeds:** 6mlo, 50gul, 52mru, 52ur, 58–59gom, 58–59um, 60mr, 60m, 65mru, 70mr, 72mr, 78ml, 91gom, 98–99um, 100m, 106ml, 106mr, 108m, 108m / Kalette, 116gom, 140m, 142mra, 144ml, 144mr, 158mr, 160ml, 160mr, 162mr, 168mro, 176m, 182mr, 206mr; **Thompson & Morgan:** 47um, 50um, 66mra, 92ml, 99mru, 100m / January King, 101ura, 102m, 104mr, 106mr, 142m, 154–155m, 155mr, 156m, 158mr, 200mra; **Tozer Seeds:** 58gom; **Victoriana Nursery Gardens / Stephen Shirley:** 48mu, 68m, 91mo, 91ul, 91mura, 91uar, 92m, 169mru, 172ml, 176mr, 186mr, 202mr.

Alle anderen Abbildungen
© Dorling Kindersley
Weitere Informationen unter
www.dkimages.com

Dank der Autorin:

Für die zweite Ausgabe 2020
Danken will ich Esther Ripley und Toby Mann, die aus den Arbeiten an der Neuauflage eine unglaublich anregende Erfahrung machten, und meinem Mann für seine Unterstützung, Geduld und Ermunterung.

Für die erste Ausgabe 2012
Danken möchte ich Chauney Dunford für das geduldige Beantworten all meiner Fragen und das Tolerieren meiner »grünen« Schreibanfälle, Alison Shackleton für das Übersenden eines frühen Titelentwurfs, was mich beflügelt hatte, als ich in den letzten Zügen lag, und meinen Eltern für ihre unermüdliche Unterstützung.

Dank des Verlages:
Dank gebührt Mark Winwood für seine herausragende Arbeit, die er bei der Kultur und dem Fotografieren der meisten Gemüse-Arten in diesem Buch geleistet hat, sowie seiner Frau Lizzie für ihre Hilfe und Geduld.

Louise Furnival, Steve Hernandez, Alan Crick, Lucie Pendred und James Perkins für ihre freundliche Unterstützung.

Becky Tennant für die Herstellungsassistenz, Fiona Wild für das Korrekturlesen, Susan Bosanko für das Register.

Robin und Brenda Beresford-Evans sowie den Gärtnern in Cannizaro Allotments, Wimbledon, London.

Dobies / Suttons, D. T. Brown, Floranova, Marshalls / Unwins, Mr Fothergill's, Thompson & Morgan und Victoriana Nursery Gardens für die freundliche Gewährung von Abdruckrechten für Bilder.

TEAM
Lektorat Chauney Dunford, Becky Shackleton, Raymond Williams, Penny Warren, Mary-Clare Jerram

Gestaltung und Bildredaktion
Alison Shackleton, Alison Donovan, Peter Luff

Umschlaggestaltung Nicola Powling

DK LONDON / DELHI
Lektorat
Mary-Clare Jerram, Millie Andrew, Udit Verma,
Toby Mann, Esther Ripley, Arani Sinha, Stephanie Farrow,
Soma B. Chowdhury

Gestaltung und Bildredaktion
Maxine Pedliham, Christine Keilty, Glenda Fisher,
Pushpak Tyagi, Taiyaba Khatoon, Rituraj Singh

Umschlaggestaltung
Amy Cox, Lucy Philpott

Herstellung
Tony Phipps, Sunil Sharma, Samantha Cross

RHS
Simon Maughan, Rae Spencer-Jones

Für die deutsche Ausgabe:
Programmleitung Monika Schlitzer
Redaktionsleitung Dr. Kerstin Schlieker
Projektbetreuung Manuela Stern
Herstellungsleitung Dorothee Whittaker
Herstellungskoordination Claudia Rode
Herstellung Verena Marquart

Titel der englischen Originalausgabe:
RHS Step-by-Step Veg Patch

Übersetzung Agnes Pahler
Lektorat Christine Condé

ISBN 978-3-8310-4156-5

Druck und Bindung C & C Offset Printing, China

MIX
Papier aus verantwortungsvollen Quellen
FSC® C018179

www.dk-verlag.de

Hinweis
Die Informationen und Ratschläge in diesem Buch sind von den Autoren und vom Verlag sorgfältig erwogen und geprüft, dennoch kann eine Garantie nicht übernommen werden. Eine Haftung der Autoren bzw. des Verlags und seiner Beauftragten für Personen-, Sach- und Vermögensschäden ist ausgeschlossen.

DIE AUTORIN

Lucy Chamberlain ist Head Gardener von East Donyland Hall, in Essex, wo sie innerhalb des Mauergartens eine Fülle an Obst und Gemüse für die Besitzer zieht. Sie wuchs auf einem kleinen Bauernhof auf, ihre gärtnerische Laufbahn begann im Garten der Royal Horticultural Society (RHS) in Wisley. Später wurde sie Redakteurin der Zeitschrift *Grow Your Own*. Sie schreibt für verschiedene Zeitungen und Zeitschriften, lektoriert für die RHS und berichtet im regionalen Rundfunk der BBC.